suhrkamp taschenbuch 2699

W0060012

Hauptmotiv der Essays des in Frankfurt an der Oder lehrenden Kultur-anthropologen Werner Schiffauer (vergleiche *Die Gewalt der Ehre – Er-klärungen zu einem deutsch-türkischen Sexualkonflikt, st 894*) ist die Frage nach der Stellung des Fremden in der Zivilgesellschaft. Diese Frage hat ihren Ausgangspunkt in der Beobachtung, daß die europäischen Ge-sellschaften immer wieder zum Schauplatz der Gewalt gegen Fremde werden: Im Vergleich zu anderen Kulturen zeigt sich, daß die »civil so-ciety« keineswegs das Bollwerk gegen Rassismus und Fremdenhaß ist, als das sie sich gern sieht.

Das zweite Motiv bildet die Frage nach der Kultur der Großstadt. Große Städte sind, Richard Sennett folgend, Orte, wo Fremde sich treffen. Wie also, läßt sich fragen, ist das Zusammenleben von Fremden in ihnen orga-nisiert? Das dritte Motiv schließlich ist die Frage nach Kultur als analyti-schem Konzept.

Kulturvergleich, wie Schiffauer ihn in diesen von konkreten Beispielen lebenden Essays unternimmt, bietet die Chance, das Eigene aus der Per-spektive des Anderen wahrzunehmen. Der kulturvergleichende Blick ver-fremdet und verunsichert. Er klärt auf, indem er mit gewohnten Denkmu-stern bricht.

Werner Schiffauer
Fremde in der Stadt

Zehn Essays über
Kultur und Differenz

Suhrkamp

Umschlagfoto: Anna Weise

Für Hanns und Elisabeth Schiffauer

suhrkamp taschenbuch 2699
Erste Auflage 1997
© Suhrkamp Verlag Frankfurt am Main 1997
Suhrkamp Taschenbuch Verlag
Alle Rechte vorbehalten, insbesondere das
des öffentlichen Vortrags, der Übertragung
durch Rundfunk und Fernsehen
sowie der Übersetzung, auch einzelner Teile.
Satz: Hümmer GmbH, Waldbüttelbrunn
Druck: Nomos Verlagsgesellschaft, Baden-Baden
Printed in Germany
Umschlag nach Entwürfen von
Willy Fleckhaus und Rolf Staudt

1 2 3 4 5 6 – 02 01 00 99 98 97

Inhalt

Einleitung

Die in diesem Band zusammengefaßten Arbeiten aus den Jahren 1991 bis 1995 wollen als Essays verstanden werden – Versuche, die das Verhältnis von Kultur und Differenz tastend umkreisen, die versuchen, es von vielen Seiten zu betrachten ohne den Anspruch, es ganz zu fassen. Dem korrespondiert, daß Fragen des einen Aufsatzes in einem anderen wieder aufgenommen, variiert und unter einer neuen Perspektive abgehandelt werden. Als Ganzes bilden diese Aufsätze ein offenes Netz, in dem einzelne Leitmotive an unterschiedlichen Orten wiederholt auftauchen.

Ein erstes Leitmotiv ist die Frage nach der Stellung des Fremden in der Zivilgesellschaft. Die Frage hat ihren Ausgangspunkt in der Beobachtung, daß die europäischen Gesellschaften immer wieder zum Schauplatz von Gewalt gegen Fremde werden. In Deutschland wurden wir zuletzt Anfang der neunziger Jahre Zeugen einer in der Geschichte der Bundesrepublik bis dahin nicht dagewesenen Serie von Brand- und Mordanschlägen. Auch wenn die Gewaltwelle inzwischen gebrochen zu sein scheint, so wurden wir durch sie doch mit der Möglichkeit konfrontiert, daß Pogrome am Ende des 20. Jahrhunderts auf deutschem Boden nicht ausgeschlossen sind. Dies gilt allerdings nicht nur für Deutschland. Ende der siebziger Jahre kam es in England und Frankreich zu Serien gewalttätiger Ausschreitungen gegen Immigranten. In ähnlicher Periodizität entstehen auch rechtsextreme Parteien – Parteien, die die Frage der Anwesenheit von Fremden zu dem zentralen Thema ihrer Agitation machen.

Mehrere der hier vorgelegten Essays nähern sich diesem beunruhigenden Phänomen aus sozial- und kulturanthropologischer Perspektive. Im Kulturvergleich erscheint der Gesellschaftstyp, der sich in der europäischen Geschichte herausgebildet hat – eben die Zivilgesellschaft –, zwar als eine bemerkenswert effiziente, aber auch als eine sehr schwierige Form der Vergesellschaftung. Dies äußert sich unter anderem in einem sehr komplizierten Verhältnis zum Anderen und Fremden. Im Vergleich zu anderen Kulturen wird deutlich, daß die *civil society* keineswegs das Bollwerk gegen Rassismus und Fremdenhaß ist, als das sie sich gern sieht, sondern daß sie, im Gegenteil, oft genug diese Erscheinungen hervorbringt. Dies wird zunächst in historisch-anthropologischer Perspektive diskutiert. Der Text »›Patrona-Revolte‹ (Istan-

bul 1730) und ›Fettmilch-Aufstand‹ (Frankfurt 1612-1614)«
kontrastiert die Aus- und Abgrenzungsrhetorik zweier urbaner
Revolten: Der Frankfurter Aufstand war, um es anachronistisch
zu formulieren, »antisemitisch«, der Istanbuler dagegen »frauenfeindlich«. Während hier der Vergleich von Europa und osmanischem Reich im Zentrum steht, vergleicht der Aufsatz »Die *civil
society* und der Fremde – Grenzmarkierungen in vier politischen
Kulturen« die unterschiedliche Ausprägung der Zivilgesellschaft
in den USA, in Frankreich, England und Deutschland gerade in
bezug auf unterschiedliche Formen von Ein- und Ausgrenzungen.
Dieses Thema wird in »Europäische Ängste – Metaphern und
Phantasmen im Diskurs der Neuen Rechten in Europa« anhand
des Vergleichs der rassistischen Diskurse dreier rechtsradikaler
Parteien erneut aufgegriffen, wobei in diesem Text insbesondere
die Frage nach dem Verhältnis von Kultur und Emotion erörtert
wird.

Neben der Frage nach dem Fremden bildet die Frage nach der
Kultur der Großstadt ein zweites leitmotivisch wiederkehrendes
Thema. Große Städte sind, um einem Diktum von Richard Sennett
zu folgen, Orte, wo Fremde sich treffen. Sie lassen sich deshalb
daraufhin befragen, wie in ihnen das Zusammenleben von Fremden organisiert wird. Der Text »Zur Logik von kulturellen Strömungen« untersucht den wechselseitigen Zusammenhang von
Organisation kultureller Differenz und urbaner Kultur. Während
dieser Text sich primär auf Städte in Nordamerika und Europa
bezieht (die Beispiele sind London, Paris, Chicago und vor allem
Berlin), werden in dem Text »Das Ideal der Segregation – Annähe-
rungen an die urbane Kultur einer türkischen Großstadt« die
Eigenheiten einer modernen außereuropäischen Stadt herausgearbeitet. Die Frage nach der städtischen Kultur ist im übrigen mit der
Frage nach der Zivilgesellschaft eng verknüpft, waren doch die
Städte die Orte, wo sich die europäische civil society bildete. Der
Kontrast der urbanen Revolten in Istanbul und Frankfurt sagt
deshalb nicht nur über diese beiden spezifischen Städte etwas aus,
sondern auch über die jeweilige politische Kultur als ganze.

Ein drittes leitmotivisch wiederkehrendes Thema dieser Essays
ist schließlich die Frage nach Kultur als analytischem Konzept. Sie
wird auf zwei Ebenen erörtert: Die Aufsätze »Die Angst vor der
Differenz« und »Kulturalismus und Universalismus« greifen die
grundsätzliche Kritik auf, die in den vergangenen Jahren am Kul-

turbegriff geübt wurde. Diese Kritik richtete sich gegen alle Ansätze, die Kultur als »Struktur« oder »System« konzipieren, also als einen mehr oder weniger geschlossenen Verweisungszusammenhang von Symbolen. Gegen diese Begriffsstrategie wird eingewandt, daß sie auf die Stilisierung und Festschreibung des Andersseins hinauslaufe – mit der problematischen politischen Konsequenz der Ausgrenzung. Mit diesem Argument wird die Rolle der Wissenschaft in der Schaffung von Differenzen thematisiert. Wie aus dem Text »Islamischer Fundamentalismus – Zur Konstruktion des radikal Anderen« deutlich wird, teile ich diese Kritik. Allerdings scheint mir die von Abu Lughod (1991) und Aziz al-Azmeh (1993) vertretene Forderung, auf den Kulturbegriff angesichts seiner politischen Problematik völlig zu verzichten, äußerst kurzsichtig, und zwar vor allem deshalb, weil man sich damit des Instruments beraubt, Formen kultureller Gewalt zu thematisieren, also etwa von kultureller Ausgrenzung oder kulturellem Anpassungsdruck zu sprechen.

Die Frage nach Kultur als Konzept bestimmt deshalb diese Essays auch auf einer anderen Ebene. Es sind »Versuche« auch in dem Sinn, daß in ihnen der Kulturvergleich an konkreten Fällen durchgespielt wird. Gerade in dieser Hinsicht tragen die Texte Werkstattcharakter. Es sind Versuche, über kulturelle Differenzen zu schreiben, ohne Kultur hypostasierend festzuschreiben bzw. ohne den prozessualen Charakter von Kultur zu negieren. In dem bereits erwähnten Text zur Logik von kulturellen Strömungen in Großstädten wird gezeigt, wie gerade kultureller Wandel – die Rezeption, Weiterentwicklung und Transformation von kulturellen Elementen – auf unterschiedliche Weise organisiert sein kann; dabei werden eher die Faktoren, die Einfluß auf Kultur nehmen, verglichen, als die Kulturen selbst. In zwei weiteren Texten (»›Patrona-Revolte‹ und ›Fettmilch-Aufstand‹« und »Europäische Ängste«) bezieht sich der Vergleich nicht auf die Kultur selbst, sondern auf die Bilder, die eine Kultur von sich selbst hat – in denen sie das (in der Regel nicht realisierte) Ideal von sich entwirft. In den Texten »Der Weg zum Gottesstaat« und »Die *civil society* und der Fremde« wird Kultur nicht als geschlossenes System konzipiert, sondern als ein offenes Diskursfeld – was eine Kultur charakterisiert, ist in dieser Perspektive nicht das, was ihre Angehörigen miteinander teilen, sondern das, worüber sie sich auseinandersetzen und streiten. Verschiedene Kulturen unterscheiden sich aus

9

diesem Blickwinkel weniger in bezug auf Positionen, Normen oder Werte, die vertreten werden, sondern in bezug auf Debatten, die über Deutungen und Wertvorstellungen geführt werden. All diese Herangehensweisen setzen sich gegen die klassischen, an der Herausarbeitung von Gesetzmäßigkeiten interessierten systematischen Vergleiche ab, gegen die der Einwand der Kritiker zu Recht besteht, daß mit ihnen Kulturen typologisch festgeschrieben werden. Dagegen wird der kontrastive Vergleich gesetzt, der sich aus einer Gegenüberstellung eine Schärfung der Wahrnehmung verspricht, dem mehr an der Öffnung von Fragen gelegen ist, als an ihrer Beantwortung.

Ein derartiger Kulturvergleich bietet die Chance, das Eigene aus der Perspektive des Anderen wahrzunehmen. Im Vergleich zum Anderen erscheinen Eigenschaften des Eigenen als bemerkenswert, die aus der Binnenperspektive oft nicht auffallen – hebt doch der vergleichende Blick systematisch Latentes und Unhinterfragtes hervor. Der kulturvergleichende Blick verfremdet und verunsichert; er will aufklären, indem er gewohnte Denkpfade verläßt.

Überlegungen entstehen nicht im luftleeren Raum. Unter den vielen, die als Gesprächspartner an der Entwicklung der hier vorgetragenen Gedanken mitgewirkt haben, ist vor allem Richard Rottenburg zu erwähnen. Ihm gilt mein besonderer Dank.

»Patrona-Revolte« (Istanbul 1730) und »Fettmilch-Aufstand« (Frankfurt 1612-1614)

Zur Anthropologie von zwei urbanen Revolten

1612-1614 kam es in Frankfurt am Main, 1730 in Istanbul zu spontanen Aufständen der Stadtbewohner. Beide Erhebungen hatten einen Hintergrund in einer allgemeinen Erfahrung von sozioökonomischer Zerrüttung. Sowohl in Frankfurt als auch in Istanbul hatte es im Vorfeld der Erhebungen Steuererhebungen und Geldwertverfall sowie Konkurrenz durch die Immigration neuer wirtschaftlicher Gruppen gegeben. Beide Bewegungen sind nach Charismatikern benannt, die während der Erhebungen eine entscheidende Rolle spielten: Vinzenz Fettmilch in Frankfurt und Patrona Halil in Istanbul waren beide Männer »aus dem Volk«: Lebkuchenbäcker der eine, ein Gebrauchtkleiderhändler der andere. Beide Bewegungen haben also zahlreiche Gemeinsamkeiten; was sie indes grundsätzlich unterscheidet, sind die Fokussierungen der beiden Aufstände: Während in der Rhetorik des Istanbuler Aufstandes die Stellung der Frauen zum zentralen gesellschaftlichen Problem stilisiert wurde, thematisierte die Rhetorik des Frankfurter Aufstands vor allem die Stellung der Juden und kulminierte in dem Pogrom von 1614.

Der Vergleich dieser Bewegungen soll die Gewalt und Ausgrenzungsmechanismen in beiden Kulturen erhellen: weshalb, um es anachronistisch zu formulieren, der eine Aufstand antisemitisch und der andere frauenfeindlich ist.

Ich werde im folgenden zunächst die beiden Rebellionen knapp schildern, um dann – nach einer methodischen Zwischenbemerkung – meine These zu formulieren.

Die Patrona-Revolte[1]

Hintergrund der Patrona-Revolte war eine weitverbreitete Unzufriedenheit mit der Reformpolitik Nevşehirli Damat Ibrahim Paşas, der während seiner Amtszeit als Wesir (1718-1730) unter Padişah Ahmet III. durch ein Bündel von Maßnahmen versuchte, den Niedergang des osmanischen Reichs zu stoppen. Er drang auf

die Beendigung außenpolitischer Abenteuer, setzte eine Heeres-
reform durch, holte dazu französische Militärberater ins Land
und erlaubte die Rezeption von Innovationen aus Europa (unter
seiner Regentschaft wurde die erste Druckerpresse zur Vervielfäl-
tigung islamischer Werke in Istanbul zugelassen). Darüber hinaus
zeichnete sich seine Politik durch ostentativen Konsum aus: Während seiner Amtsperiode erlebte Istanbul eine der glanzvollsten
Zeiten seiner Geschichte, die (im nachhinein) so genannte Tulpen-
zeit *(lale devri)*. Eines seiner großen Projekte war die Ausgestaltung von Sa'dabad am Goldenen Horn zur Sommerresidenz der
Sultane. Die Kehrseite dieser Politik war eine hohe Besteuerung
und Inflation. Gleichzeitig betrieb Ibrahim Paşa eine klare Macht-
politik: Er besetzte Schlüsselstellen im Reich mit seinen Verwandten und schaltete systematisch Personen aus, die ihm gefährlich
werden konnten. Diese Politik schuf ihm zahlreiche Feinde. Der
Kreis der Unzufriedenen reichte vom Janitscharenkorps (dessen
Stellung durch die Militärreformen gefährdet war) über die islamischen Gelehrten (die die Innovationen aus Europa mißtrauisch
beobachteten) bis hin zur Bevölkerung, die die Konsequenzen dieser Politik zu tragen hatte. Unmittelbarer Anlaß der Revolte war
eine schwere Niederlage des osmanischen Heers in Persien.[2]

Die zentralen Figuren des Aufstands waren Patrona Halil, ein
ehemaliger albanischer Janitschar und zur Zeit des Aufstands
Händler für Gebrauchtkleidung; Şeyh Ispirizade Ahmet Efendi,
ein Geistlicher, der an der Hagia-Sophia-Moschee lehrte, und der
Richter Hasan Efendi (Parmaksızoğlu: 1977: 438). Eine Gruppe
von 25 bis 30 Personen[3] traf sich am 25. 8. 1730, um die Erhebung
vorzubereiten. Diese begann drei Tage später; die Aufständischen
versammelten sich Donnerstag, den 28. September vor dem Tor
der Beyazit-Moschee und marschierten in drei Gruppen zum
Markt; dort zogen sie ihre Schwerter und riefen die Handwerker
und Händler dazu auf, sich im Namen des *şeriats*, des religiösen
Gesetzes, unter der (wahrscheinlich grünen[4]) Fahne zu versam-
meln. Die Ladeninhaber wurden gezwungen, ihre Läden zu schließen (Sakaoğlu 1994: 232). Die Rebellen zogen anschließend
durch die Stadt, wobei sich immer neue Gruppen den Aufständischen anschlossen – einschließlich Janitschareneinheiten (Parmaksızoğlu: 439).

Der für die Sicherheit der Stadt zuständige Kaymakam Mustafa
Paşa verhielt sich offenbar ambivalent. Später sollten Gerüchte

auftreten, daß er mit den Revolutionären verhandelt habe – in der Absicht, sich selbst an die Spitze der Bewegung zu setzen. Jedenfalls griff er nicht militärisch ein.

Währenddessen befanden sich der Padişah Ahmet III. und mehrere Würdenträger, unter ihnen Ibrahim Paşa, auf der asiatischen Seite Istanbuls in Üsküdar. Die Erhebung traf sie unvorbereitet und löste allgemeine Ratlosigkeit aus. Der Vorschlag von Ibrahim Paşa, mit Militärgewalt gegen die Aufständischen vorzugehen, wurde von anderen zurückgewiesen. Aufgrund dieses Zögerns konnte sich der Aufstand am nächsten Tag, Freitag, ausbreiten, und die Aufständischen konnten die Stadt übernehmen. Es erschienen *fetwas* (Rechtsgutachten durch geistliche Würdenträger), die den Aufstand rechtfertigten. Am 30. September gab Ahmet III. auf. Mit der Verhaftung und Hinrichtung Ibrahim Paşas und zwei weiterer Würdenträger wurde den Forderungen der Aufständischen entsprochen. Ahmet III. wurde gezwungen, zugunsten seines Neffen Mahmut I. abzudanken. Mahmut gelang es durch eine geschickte Politik, Patrona Halil bereits im November auszuschalten, genauer, ihn ermorden zu lassen.

Was in diesem Zusammenhang interesssiert, ist die Rhetorik des Aufstands. Wir haben dazu ein Dokument des Historikers Şem'dani-zade. Dieser war kein Zeitzeuge des Aufstands – allerdings hatte sein Vater in ihm eine rühmliche Rolle gespielt, er hatte nämlich unter Lebensgefahr die Zollbehörde gegen Plünderungsversuche verteidigt. Obwohl der Vater sich gegen die Aufständischen gestellt hatte, fand Şem'dani-zade sehr kritische Worte über den Wesir.

»Der Wesir hatte den Charakter eines verschwenderischen Taugenichts. Tag und Nacht erfand er neue Vergnügungen und, nicht zufrieden mit den Vergnügungen seiner Entourage, war er der Meinung, daß auch das Volk verführt werden müsse. So ging er daran, im Hippodrom, an den Höfen (den Moscheen) von Sultan Mehmed und Bayezid, in Yeni Bahçe und Yedi Kule, in Bayram Paşa, Eyüb und Kasim Paşa, in Tophane, Saadabad und Dolmabahçe und auf den Dreschplätzen von Bebek, Göksu, Çubuklu, Beykoz und Üsküdar Karusselle, Schaukeln, Wippen und Strickschaukeln aufzustellen. Damen und Herren (rical ü nisa) wie auch Mädchen stiegen, alle durcheinander, auf die Wippen; kräftige junge Männer faßten dabei die Frauen, setzten sie in die Schaukeln und holten sie wieder herunter. Dabei stellten die Frauen in den

Jan Luyken: Volksvergnügen beim Ramadan-Fest;
aus: Thévenot, J.: Gedankwaardige en zeer naauwkeurige Reizen,
Amsterdam 1681 (Koninklijke Bibliotheek 's-Gravenhage).
Entnommen Theunissen u. a. 1989: 68.

Schaukeln ihre Strumpfbänder zur Schau. Zu alldem ließ er (näm-lich Ibrahim Paşa) schönklingende Lieder vortragen. Das Weiber-volk mit seinem beschränkten Verstand genoß dieses Vergnügen. Einige von ihnen hatten die Erlaubnis ihrer Männer dazu erhalten, andere aber nicht. Letztere äußerten, daß es sich dabei um ihr gutes Recht handele; sie kamen zum Zuschauen und zwangen ihre Männer, ihnen Geld zu geben. Im Fall einer Weigerung forderten sie die Scheidung und nahmen die Sache auch in die Hand. Auf diese Weise blieben in jedem Stadtviertel nicht mehr als fünf ehren-hafte Frauen übrig ... So wurden die Sitten des Volkes in bezug auf Frauen, Nahrung und Kleidung verdorben.« (Zitiert bei Aktepe 1958: 44)

In dem Bericht des Historikers hallt nach, daß die allgemeine Unzufriedenheit in ein offenbar sehr wirkungsmächtiges Bild ge-bannt wurde: In dem Bild der schaukelnden Frauen verdichten sich Erotik, Luxus, Zerstörung der Ehe und allgemeine Verderb-nis. Wie Mardin (1974: 433) kommentiert, »wurden die Versuche von Frauen, das System zu umgehen, als das zentrale Ereignis in einem allgemeinen Verfallsprozeß herausgestellt.«

Bevor wir uns der Analyse dieses Bildes zuwenden, soll im Kon-trast dazu der Fettmilch-Aufstand geschildert werden.

Der Fettmilch-Aufstand

Auch beim Fettmilch-Aufstand bildeten Inflation, Verteuerung der Lebenshaltungskosten und Steuerdruck den Hintergrund der Re-volte. Er richtete sich gegen eine verkrustete Patriziatsherrschaft – die Macht in der Reichsstadt lag fest in der Hand der in der Stubengesellschaft Alten-Limpurg organisierten Familienoligar-chie. Der von ihr dominierte Rat tendierte dazu, »sich nicht als ein 43köpfiger Ausschuß der genossenschaftlichen Gesamtbür-gerschaft, sondern als Obrigkeit ... zu verstehen« (Schindling 1994: 230). Der Rat hatte durch eine katastrophale Wirtschafts-politik Frankfurt in die Krise gesteuert. Unmittelbarer Anlaß des Aufstands war das Ablegen des Sicherheitseides der Bürgerschaft in Zusammenhang mit der Kaiserwahl von 1612: »Als die Zünfte und die Bürgerschaft den ihr vermöge der Goldenen Bulle unter Androhung des Verlustes aller ihrer Rechte, Freiheiten und Privile-gien im Fall des Ungehorsams auferlegten Sicherheitseid für die

Kurfürsten leisten sollten, weigerten sie sich zu schwören, ehe ihnen nicht vom Inhalt der Vorrechte Kenntnis gegeben sein würde.« (Meinert 1952/1984: 56)

Die Forderung des Verlesens der Bürgerrechte wurde mit zwei weiteren Forderungen verknüpft: Verlangt wurde die Einrichtung eines freien Kornmarktes – eine Maßnahme gegen Spekulation – und zum anderen das Verbot des Wuchers und eine Verringerung der in der Stadt lebenden Judenschaft. Der Rat reagierte zunächst mit Verschleppung der Behandlung der Forderungen (zuerst solle die Kaiserwahl abgewartet werden), dann, im Juli, mit ihrer klaren Zurückweisung; schließlich – nach dem Auftreten der ersten Unruhen – mit Ausweichen und Hinhalten. Als Reaktion darauf radikalisierten sich die Bürger. Sie organisierten sich in einem Bürgerausschuß und stellten weitere Forderungen auf. Wichtig waren vor allem das Verlangen nach einer stärkeren Repräsentation der Bürger im Rat (was auf eine Entmachtung der Patriziergesellschaft Alten-Limpurg hinauslief) und die Forderung nach einer gründlichen Überprüfung der Finanzen.[6] »Im Laufe der nächsten Wochen häuften sich Tumulte und Übergriffe in der Stadt. Insbesondere die Juden waren Opfer von Ausschreitungen.« (Meyn 1980: 44)

Kaiser Matthias setzte daraufhin eine Kommission ein, um eine reichskonforme Konfliktlösung zu finden. Diese Kommission verhandelte intensiv mit Bürgerausschuß und Rat. Es war offenbar die Furcht vor einem Eingreifen von Kaiser und Reich, die die beiden verfeindeten Parteien an den Verhandlungstisch brachte. Das Ergebnis war der 71 Punkte umfassende Bürgervertrag vom 3. Januar 1613. Er sah unter anderem eine neue Ratsverfassung mit wesentlich größerer Präsenz von Bürgern vor, die jährliche Überprüfung der Finanzen durch den »Neunerausschuß«, ein von Bürgern vorgeschlagenes und vom Rat bestätigtes Gremium; das Verleihen von öffentlichem Geld zu einem Zinssatz von 5%, sofern Sicherheiten gegeben waren, einen allgemeinen Höchstzins von 8% und die Einführung eines allgemeinen Zunftzwanges. Der Vertrag wurde im Mai vom Kaiser bestätigt.

Das folgende Jahr verging mit Streitigkeiten über die Auslegung des Bürgervertrags, wobei »insbesondere die vorgesehene Prüfung der städtischen Finanzen durch den Ausschuß der Neuner… weiterhin ständig neuen Konfliktstoff (bot)« (Schindling 1994: 235). Dabei spielte nicht nur böser Wille eine Rolle: Um die Kreditwürdigkeit der Stadt nicht vollends zu verspielen, stand die außenpolitische Rationalität, die die Verschleierung der katastrophalen Wirtschaftslage erforderte, gegen die innenpolitische Rationalität, die Offenlegung und Kontrolle verlangte. Im Mai 1614 schließlich gingen die Revolutionäre unter der Anführung von Vinzenz Fettmilch zur Tat über; sie besetzten den Römer, hielten die Mitglieder des alten Rates drei Tage gefangen und gaben sie erst frei, als diese ihre Abdankung erklärten. »Damit war der Bürgervertrag durch einen revolutionären Akt gebrochen und die Reichsgewalt herausgefordert« (Schindling 1994: 235). Am 26. 7. wurde ein kaiserliches Mandat angeschlagen, das bei Androhung der Reichsacht ein Ende des Aufstands befahl. Es kam daraufhin in der Bürgerschaft zu einer Trennung von gemäßigt und radikal Gesinnten. Am 1. 9. entlud sich die wachsende Spannung in der Stadt. Anhänger des radikalen Flügels stürmten unter der Führung von Fettmilch die Judengasse, plünderten die Häuser und vertrieben die Juden aus der Stadt. Am 8. 10. wurde die Reichsacht gegen Fettmilch und zwei weitere Anführer verhängt: »Jetzt schwebte die Gefahr über der Stadt, daß sie insgesamt der Reichsacht verfallen und all ihrer Privilegien verlustig gehen würde.« (Schindling 1994: 236) Im Dezember wurde Fettmilch verhaftet (und zwar durch einen der neuen bürgerlichen Ratsherren). 1616 wurde Fettmilch auf dem Roßmarkt enthauptet. Die Leiche wurde geviertelt und die Stücke an vier Hauptzufahrtsstraßen vor den Toren Frankfurts aufgehängt.

Auch die Rhetorik des Fettmilch-Aufstands zeichnet sich durch die Prägung eines sehr wirksamen Bildes aus – nämlich das des wuchernden Juden. So heißt es in der Supplikation der Bürgerschaft an den Kaiser vom 21. Juni 1612 über die »Juden, deren ungöttlichen Wucher und Betrug«: »Denn sie vom Wind nit leben können, wo nehmen sie dann anders ihren Unterhalt her, als von unserm Schweiß und Blut? Dahero werden sie unsere Kostgänger; sie sind unsere Sugegel, die nit nachlassen, bis auch das Mark in den Beinen verzehrt und wir zum Bettelstab fertig...« (Bothe 1920: 332) Wenn – so heißt es weiter – das »erste Übel, die Landesverderber und Müßiggänger aus dem Weg geräumt« seien, dann werde sich auch das andere ergeben, wird »freiwillig der Effectus, beata civitas und cives locupletes (eine glückliche Bürgerschaft und begüterte Bürger), wieder erfolgen« (ebd. 334). »Die Anwesenheit der Juden«, hebt auch Meyn hervor, »gewann

… für die aufständischen Bürger die Gestalt des Hauptübels, dessen Beseitigung den Zustand einer *beata civitas* wiederherstellen würde. Die jüdische Minderheit in der Stadt, die *gottlosen Leutte*, so schrieben Ausschuß und Bürgerschaft an den Kurfürsten von Mainz, seien der *wichtigste puncten an dem fast alle anderen gravamina hencken*. Würden die Forderungen der Bürgerschaft in bezug auf die Juden erfüllt, so versicherte man, so würden die übrigen Gravamina (Beschwerden) *entweder für sich selbst fallen oder doch mit beeder theil gutem belieben leichtlich zu vergleichen sein.*« (Meyn 1980: 72) Kurzum, die Forderung nach der Verringerung der Juden in der Stadt war nicht eine unter mehreren Forderungen – sondern sie stellte in den Augen der Bürger die Antwort auf das Schlüsselproblem dar.

Eine methodische Zwischenbemerkung

Soziale Bewegungen sind besonders dramatische Formen des symbolischen Kampfes (Bourdieu). Ein relativ kleiner Kreis, der sich um Personen wie Patrona Halil oder Vinzenz Fettmilch schart, versucht ein gesellschaftliches Problem zu definieren und eine Abhilfe vorzuschlagen. Dies geschieht in der Form eines Narrativs: Vorgelegt wird die Erzählung einer gesellschaftlichen Ordnung, die bereits einmal existiert und funktioniert hat. Diese Ordnung gerät in eine Krise; die Krise kann durch eine Rückkehr zur ursprünglichen Ordnung oder durch die Schaffung einer neuen, reformierten Ordnung beseitigt werden. Mehr oder weniger implizit wird durch dieses Narrativ ein Gesellschaftsbild konstruiert: Es werden gesellschaftliche Einheiten definiert; diesen Einheiten werden bestimmte Eigenschaften zugeschrieben; die Beziehungen zwischen den Akteuren wird bestimmt; die Währung, mit der diese Beziehungen kalkuliert werden, wird vorgeschlagen; es wird ein Maß an Reziprozität festgelegt und ein zeitlicher Rahmen gesetzt.[7]

Soziale Bewegungen unterscheiden sich von anderen narrativen Formen, Gesellschaft zu stiften, durch ihre besondere Theatralik. Diese scheint damit zusammenzuhängen, daß formal nicht legitimierte Sprecher den Deutungsvorschlag unterbreiten: Ihr Erfolg steht und fällt mit der schnellen Mobilisierung von Anhängern. Das erfordert die Wahl eines wirkungsmächtigen Bildes als Mittel der Repräsentation der Krise.

Der mehrfache Wortsinn des Begriffes Repräsentation ist hilfreich, um die Bedeutung von Bildern in diesem Prozeß besser zu verstehen. Das Wort Repräsentation bedeutet zunächst »Darstellung« oder »Beschreibung«. Wenn eine offenbar sehr komplexe Problemlage in ein Bild übersetzt wird, wird sie verständlich und begreifbar. Gleichzeitig wird mit dieser Übersetzung ein Dreh- und Angelpunkt formuliert, an dem die Lösung dieses Problems hängt. Dabei erlauben Bilder aufgrund der ihnen eigenen Mehrdeutigkeit sehr unterschiedlichen Protagonisten, ihre je partikularen Interessen repräsentiert, also adäquat wiedergegeben zu sehen. Sie lassen sich also für eine Mobilisierung besser einsetzen als andere Formen der Repräsentation.[8] In einer zweiten Hinsicht bedeutet Repräsentation auch (politische) Vertretung: Jede Darstellung der Realität ist nicht nur ein »Sprechen über«, sondern auch ein »Sprechen für«. Derjenige, dem die Formulierung eines schlüssigen Bildes gelingt, wird in der Regel auch Sprecher bzw. Repräsentant derjenigen, für die er spricht. Hier scheint mir eine der Wurzeln des charismatischen Prozesses zu sein: Die unterschiedlichen Handelnden erkennen sich nicht nur in den Bildern wieder, die von den Charismatikern entworfen werden, sondern auch in ihnen als Personen. Eine Tendenz zur Verselbständigung ist dabei eingebaut: Je mehr es den Trägern der Bewegung gelingt, sich als Sprecher verschiedener Kreise zu etablieren, desto mehr werden sie zu »obligatorischen Passagepunkten«[9], zu »Schlüsselfiguren«. An ihnen kommt keiner mehr vorbei – weder auf der Seite derer, die sich zu einem späteren Zeitpunkt der Revolte anschließen, noch auf der Seite derer, die mit der Bewegung verhandeln. Eine dritte Konnotation von Repräsentation ist schließlich Vorstellung. Dadurch daß ein Bild geschaffen wird, in dem sehr heterogene Partizipanten ihre Probleme wiedererkennen und mit dem sie diese anderen vorstellen, gelingt es ihnen auch, eine Vorstellung ihrer selbst zu gewinnen: Im Akt der Vorstellung entfaltet ein Kollektiv ein Bewußtsein seiner selbst oder – was das gleiche bedeutet – es konstituiert sich. Es gilt mit der Annahme zu brechen, daß ein Kollektiv vorab existiert, das dann Forderungen aufstellt – vielmehr verhält es sich umgekehrt: In und durch den Akt des Aufstellens von Forderungen entsteht ein Kollektiv.

Der Vorschlag, soziale Bewegungen als Formen des symbolischen Kampfes zu interpretieren, grenzt sich gegen zwei andere Erklärungsmodi ab. Zum einen gegen eine sozio-strukturelle Kausalerklärung – also gegen eine Erklärung, die die beiden hier diskutierten Aufstände mit ungefähr folgender Denkfigur erklärt: Frankfurt im 17., Istanbul im 18. Jahrhundert zeichneten sich durch eine bestimmte Sozialstruktur aus; diese geriet unter Druck, weil sich die materielle Situation der produzierenden Schichten aufgrund von objektiven Faktoren wie Inflation, Steuerdruck etc. verschlechterte; es kam zur Krise, in der sich die Spannung entlud. Die Symbolik, auf die jeweils zurückgegriffen wird, ist lediglich ein Oberflächenphänomen, eine Ideologie, die im Prinzip beliebig ist. Es handelt sich sozusagen um eine kulturelle Codierung eines an sich von dieser Codierung unabhängigen Sachverhalts.

Nun möchte ich gar nicht leugnen, daß wir tatsächlich bei den beiden hier betrachteten Aufständen eine Verschlechterung der Lebensumstände beobachten können, ich würde aber daran festhalten, daß dies nicht ausreicht, um von »objektiven Ursachen« einer Krise zu sprechen. Eine Krise entsteht erst, wenn die Verschiedenheit der Parameter sozusagen durch einen definitorischen Akt »auf den Punkt« gebracht ist – vorher dürfte eher ein vages Gefühl von Unordnung, von Unzufriedenheit, vielleicht von Angst existiert haben. Dieses Gefühl dürfte sich aber aus den unterschiedlichsten Quellen speisen: Ökonomisches, kulturelles, religiöses, vielleicht sogar wetterbedingtes Unbehagen bleibt so lange wirkungslos, wie es nicht übersetzt ist. A posteriori wird dann eine Konstruktion als Ursache genommen. Konkret: Ich schlage vor, diesen Erklärungsversuch auf den Kopf zu stellen. Der Verweis auf Sozialstruktur erklärt nicht die Krise – sondern umgekehrt, in und durch die Krise wird Sozialstruktur geschaffen, weil Klassen und Beziehungen im Akt der Mobilisierung definiert werden.

Der Versuch, soziale Bewegungen als symbolische Kämpfe zu deuten, grenzt sich aber auch gegen einen kulturellen Kausalismus ab, der aus der Struktur der Deutungsmuster einer Kultur die Form der Symbolisierung ableitet: Weder ist die islamische Kultur notwendigerweise frauenfeindlich, noch ist die christliche in ihrer Struktur antisemitisch. Dies heißt nicht, daß ich die Existenz eines Bildgedächtnisses in einer Kultur leugne. Es ist für die Zwecke von Mobilisierung sogar notwendig, auf bereits existierende Bilder zu rekurrieren. Allerdings existiert hier keine Notwendigkeit oder Kausalität. Es flottieren weit mehr Bilder in einer Kultur, als jeweils für die Zwecke einer Mobilisierung verwendet werden. Es ist vielmehr so, daß erst durch den Akt der Mobilisierung ein Bild zu einem besonderen und zentralen Bild gemacht wird. Hinzu kommt, daß Bilder nie einfach reproduziert werden – sie werden abgewandelt, in einen neuen Kontext übersetzt und bekommen damit eine neue Bedeutung. Ebenso wie Sozialstruktur steht Kultur am Ende dieses Prozesses – und nicht an seinem Anfang.

Die Patrona-Revolte

Patrona Halil und seine Mitverschwörer inszenieren ihren Auftritt auf eine Art und Weise, die für den islamischen Raum klassisch ist: Ausgehend von der Moschee wird zum Basar marschiert, der geschlossen wird, und eine immer größere Volksmenge zieht mit der Forderung, das religiöse Gesetz, das şeriat, wiederherzustellen, zum Sultanspalast. Patrona Halil und seine Mitstreiter stilisieren sich damit zu islamischen Glaubenskämpfern, sie beanspruchen für die muslimische Bevölkerung der Stadt zu sprechen. Die nichtmuslimischen Händler und Handwerker im Basar (zahlenmäßig die Mehrheit) sind eindeutig nicht angesprochen, von ihnen wird indes sehr nachdrücklich eine passive Beteiligung am Aufstand erwartet – nämlich die Läden zu schließen. Diese Trennung in Rollen erlaubt es der Hohen Pforte in den Jahren nach dem Aufstand, einen Keil zwischen die muslimischen und nicht-muslimischen Untertanen zu treiben und sie gegeneinander auszuspielen. Ein zehn Jahre später stattfindender Aufstand wird daran scheitern, daß die Christen und Juden der Aufforderung nicht mehr folgen.

Doch ist die Trennung zwischen Muslimen und Angehörigen der anderen Religionen nicht die einzige Trennung, die vollzogen wird: Es wird auch der Gegenspieler definiert – nämlich der Hof, insbesondere der Wesir und seine entourage. Gefordert werden die Hinrichtung des Wesirs und die Zerstörung des Palastes von Sa'dabad. Die Forderung läuft auf die Aufhebung von Mißständen hinaus – und damit auf die Rückkehr zu einer vorher existierenden Ordnung. Die Forderungen sind negativ – sie ähneln einem Veto gegen Mißstände am Hof. An keiner Stelle wird jedoch eine mögliche Veränderung der Rollen erwähnt. Der Aufstand dient der Wiederherstellung einer idealen Beziehung zwischen Herrschenden und Beherrschten, d.h. Herrschende bleiben Herrschende; Untertanen Untertanen. Der Patrona-Aufstand ist, in

Max Gluckmans (1963) Terminologie, eine Rebellion, keine Revolution.

Dabei gelingt es den Rebellen, Anerkennung für ihren Anspruch auf Sprecherschaft zu gewinnen: Der Aufstand weitet sich aus. Dies liegt – so die Ausgangsthese – daran, daß ein wirkungsmächtiges Bild gefunden wurde. Was aber begründet genau die Kraft dieses Bildes?

Hier fällt zunächst auf, daß der Chronist die Tatsache der Vermischung betont. Männer, Frauen und Mädchen würden »alle durcheinander« (mahlut) in die Wippen steigen. Dies scheint das eigentliche Ärgernis zu sein: Daß es nicht die Schaukeln an sich sind, läßt ein zeitgenössisches Bild von Sa'dabad erkennen. Der Künstler, offenbar ein Hofmaler, hätte die Szene kaum wiedergegeben, wenn sie in irgendeiner Weise anstößig gewesen wäre (s. Abb.). Dieser Vorwurf scheint sich mit dem allgemeinen der Sittenverderbnis im Zusammenhang mit Frauen, Nahrung und Kleidung zu verbinden. Dieser Nexus hat Tradition. Nora Seni, die entsprechende Zeugnisse zusammengetragen hat, zitiert Erlasse der Hohen Pforte vom 16. bis zum 19. Jahrhundert, in denen festgelegt wurde, wie sich Frauen an öffentlichen Plätzen zu verhalten haben – die Regulierungen gingen von Verboten des Aufenthalts bis hin zu Kleidervorschriften. Die Kleider der Frauen waren indes nicht die einzigen, die markiert wurden – Kleidervorschriften betrafen auch die ethnisch-religiösen Untertanen. Ihnen wurde verboten, ähnliche Kleidung zu tragen wie die Muslime; darüber hinaus wurden ihnen bestimmte Farben zugewiesen: den Armeniern rot, den Griechen schwarz, den Juden blau. Die Kleiderordnung verweist also – wie schon das Szenario der Revolte – auf das Bedürfnis nach einer klar geschlechtlich sowie ethnisch-religiös gegliederten Bevölkerung.

Beides läßt sich in dem Kontext einer endogamen Gesellschaft wie der Istanbuls auf ein gemeinsames Prinzip zurückführen: Gesellschaften, die die Heirat im engsten Kreis präferieren (nämlich daß Männer ihre Cousinen heiraten), tendieren zur Bildung von Binnenwelten. Die auf Abstammung beruhenden Beziehungen werden durch Schwiegerschaftsbeziehungen tendenziell verstärkt. Man heiratet in seiner landsmannschaftlichen Gruppe, auf jeden Fall aber in seiner ethnischen und religiösen Gemeinschaft. In einer solchen Gesellschaft werden die Frauen sozusagen als Symbol der Integrität der Gruppe betrachtet, in der sie (wie Lévi-Strauss es

Sa'dabad: Die Anlage von Sa'dabad in der ersten Hälfte des 18. Jahrhunderts.
Zeitgenössische Darstellung aus dem Zennameh. Abgedruckt in Eldem o.J. S. 2/3.

ausdrücken würde) »zirkulieren«. Respekt vor dem anderen wird durch die Achtung vor der Integrität und Unantastbarkeit seiner Frauen ausgedrückt; Aggression auf den anderen durch einen Angriff auf die ihm zugeordneten Frauen (Schiffauer, 1987: 46 ff.). Der von Şem'dani-zade (hoffentlich übertriebene) Vorwurf, es seien in keinem Viertel mehr als fünf ehrenhafte Frauen übriggeblieben, gewinnt sein Gewicht in diesem Kontext. Es ging in diesem Konflikt eben nicht nur um die Beziehungen zwischen Männern und Frauen, sondern um die zwischen Männern und Männern, die über die Frauen ausgetragen wurden.

Wichtig für das Verständnis der Ordnungskonzeptionen ist nun, daß die Grenzen von innen und außen nicht absolut waren, sondern daß innen und außen ineinander verschachtelt waren: Was innen und außen war, war jeweils relativ; so schied sich der Raum des Hauses in einen nach außen offenen Empfangsraum *(selamlık)* und einen den Frauen und anderen Familienmitgliedern vorbehaltenen Innenraum *(haremlık)*; der Raum des Hauses war andererseits insgesamt ein Innenraum in bezug auf die Straße beziehungsweise das (religiöse wie ethnisch oft[10] homogene) Wohnviertel. Letzteres bildete wiederum einen Binnenraum in bezug auf den Markt. Bezeichnend war die Sackgassenstruktur der Wohnviertel, d. h. eine Struktur, die den Durchgangsverkehr und damit die Anwesenheit von Fremden systematisch ausschloß (Kreiser 1974: 206) – noch heute müssen Fremde, die sich in diese Gassen verirren, damit rechnen, nach ihren Absichten gefragt zu werden; ihre Gegenwart wird also registriert und damit kontrolliert. Diesem komplexen Spiel mit Grenzen korrespondierte eine feine Kultur des Ritualismus und Formalismus. Durch eine elaborierte Kunst, Zeichen zu setzen und zu lesen, wurde markiert, was zu einem gegebenen Zeitpunkt »Binnenraum« und was »Außenraum« war.[11] Dabei lieferten die Körper der Frauen ein privilegiertes Zeichensystem – ihre Anwesenheit bzw. Abwesenheit wie auch die Art und Weise der Kleidung lieferten Schlüssel für eine genaue Situierung des Ortes in der Schichtung von Innen- und Außenwelten.

Vor diesem Hintergrund entfalteten sich Visionen der sozialen Ordnung, die der Intaktheit von Binnenräumen eine entscheidende Bedeutung beimaßen. Respekt vor den Binnenräumen der anderen war die entscheidende Grundlage für den inneren Frieden in der Stadt. Dies lief in bezug auf die Beziehungen zwischen den Gruppen auf ein sorgfältiges Ausbalancieren von Gruppenrechten und Gruppenbeziehungen hinaus. Dabei erschien vor allem die Verwischung von Grenzen als Spezifikum von Unordnung und wurde mit dem Verlust von Kontrolle assoziiert. Umgekehrt schien es eine Tendenz zu geben, auf eine wahrgenommene Unordnung zu reagieren, indem man Grenzen betonte.

Das Bild der schaukelnden Frauen eignet sich als Symbol für Unordnung. Die Präsenz der Frauen an öffentlich zugänglichen Plätzen steht für die Öffnung der Binnenräume und drückt damit soziale Desintegration aus. Die Anwesenheit von Frauen in der Öffentlichkeit wäre unter Umständen hinzunehmen (wenn auch keinesfalls ein Ideal), wenn sie einem instrumentellen Zweck folgte (also etwa der Erwerbsarbeit oder dem Einkauf diente); sie ist jedoch dann problematisch, wenn sie (weil mit Vergnügen assoziiert) zum reinen Selbstzweck wird. Die oben zitierte Phantasie des Historikers skizziert die Folgen: Die erotische Attraktion der Frauen verwischt und transzendiert die Grenzen und produziert als Folge allgemeine Unordnung, Ehekonflikte und Scheidungen. Tatsächlich wird dem Wesir dabei ein niederträchtiger Plan unterstellt: Nicht zufrieden mit den Orgien seines Gefolges, habe er begonnen, auch das Volk zu verführen. Kein Wunder, daß Schwäche und Niedergang das Resultat waren.

Doch trägt das Bild noch weiter: Von Lévi-Strauss (1949/1981) wissen wir, daß die Logik der Reziprozität und die Logik der Klassifikation sich gegenseitig bedingen und stützen. Durch eine Gabe wird immer ein Verhältnis gestiftet – je nach Form des Gabentausches ein egalitäres (Freund-Freund) oder ein hierarchisches (nämlich das von Schuldner und Gläubiger und damit von Verpflichtetem und Verpflichtendem). Umgekehrt drückt sich jede Klassifikation in Tauschakten aus und lebt von ihnen. »Geschenke schaffen Freundschaft, und Freundschaft bedarf der Geschenke«, kommentiert Marshall Sahlins (1965: 139) diesen wechselseitigen Zusammenhang, und man könnte die Formulierung für diesen Kontext wie folgt erweitern: »Gaben schaffen Hierarchie, und Hierarchie bedarf der Gaben.« Die Verwischung von Kategorien ist daher gerade für eine auf höfischer Wirtschaft basierende Ökonomie problematisch. An diesem Punkt erklärt sich die (ansonsten nicht unmittelbar einleuchtende) Assoziation des Bildes schaukelnder Frauen mit dem Vorwurf des Luxus – d.h. der Verwendung von Überschuß für die eigene Konsumption und nicht für die Redistribution.

Allerdings taucht in der Rhetorik des Aufstands ein neues Element auf: nämlich der Vorwurf der Verwestlichung. Bemerkenswert ist der immer wieder erhobene (und von Mardin (1974: 433) unkritisch übernommene) Vorwurf, Sa'dabad sei nach den Plänen von Versailles oder Fontainebleau errichtet. Tatsächlich gibt es dafür kaum ein Anzeichen. Nach den vorliegenden Skizzen erscheint die Anlage von Sa'dabad, mit ihren Kiosken, Pavillons sowie der Anlage des zentralen Kanals Vorbildern aus dem islamischen Raum verpflichtet – man denke an die Gartenanlagen der Mogulen. Luxus und Verschwendung an sich werden also mit Verwestlichung assoziiert. Hier wurde ein Bild geprägt, das später noch an Bedeutung gewinnen sollte. Şerif Mardin (1974) zeigte, wie die Triade: Verwestlichung, Luxus und Stellung der Frau die populistische Polemik im 19. Jahrhundert prägte. Ihr Einfluß ist auch im 20. Jahrhundert noch sichtbar (siehe unten S. 130ff.).

In der Rebellion wird das Narrativ einer sozialen Ordnung inszeniert, in der Binnenwelten sorgfältig gegeneinander ausbalanciert sind, in der Ordnung und innerer Frieden auf der Wahrung von Grenzen beruhen, in der vermittels der Klarheit der Kategorien Reziprozität gewahrt ist. Der übermäßige Luxus des Hofs verursacht eine innere Auflösung, die in der öffentlichen Präsenz der Frauen überdeutlich wird. Sie spielt, dafür scheint der Vorwurf der Verwestlichung zu stehen, den Feinden des osmanischen Reichs in die Hand, indem es dieses von innen zersetzt. In der Erneuerung von Grenzen kann die Ordnung wiederhergestellt und damit letztendlich auch die Stärke wiedergefunden werden.

Hätten die gleichen Ideen ausgedrückt werden können, wenn nicht die Frauen, sondern die Nicht-Muslime zum Sündenbock gemacht worden wären? Wohl kaum. Dies ist allerdings zu qualifizieren. Es gab immer wieder (wie oben erwähnt) Versuche, Nicht-Muslime auf ihren Platz zu verweisen und etwa Kleiderordnungen durchzusetzen.[12] Dennoch war die Präsenz von Nicht-Muslimen in der Stadt selbstverständlich, solange sie die Grenzen respektierten. Unter dieser Voraussetzung konnte man die Unterschiedlichkeit der verschiedenen Partialkulturen positiv nutzen. So war es für junge Muslime etwa möglich, in dem von Juden und Christen bewohnten Viertel Kuzguncuk mit den Freundinnen spazierenzugehen, was in den islamischen Vierteln nicht möglich war. Ähnliches galt für Alkoholgenuß, der in den christlichen, nicht aber in den islamischen Quartieren möglich war. Schließlich konnte man von den Grenzziehungen auch insofern profitieren, als sie auch Grenzen sozialer Kontrolle markierten; ein Muslim konnte leichter bei einem Juden borgen (und umgekehrt) als bei einem Mitglied der jeweils eigenen Gruppe (Goldberg 1990: 76). Die Nicht-Muslime eigneten sich erst in dem Moment für die Symbolisierung der Unordnung, als ihre prinzipielle Gleichstellung im 19. und 20. Jahrhundert auf Grund des Drucks der christlichen Kolonialmächte durchgesetzt wurde – als, mit anderen Worten, das westliche Modell der Vergesellschaftung in den osmanischen Kontext übersetzt wurde. Seit dieser Zeit erlebte auch die islamische Welt Pogrome.

Der Fettmilch-Aufstand

Auch bei der Fettmilch-Revolte werden mit dem ersten Akt die Rollen klar verteilt: Mit der Forderung nach Offenlegung der Privilegien zum Zeitpunkt der Kaiserwahl stellen sich die Verfasser des Briefs an den Rat der Stadt Frankfurt vom 9. 6. 1612 als Vertreter der »Zünfte und Bürgerschaft« dar. Auch hier wird die Rückkehr zu einer alten Ordnung verlangt: Man könne den Eid nicht schwören, »ehe und zuvor uns unsere bürgerlichen Privilegien und Freiheiten wiederum restituiert und zu Händen gegeben worden seien«. Der Adressat ist der vom Patriziat dominierte Rat. Dennoch sind die Beziehungen, um die es hier geht, grundsätzlich anders konzipiert als im Fall Istanbuls.

Mit der Frage der Privilegien nämlich ist untrennbar eine spezifische Form des Selbstverständnisses verbunden – und zwar die der Konzeption der Stadt (und damit der Bürgerschaft) als Rechtsperson beziehungsweise als Körperschaft. Die ehemalige Verleihung von Privilegien, an die erinnert wurde, war mit dieser Rechtskonstruktion verbunden. Nur als juridische Person konnte die Stadt Rechte innehaben und Verträge abschließen. Damit verknüpft war ebenfalls die Konstitution einer politischen Vertretung, eines Rats, der »im Namen der Stadt« handeln konnte. Die Bedeutung des Akts der Verleihung von Privilegien ist schwer zu überschätzen: Die Stadtbewohner konnten sich von da an anthropomorphisierend als sozialen Körper denken. In und durch diesen Akt der Repräsentation ließ sich die Stadt als Stadt vorstellen – als eine Einheit mit Geschichte und Identität, als eine Größe, mit der man sich identifizieren konnte, als ein Gegenüber, das etwas vom Einzelnen verlangen konnte. Die Gesamtheit war damit mehr als die Summe ihrer Teile.[13] Hinzu tritt ein sakraler Aspekt. Die Konzeption der Städte als Körperschaften steht im Zusammenhang mit der Übertragung des bis dahin auf die Kirche bezogenen Konzepts des corpus mysticum, des mystischen Körpers, dessen Haupt Christus ist, auf säkulare Gebilde (vgl. hierzu Kantorowicz 1975/1990: 206-217). Damit ist die Idee der Körperschaft eng mit derjenigen der Abendmahlsgemeinde verknüpft, die sich, in den Worten von Troeltsch, »als Leib Christi versteht, in den man durch die Taufe eingepflanzt wird und durch den man im Herrenmahl gespeist und getränkt wird« (1922/1977: 59). Dies hat Auswirkungen auf das Verhältnis von Religion und Politik. Im osmanischen Reich sollte die Stadt sozusagen die Bedingung für islamisches Leben garantieren (womit ein äußerer Zusammenhang von Religion und Politik hergestellt wurde); in Europa wurde dagegen eine Dialektik von Sakralisierung des Säkularen und – später – Säkularisierung des Sakralen in Gang gesetzt. In einem ganz spezifischen Sinn war in Europa die Stadt eine Kultgemeinschaft. Es ist kein Zufall, daß die (vorläufige und brüchige) Einigung, die mit dem Rat erzielt wurde, am 27. 1. 1614 durch ein kirchliches Dankfest gefeiert wurde. Nur in Europa ließ sich formulieren, daß man der Stadt (und später dem Staat) gegenüber »heilige« Pflichten habe.

Im Kontext dieser Ordnungsvorstellung werden nun die Beziehungen zwischen Bürgerschaft und Patriziat grundsätzlich anders definiert als die Beziehungen zwischen muslimischen Bürgern und Statthaltern. Prinzipiell steht in Frankfurt die Frage der politischen Vertretung im Vordergrund: Die allgemeine Idee war es, daß nicht der Rat, sondern die Bürgerschaft als Ganzes Träger der Privilegien war – es war nur eine Frage der Modalität, wie diese Gesamtheit vertreten werden sollte: Damit war denkbar, daß alle Gruppen partizipierten. In Bittschriften an Kaiser Matthias wurde durchaus konsequent gefordert, daß künftig alle ehrbaren und verständigen Leute und nicht in der überwiegenden Zahl Patrizier ratsfähig sein sollten. In dem Beschwerdebrief an die Stadtgesandten forderte man sogar, »der Rat solle aus der ganzen Bürgerschaft bestellt werden«, und stellte fest, daß der Rat »um der Bürgerschaft willen und nicht die Bürgerschaft um des Rats willen da sei« (Meyn 1980: 62). In der Dramaturgie des Aufstandes drückt sich dies darin aus, daß das Ratshaus der für die Inszenierung des Aufstands zentrale Ort war. Kurz: Während die Istanbuler Forderungen personalistisch waren, waren die Frankfurter konstitutionalistisch; während die einen korrigieren wollten, war es die Intention der anderen, zu gestalten.

Des weiteren scheinen in beiden sozialen Bewegungen unterschiedliche Ideen von sozialer Solidarität auf. In Istanbul galten die Respektierung der Partikulargruppen und die Herstellung eines ausbalancierten Verhältnisses zwischen ihnen als Basis für gesellschaftliche Ordnung und Zusammenhalt; in Frankfurt galt die Entfaltung einer Dialektik von Individuellem und Allgemeinem als Grundlage der Solidarität. Das Allgemeine, das sich im freien Austausch der Einzelnen herausbildet, ist mehr als die Summe seiner Teile: Es ist – gerade weil es die partikularen Interessen überwindet – vernünftig, und es ist deshalb ein Gebot der Vernunft, sich ihm unterzuordnen. Dies funktioniert nur dann, wenn die Einzelnen sich mit dem Allgemeinen und Ganzen identifizieren – wenn sie also bereit sind, ihre partikularen Interessen zugunsten des Ganzen zurückzunehmen oder wenigstens zu relativieren. Wie wichtig dies immer auch und gerade bei inneren Konflikten war, zeigt nicht zuletzt der Fettmilch-Aufstand: Es war die Angst vor auswärtiger Intervention und dem damit verbundenen Verlust der Rechte, die die Konfliktparteien immer wieder zusammenbrachte. Die Integrität der Stadt als Gesamtheit war sehr deutlich ein Wert, den die Konfliktparteien miteinander teilten.

Auch hier gelang es den Wortführern, ein wirkungsmächtiges Bild einzusetzen, nämlich das des wuchernden Juden. Fragen wir auch hier, worin die Eignung gerade dieses Bildes bestand. Eine mögliche Erklärung könnte sein, daß der jüdische Wucher tatsächlich die problematischste Erscheinungsform einer allgemeinen Mißwirtschaft darstellte (so daß er pars pro toto zur Repräsentation allgemeiner Unordnung herangezogen werden konnte). Dies scheint mir aus mehreren Gründen eine zwar naheliegende, aber falsche Deutung zu sein. Die historischen Zeugnisse deuten vielmehr darauf hin, daß es sich bei dem sogenannten Wucher wohl um kaum mehr als um das Krediteinzelgeschäft handelte. Der Rat scheint bei der Vorlage von entsprechenden Sicherheiten durchaus bereit gewesen zu sein, aus der Stadtkasse Kredite gegen 5% zu geben.[14] Die sogenannten Wucherer hätten demnach die nicht gedeckten Kredite bedient und, um sich abzusichern, einen höheren Zinssatz, nämlich 12% verlangt – was nichts anderes wäre als ein Fall elementarster ökonomischer Rationalität. Dies schien auch so vom Patriziat gesehen worden zu sein, denn offenbar wurden Steuergelder wie auch Privatvermögen zu 5% beim jüdischen Verleiher angelegt, der wiederum zu notwendigerweise höheren Zinsen weiterverlieh. In einem solchen Fall hätten wir es mit Nischenökonomie zu tun: Eine ethnische Gruppe spezialisiert sich auf einen bestimmten Zweig von Geschäften, der aus ideologischen Gründen von anderen Gruppen nicht übernommen wird – der aber dennoch (und zwar auf unmittelbar einsehbare Weise) wichtig für das ökonomische Funktionieren des Gemeinwesens ist. Schließlich hätte ein schwer verschuldeter Handwerker ohne Kredite dieser Art Pleite gemacht. Es sei doch einfach so, so der Rat in einer Stellungnahme, daß die Bürger unvorsichtig haushielten und »liederlich« Kredit aufnähmen »und hernacher die Schuld alles ihres Verderbens dem Judenwucher zulegen«. Es ist schwer vorstellbar, daß dieser elementare Zusammenhang den Bürgern Frankfurts weniger einleuchtend gewesen sein soll als den Bewohnern des osmanischen Reiches. Dort wurde, wie wir gesehen haben, gerade die ethnische Spezialisierung als eine Chance gesehen, religiös bedingte Verbote elegant zu umgehen, ohne sie prinzipiell in Frage stellen zu müssen. Gerade wenn man an religiösen Prinzipien (etwa dem Verbot des Wuchers) festhalten will, sollte man die Präsenz einer Gruppe begrüßen, die sich nicht daran gebunden weiß.

Das Bild des wuchernden Juden scheint mir analog mit einer städtischen Ordnungskonzeption verknüpft wie das Bild der schaukelnden Frauen. Zwei Gedanken scheinen mir hier wichtig zu sein. Ein sozialer Körper läßt sich nur als klar umgrenzt vorstellen – in der Logik des Bildes liegt daher, daß auf vage wahrgenommene Unordnung mit der Verstärkung der Grenzziehung nach außen geantwortet wird. Wenn diese Idee der Körperschaft zudem mit dem Gedanken der inneren Einheit verknüpft wird – wie es in diesem Fall aufgrund der religiösen Konnotationen gegeben ist –, dann liegt es nahe, daß Ausgrenzung des als anders Wahrgenommenen die Antwort auf Unsicherheit ist. Das Opfer waren die Juden.

Während in Istanbul die verschiedenen ethnisch-religiösen Gemeinden zwar gegeneinander abgegrenzt (und durchaus auch ungleich behandelt wurden), niemals aber ihr prinzipielles Recht, die Stadt zu bewohnen, in Frage gestellt wurde, waren die Juden in Frankfurt eine ausgegrenzte Minderheit, deren Bleiberecht immer wieder bedroht war: 1349, 1422 und 1614 kam es zu Pogromen; 1508 und 1511 wurde die Frage der Vertreibung im Rat erörtert (Bund 1994: 131-136). Die Juden wurden im Kontext einer Stadtgemeinde als Fremdkörper wahrgenommen.

In dieses Bild ließen sich offenbar die verschiedenen Probleme der verschiedenen Fraktionen der rebellierenden Bürger übersetzen: Das Bild konnte zum einen, mit dem Hinweis auf Mißwirtschaft und Regelbruch, die problematische Wirtschaftspolitik des Rates (und insbesondere die Verschuldung) symbolisieren – zumal die Juden als eine vom Rat protegierte und geschützte Bevölkerungsgruppe galt. Schließlich, so wurde argumentiert, habe der Rat ja seinerseits den Juden Geld für ihre Wucherei zur Verfügung gestellt. Das Bild konnte aber auch auf die Beunruhigung der städtischen Ökonomie anspielen, die primär durch die (vor allem durch calvinistische Innovatoren erfolgenden) Verstöße gegen die Zunftordnung hervorgerufen wurde. Auch hier gab es zweifellos Verstöße seitens der Juden – so wurde der erlaubte Pfänderhandel offenbar nicht selten durch einen (nicht erlaubten) Handel mit neuen Gütern ergänzt –, aber die Folgen dieser Überschreitungen für die Wirtschaft der Stadt als ganzer dürften doch vergleichsweise belanglos im Vergleich zu der Einführung etwa des Verlagswesens seitens der Niederländischen Exulanten gewesen sein. Schließlich konnten sich auch die Calvinisten in diesem Bild repräsentiert fühlen. Das Bild des Juden als des ganz Anderen erlaubte die Betonung der Gemeinsamkeit der Christen – und ließ sich mit Forderungen nach politischer Vertretung in der Stadt verbinden. Kurz, in der Allegorie auf die Mißstände, die in dem Bild des Wucherjuden gefaßt war, konnte sich eine Bürgerschaft als ganze repräsentiert fühlen (und sich während der Zeit des Aufstands als revolutionäre Gemeinschaft konstituieren), eine Bürgerschaft, die die Werte von Gleichheit, politischer Vertretung und innerer Loyalität zum Programm des Gemeinwesens erhoben hatte. In den Worten von Schindling: »Die Bürgerbewegung war getragen von einer Koalition negativen Charakters – gegen den patrizischen Rat und gegen die Juden.« (1994: 233)

Um es zusammenzufassen: Der Fettmilch-Aufstand inszeniert das Narrativ einer Stadtgemeinde, die ein sozialer Körper ist, eine sakrale Gemeinschaft auf genossenschaftlicher Basis. In dieser Gemeinschaft gab es die Verpflichtung gegenüber der Allgemeinheit, die die prinzipiell Gleichen zusammenhielt. Die Krise wird auf den Verfall dieser Ordnung zurückgeführt; auf die Mißwirtschaft eines verkrusteten Rats, der sich nicht als Repräsentant der Bürgerschaft, sondern als Obrigkeit geriert. Der Verrat an der Ordnung kulminiert in der Präsenz des Fremden, d.h. desjenigen, der nicht der Kultgemeinschaft angehört. Durch seine Vertreibung soll die innere Einheit wiedergefunden werden. Kurz: Während in der osmanischen Stadt, in der Hoffnung, die innere Ordnung wiederzufinden, die Grenzen der verschiedenen urbanen Gruppen gegeneinander markiert (und die Frauen eingesperrt) werden, markiert man in der deutschen Stadt in der gleichen Hoffnung die Grenzen nach außen und vertreibt die Fremden.

Schluß

Warum ist der eine Aufstand antisemitisch und der andere frauenfeindlich? Die Antwort, die hier gegeben wird, lautet: Weil die eine Gesellschaft sich als sozialer Körper versteht, die andere sich dagegen als eine Konfiguration ineinander verschachtelter Gruppen. In der Logik dieser Bilder liegt, daß die eine Gesellschaft, wenn es darum geht, Ordnung herzustellen, zur Betonung der äußeren Grenzen neigt, die andere jedoch zur Unterstreichung der inneren Grenzen. Die Juden und die Frauen sind die Charaktere, die man für die jeweilige Darstellung dieser Ordnungsvorstellungen braucht.

Die Rebellionen sind rituelle Inszenierungen dieser Vorstellungen: In Momenten der Krise wird in ihnen das beschworen, wofür die Gesellschaft »eigentlich« steht. Im Kern, sagt die eine Gesellschaft, sind wir eine rituelle Beitrittsgemeinschaft von gleichen Individuen. Eigentlich, sagt die andere Gesellschaft, sind wir eine harmonische Anordnung von ungleichen Gemeinschaften. Wenn wir nur diesen Gedanken erneut realisieren, sagen beide Gesellschaften, wird es uns wieder gut gehen.

Es ist kein Widerspruch zu diesem Argument, daß beide Gesellschaften viel komplexer waren als die Vorstellungen, die sie von sich artikulierten. Ganz im Gegenteil: In der Tatsache, daß in beiden Bewegungen zu einem Zustand zurückgekehrt werden sollte, den es so nie gegeben hatte, wird man gerade den entscheidenden Grund für das Gewaltsame beider Rebellionen erkennen.

Anmerkungen

1 Bei der Beschreibung der Patrona-Revolte stütze ich mich im folgenden auf die Darstellungen bei Aktepe (1958); Shay (1944) (die sich auf venezianische Texte bezieht); die Darstellung von Parmaksızoğlu in der »Türk Ansiklopedisi« (1977); den Artikel von Sakaoğlu in der »Istanbul Ansiklopedisi« (1994); den Artikel Ibrahim Paşa in der »Encyclopedia of Islam«, sowie auf Olson (1974, 1977). Aufmerksam auf die Revolte wurde ich durch die Lektüre von Şerif Mardin (1974).
2 Siehe Olson (1974) für eine ausführliche Darstellung der Ausgangssituation der Rebellion.
3 Shay (1944: 28) spricht von zwölf Personen.
4 In bezug auf die 1730er Revolte sprechen die Chronisten nur allgemein von einer Fahne. Die Vermutung, daß es sich dabei um die grüne Fahne, die den Islam repräsentiert, handelt, liegt indes nahe. Sie ist ein zentraler Bestandteil der Ikonographie der Revolten. Vergleiche etwa Olsons (auf englische Quellen gestützte) Schilderung der Revolte von 1740: »Einer der Männer zog eine grüne Fahne aus seiner Bluse … Die Rebellen riefen einstimmig, daß alle Geschäfte geschlossen werden müßten, und luden ›alle guten Muslime‹ ein, sich ihnen anzuschließen« (Olson 1977: 194).
5 Zum Fettmilch-Aufstand siehe vor allem die sehr gute Arbeit von Meyn (1980); eine kürzere Zusammenfassung bei Schindling (1994). Die klassische Dokumentation findet sich bei Bothe (1920). Herangezogen wurde ebenfalls die (im Duktus der Studentenbewegung verfaßte) Arbeit von Karasek (1979).
6 Meyn hebt vor allem den unsystematischen Charakter der Forderungen hervor: Offenbar fanden sehr heterogene Interessen ihren Ausdruck. Vieles, so monierte der Rat in seiner Verteidigungsschrift, sei nur aufgenommen, »damit der Artikel und des Geschmieres nur viel werde« – ein, nach Meyn, nicht von der Hand zu weisender Vorwurf (1980: 59).
7 In dieser Auflistung der Elemente des Gesellschaftlichen folge ich Latour (1986: 270).
8 In anderen Kontexten können Texte, Statistiken oder Graphiken eine komplexe Realität auf eine besondere und wirksame Weise darstellen – und damit die gleiche Rolle erfüllen (Callon 1986). All diesen Formen der Darstellung ist gemeinsam, daß es sich dabei um Übersetzungen handelt.
9 Der Terminus »obligatorische Passagepunkte« stammt von Latour

und Callon (1981). Zur Soziologie der Übersetzung und der obligatorischen Passagepunkte siehe auch Rottenburg (1995, 1996).

10 Klaus Kreiser hat darauf aufmerksam gemacht, daß dies zwar die Regel war, daß es jedoch zahlreiche Ausnahmen gegeben hat (1974: 207). Dies mag so sein. Wichtiger als die empirische Abweichung von der Regel ist für meine Argumentation, daß das Wohn*ideal* bis heute das ethnisch homogene Viertel darstellt.

11 Ein schönes Beispiel für eine Ordnungskonzeption findet sich bei Nippa (1982: 25 ff.). Ein Scheich, d. h. ein Oberhaupt einer mystischen Bruderschaft, schildert der Ethnologin sein Bild der Stadt. Er beginnt allgemein mit der Aussage, daß in Dair az-Zor viele verschiedene Stämme lebten; fährt dann mit der Unterteilung nach Muslimen und Nichtmuslimen fort, wobei er bei letzteren Christen, Yeziden, Aramäer und Juden aufzählt. Als er auf die Binnengliederung der islamischen Stämme kommt, nennt er zunächst zwei große Stammesgruppen, denen er einzelne Stammesnamen zuordnet. Je mehr er aufzählt, desto mehr »löst sich die beabsichtigte Ordnung in einem dicht verwobenen Netz von Namen und Herkunftsbezeichnungen auf« (27). Auch wenn sich das Beispiel auf Syrien bezieht (und damit auf einen tribalisierten Kontext), ist das prinzipielle Ordnungsschema das gleiche. Eine visuelle Umsetzung findet es in der islamischen Kunst: Vgl. die in diesem Band wiedergegebene Abbildung eines Sternmotivs (S. 86).

12 Ein besonders bemerkenswerter Fall in dieser Hinsicht spielte sich zehn Jahre später ab: Wie bereits erwähnt, hatte die Hohe Pforte sich 1740 der Loyalität der nicht-muslimischen Bevölkerung versichert. Dies blieb nicht unbemerkt. Die wachsende Verstimmung zwischen den Bevölkerungsgruppen wurde damit beantwortet, daß seitens der Hohen Pforte neue Kleiderverordnungen für Christen und Muslime erlassen wurden (Olson 1977: 199). Die Grenzziehungen wurden also wohlweislich wieder betont.

13 Zur Bedeutung der Verleihung der Privilegien siehe allgemein Max Weber 1921/1972; in bezug auf Frankfurt/Main siehe vor allem Orth 1994.

14 Zumindest erklärte er dies (vgl. Diarium Historicum 1615, S. 18, abgedruckt bei Karasek 1979: 49).

Die *civil society* und der Fremde

Grenzmarkierungen in vier politischen Kulturen

Die Zivilgesellschaft – weit entfernt von der Utopie, ein Bollwerk gegen Fremdenhaß zu sein – scheint die Aversion gegen das Andere aus sich zu gebären. Jedenfalls reagieren die europäischen Länder heute empfindlicher und mit größerer Gewalt auf den mit dem Zusammenbruch der Weltordnung zusammenhängenden Migrationsstrom als andere Staaten. Ich versuche hier einige Gründe dafür zu benennen.

Die *civil society* und der Fremde

Die *civil society*, wie sie sich in Nordeuropa entfaltet hat, beruht auf der Idee des Individuums im freien Austausch. Etwas schlagwortartig könnte man sagen, daß es sich um eine Gesellschaftsform handelt, deren zentrale Institutionen der Markt, das Forum und die Bühne sind. Der Markt steht für den freien und rationalen Tausch von Waren; das Forum für all die Institutionen der politischen Öffentlichkeit, in denen sich im freien Austausch von Überzeugungen die *volonté générale* bildet und man sich auf ein *bien commun* verständigt; die Bühne schließlich soll (*pars pro toto*) für die Orte kultureller Öffentlichkeit stehen, an denen sich eine Kultur des symbolischen Tausches entfaltet – mit der sich (oft auf einer wenig expliziten Ebene) Klassifikationen durchsetzen und Werte herauskristallisieren.[1] Die genannten Institutionen finden sich als einzelne auch in anderen Gesellschaften – die Bürgergesellschaft zeichnet sich durch den engen Bezug aus, in den sie alle drei Institutionen stellt.

Die Kultur der Zivilgesellschaft hat eine anthropologische Besonderheit: Damit der freie Tausch funktionieren kann, bedarf es einer spezifischen Form der Vergesellschaftung. Erforderlich ist der Bruch mit der ansonsten universal geltenden Vorstellung, daß primären Beziehungen (Verwandtschafts-, Freundschafts-, Gefolgschaftsbeziehungen) auch primäre Bedeutung zukommen sollte, was einen sozusagen konzentrischen Aufbau der sozialen Welt impliziert: Am meisten fühlt man sich dem – ganz wörtlich genommenen – Nächsten verpflichtet; je größer und inklusiver die soziale Einheit wird, desto mehr nimmt der Grad an geschuldeter Loyalität ab. Dagegen hat sich in Europa das Ideal durchgesetzt, daß das Allgemeine wichtiger ist als das Besondere, daß das Allgemeininteresse das Partikularinteresse überwiegt. In einem Konfliktfall hat das Allgemeine (formal die Regel, substantiell das *bien commun*) den Vorrang vor dem einzelnen.

Was dieses Ideal der Vergesellschaftung dem einzelnen abverlangt, läßt sich am Problem der Verteilung der gesellschaftlichen Positionen aufzeigen. Aus dem Ideal folgt, daß man bei der Verteilung der gesellschaftlichen Positionen rational, das heißt ohne Ansehen der Person, verfahren soll, daß man dem Besten, nicht aber dem Nächsten den Zuschlag geben sollte. Wer primären Beziehungen nach wie vor primäre Bedeutung beimißt, macht sich nun des Nepotismus, des Seilschaftsdenkens, der Günstlingswirtschaft schuldig. Damit ist eine spezifische Zumutung gesetzt: Positiv beinhaltet sie, daß man bei der Vergabe von Positionen unter Umständen dem Nächsten in den Rücken fallen muß; negativ, daß man erleben muß, daß ganz Fremde bei der Vergabe von Positionen vorgezogen werden. Kurz: Es handelt sich um einen äußerst effektiven Typ der Vergesellschaftung – aber auch um einen besonders prekären.

Ein Problem dieser Form der Vergesellschaftung ist die *Grenzziehung*. Grenzen nach außen legen gleichsam den Bereich fest, für den diese Zumutung der Moderne gelten soll. In bezug auf Politik markieren sie den Bereich, dem man sich legitimerweise unterordnen soll – sie legen die Gruppe fest, deren Mehrheitsentscheidungen man auch dann akzeptieren sollte, wenn sie individuelle Nachteile mit sich bringen. In bezug auf die Wirtschaft markieren sie den Personenkreis, für den die Regel »Der Bessere gewinnt« gilt. Es ist daher kein Zufall, daß gerade die Geschichte der europäischen Kultur eine Geschichte der Grenzziehungen (und damit natürlich auch der Ausgrenzungen) ist. Jede Öffnung, jede Verschiebung, jede Transformation der Grenzen bedeutet eine Verminderung der Kontrolle ebenso wie der Chancen. Wir erleben das heute in Deutschland. Es bezeichnet auch das vielleicht zentrale Dilemma der Kultur der Öffentlichkeit: Von ihrer inneren Logik, ihrem Begriff her, ist sie auf Universalisierung angelegt; von der Praxis her bedeutet jede Ausweitung eine Erhöhung der Zumutung – und wirft Legitimierungsprobleme auf: Immer anonymere

Instanzen entscheiden über das Individuum; mit immer mehr Bewerbern muß es konkurrieren. Tatsächlich ließe sich die Entwicklung der Kultur der Öffentlichkeit als eine Geschichte der Restrukturierung von Grenzziehung schreiben: Die Integration von neuen Gruppen führte nicht selten zur Ausgrenzung anderer Gruppen (oder auch der gleichen Gruppe auf anderer Ebene: Es ist kein Zufall, daß die rechtliche Integration von Juden mit neuen Formen der Diskriminierung beantwortet wurde).

Von ihrer Konstruktion her ist die *civil society* die Gesellschaftsform, die (auf Grund ihrer Betonung des Allgemeinen) den Fremden zum gesellschaftlichen Spiel prinzipiell zuläßt; von der damit verbundenen Zumutung her ist sie aber auch eine Gesellschaftsform, die den Fremden immer wieder ausschließt. Der Fremde wird integriert *und* diskriminiert. Wie dieses Verhältnis von Integration und Exklusion nun im einzelnen aussieht, hängt von der je spezifischen Ausprägung der *civil society* ab, von der je besonderen Lösung des Verhältnisses von Individuellem und Allgemeinem in der politischen Kultur.

Frankreich

In der französischen Kultur wird das Individuelle mit dem Allgemeinen über den Gedanken der Universalität der Vernunft vermittelt. Es gibt klare – im Prinzip universal geltende – Regeln, denen jeder gleichermaßen unterworfen ist. Diesen Regeln ist man verpflichtet. Die Institution, die für mich diesen Gedanken am deutlichsten ausdrückt, ist die der allgegenwärtigen *concours*: der Wettbewerbe und Ausleseprüfungen. Es ist ein absolut rationales, universales und egalitäres Verfahren der Verteilung von gesellschaftlichen Positionen.

Rationalität, Egalität und Universalität korrespondieren mit einer zentralistischen und (im europäischen Maßstab) bemerkenswert homogenen Kultur: »In Frankreich haben die absolute Monarchie und später der Jakobismus der ›einen unteilbaren‹ Republik die regionalen, sprachlichen und religiösen Sonderheiten getilgt.« (Kepel 1991:63) Im öffentlichen Raum hatten und haben sie nichts verloren. Das Prinzip des Allgemeinen, der *nation*, war geradezu als Gegensatz zu allen kulturellen Partikularismen konstruiert. Dumont schreibt »[in der französischen Kultur] bin ich

Mensch von Natur aus und Franzose durch Zufall«. Die Nation ist sozusagen der Rahmen für die Emanzipation des Individuums.

Freiheit wird hier sehr stark mit Gleichheit assoziiert, wenn nicht sogar identifiziert. Es ist sehr bezeichnend, daß in Frankreich die Integration von Fremden durch Antidiskriminierungsgesetze – die schärfsten Europas – versucht wurde. Es handelt sich um eine »Politik der Gleichbehandlung und Ahndung von Diskriminierung«, bemerkt Costa-Lascoux (1991: 285) – um eine Politik, die auf die *Rechtsgleichstellung der Individuen* abzielt und keine Gruppenrechte (wie zum Beispiel die Quotierung) anerkennt.

Allerdings ist hier ein Problemfeld markiert: Freiheit bedeutet natürlich auch die Möglichkeit der Genese von Unterschieden, die nicht selten die Tendenz haben, die feine und klare Unterscheidung des Öffentlichen vom Privaten zu sprengen. Tatsächlich scheint mir die – sehr vielschichtige und differenzierte – französische Diskussion um die Lösung des Problems der Differenz zu kreisen. Hier können nur Facetten angedeutet werden. Zunächst scheint der Diskurs der Gleichheit bei der Linken angesiedelt: Robert Grillo (1985: 51 ff.) analysiert zwei Formen des Diskurses über Fremde. Der eine Diskurs ist inklusiv und egalitär und ist um den Begriff des *immigré* zentriert – er evoziert die Assoziation der »internationalen Arbeiterklasse«. Wenig überraschend findet sich dieser Diskurs besonders ausgeprägt in den Reihen der kommunistischen Gewerkschaft CGT. Der andere Diskurs ist exklusiv und ist zentriert um den Begriff des *étranger*; die mit ihm verbundenen Assoziationen sind »Nationalität«, »Kultur«, »Sprache«, »Rasse«: Nach Äußerungen von CGT-Mitgliedern handelt es sich um einen »bourgeoisen«, einen spalterischen Begriff. Andererseits kann natürlich auch die Linke nicht völlig von Ethnizität abstrahieren; in der Regel wird diese als »Nebenwiderspruch« in das Begriffsfeld eingeordnet. Es ist in diesem Feld ein besonderes Problem, daß jedes stärkere Gewichten von Kultur, wie etwa die Forderung des Rechts auf Differenz, des *droit à la différence* der 68er, sehr schnell in sein Gegenteil umschlägt und nun von der Rechten zu einem neuen Ausgrenzungsdiskurs verwendet wird. Die progressive Forderung von einst wird sozusagen in ihr Gegenteil verkehrt, indem nun das Recht des französischen Volkes auf seine Eigenheiten stark gemacht wird – und Intoleranz statt Toleranz abgeleitet wird.

Vor dem Hintergrund einer so strukturierten Debatte wird

deutlich, warum die »Kopftuch-Affäre« von Creil so hohe Wellen schlug. Die religiösen Führer forderten in Creil die »positive Diskriminierung« der jungen muslimischen Mädchen, die staatliche Schulen besuchten: Sie sollten das Recht haben, den Schleier zu tragen und am Sport- oder Musikunterricht nicht teilzunehmen. Hier wurde offenbar das Recht auf Differenz, beziehungsweise die Freiheit, anders zu sein, eingeklagt – und zwar in dem extrem sensiblen Bereich des Laizismus. Es springt ins Auge, daß mit dieser Forderung die französische Öffentlichkeit mit dem »Heterogenen« konfrontiert wurde – mit einer Forderung, die schlicht nicht in die Kategorien und die Frontstellung paßte, die »quer« zu den Klassifikationen stand. Die Forderung nach positiver Diskriminierung muß in der französischen Gesellschaft ein beunruhigendes Paradox sein.

Großbritannien

In Großbritannien hat sich eine Lösung des Verhältnisses von Individuum zur Gesellschaft entwickelt, die in vielem geradezu invers zu der französischen Antwort anmutet. Freiheit und Gleichheit sind in Großbritannien grundsätzlich anders gewichtet.

Wie die französische Nation ist die britische aus einem bereits existierenden Staatsgebilde hervorgegangen. Während sich das französische Staatsverständnis jedoch in mehreren tiefgreifenden Restrukturierungsprozessen (während des Absolutismus, der Französischen Revolution sowie während der konstitutionellen Aufstände von 1830 und 1848) entfaltet hat, scheint das britische Verhältnis eher organisch gewachsen zu sein. Dies betrifft zum einen den Staat insgesamt: Das Verhältnis der Union zu ihren einzelnen Bestandteilen ist aus einer jeweils besonderen Beziehung erwachsen – Großbritannien ist kein einheitliches Rechtsgebiet. Organisch gewachsen ist jedoch auch das Verhältnis von lokalen Gewalten und zentraler Regierung: Aus einer starken Stellung des Feudaladels wie auch der städtischen Korporationen erwuchs eine weitgehende Autonomie der lokalen Administrationen, die Kontrolle über weite Bereiche behielt.

Während das französische Verhältnis vom Individuum zum Staat also konstruiert und rational anmutet, wirkt das britische gewachsen und unübersichtlich: Es besteht aus einer Serie von partikularen Rechten, lokalen Besonderheiten. Werden in Frankreich »Gleichheit und Rationalismus ... in streng rationellen, kunstvoll konstruierten Verfassungen sowohl ausgedrückt als gesichert«, ist die englische Verfassung »irrationalistisch«, »unübersehbar« und besteht aus Gewohnheitsrechten, merkt Ernst Troeltsch (1925: 91) an.

In dieser inegalitären Kultur entstand ein Freiheitsbegriff, der im wesentlichen mit der Unantastbarkeit und der Bewegungsfreiheit der Person assoziiert wird. Die Sphären der Individuen – die Privatsphären wie auch die Gruppenrechte – werden sorgfältig geschützt, und zwar sowohl gesetzlich als auch durch eine hohe Kultur gesellschaftlicher Konvention. Es ist dies der Boden (dies nur nebenbei), auf dem sich ein bemerkenswerter Pluralismus von Lebensstilen entfalten kann.

Wie stellt sich in dieser Kultur eine *volonté générale* her? Der Garant für die öffentliche Kultur scheint dabei weniger der Staat zu sein (hier herrscht eher Skepsis vor) als das Vertrauen auf die gesellschaftliche Auseinandersetzung. Als Leitbild kann der Mannschaftssport fungieren, der ja nicht zufällig in Großbritannien entstanden ist – mit all seinen Implikationen von Regeln, *fair play*, aber auch Härte in der Auseinandersetzung. Auf die Sphäre des Politischen übertragen, bedeutet dies eine Kultur der öffentlichen Auseinandersetzung, bei der mit weit härteren Bandagen gekämpft wird als in Deutschland. In diesem Kontext kreist die Auseinandersetzung mit dem Fremden um die Frage von Gruppenrechten. Dies trifft sowohl auf den Diskurs der Ausgrenzung wie auf den der Eingrenzung zu.

Zunächst ist auffällig, daß der britische Rassismus mit der Arbeiterklasse assoziiert wird (der französische dagegen mit der Bourgeoisie). Dies wird verständlich aus dem spezifisch britischen Kontext der Nischen- und Subkulturbildung. Die Formel lautet: Je dichter die Interdependenzbeziehungen (in bezug auf Arbeit, Wohnen, Freizeit), desto ausgeprägter die Arbeiterkultur, desto xenophober. Das klassische Beispiel ist das Londoner *East End*: Hier hat sich ein ausgeprägtes Selbstbewußtsein (waschechter oder geborener *East Ender*) entwickelt, das sich mit explizitem Territorialanspruch verknüpft: Man wird *East Ender*, indem man zeigt, daß das *East End* einem gehört (Cohen 1990: 106). So erscheint der britische Rassismus stärker auf die partikulare Gruppe bezogen als der französische oder der deutsche.

»Solange die Einwanderer ›unter sich bleiben‹, in ihren eigenen Wohngebieten und den ihnen zugewiesenen Tätigkeiten, sind sie ›unproblematisch‹. Sie haben ihre Wohnviertel und Verhaltensregeln, und wir haben unsere. Doch sowie deutlich wird, daß die Einwanderer nicht länger gewillt sind, die Beschränkungen hinzunehmen, sondern zum Beispiel ihren Anspruch auf soziale Gerechtigkeit anmelden, verwandeln sich die Gefühle ihnen gegenüber in einen sehr viel aggressiveren Rassismus.« (Ebd. 107)

Nicht nur der Ausgrenzungsdiskurs, sondern auch der Eingrenzungsdiskurs macht Gruppenrechte stärker als anderswo in Europa. Im Prozeß der kollektiven Integration wurden – häufig auf lokaler Ebene – Einigungen erzielt, »oft in einem typisch britischen Prozeß der Kompromißbildung und des Erzielens von Einigungen mit einzelnen Sektionen der lokalen Autoritäten« (Nielsen 1992). Ich finde es sehr bemerkenswert, wie diese Politik der Anerkennung von Gruppenrechten und positiver Diskriminierung auf eine französische Beobachterin wirkte: »Die sich entwickkelnde Ausgrenzung bestimmter Bevölkerungsschichten, die in Großbritannien teilweise in Ghettos leben, führt in einem demokratischen System, dessen Grundsatz das *common law* war, zu Widersprüchen. Ist es begrüßenswert, daß es, wie zum Beispiel in Birmingham, ›moslemische‹ oder ›pakistanische‹ Schulen gibt, daß Mädchen von bestimmten naturwissenschaftlichen Fächern ausgeschlossen werden und getrennte Schwimmstunden haben, um bekleidet in ›reinem‹ Wasser schwimmen zu können? Ist dies im Namen des Kampfes gegen die Diskriminierung zu begrüßen?« (Costa-Lascoux 1991: 285)

Der Französin fällt mit anderen Worten auf, daß jede Politik der positiven Diskriminierung zu einer Verstärkung der Ungleichheit führt.

Im britischen System haben Migrantenorganisationen, die als Interessenvertreter und Verhandlungspartner auftreten, eine starke Stellung. Dies bedeutet auch – intern – einen strukturellen Wettbewerb zwischen den Fraktionen. Es ist dieser Hintergrund, auf dem die Logik der »Rushdie-Affäre« – soweit sie sich auf Großbritannien beschränkt – verständlich wird.

Ich teile Kepels These, daß es sich um einen Versuch der Imame handelt, sich als community leader zu etablieren: Es war, so Kepel, »ein Test für die Fähigkeit der Imame, dem Staat politische Konzessionen abzuringen: Sie forderten das Verbot des Buches, wofür sie im Gegenzug versprachen, die Unruhen in den Ghettos zu beenden. Sie hatten sich ein Etappenziel gesetzt, das ihre Rolle als Vermittler stärken sollte, und waren für entsprechende Gegenleistungen (die Stärkung des religiösen Gemeinschaftssystems) bereit, den sozialen Frieden wiederherzustellen« (Kepel 1991 : 65).

Ich habe den Eindruck, daß die »Rushdie-Affäre« auf eine ähnliche Weise die britische Öffentlichkeit mit dem Phänomen der Heterogenität konfrontiert wie die »Kopftuch-Affäre« die französische. Und zwar weil die Forderung nach Stärkung der Gruppenrechte mit der Forderung der Intoleranz verknüpft wurde – und damit die britische Öffentlichkeit auf eine ähnliche Weise an einem neuralgischen Punkt traf wie die »Kopftuch-Affäre« die französische. Dies wäre aller Wahrscheinlichkeit nach noch deutlicher geworden, wenn nicht die *Fatwa* Chomeynis die Auseinandersetzung durch maßlose Radikalisierung wieder vereinfacht hätte.

Die Vereinigten Staaten

Eine bemerkenswerte Lösung des Verhältnisses vom Individuellen zu Allgemeinem wurde in der amerikanischen Kultur gefunden.

Wie die britische Kultur ist die amerikanische dem Gedanken der Freiheit des Individuums verpflichtet: Gleichzeitig ist dieser Gedanke – wohl aufgrund des Charakters als Einwandererland – bemerkenswert radikalisiert. Während die Freiheit in Großbritannien eher defensiv formuliert wird – nämlich als Unantastbarkeit der Person –, wird sie in der amerikanischen Ideologie aufgrund der Betonung des agonalen Prinzips radikal gesteigert: Die je individuelle Verantwortung für das eigene Leben wird in der amerikanischen Gesellschaft in einem für Europäer befremdlichen (aber auch faszinierenden) Maß betont.

Eine prinzipielle Skepsis gegen den Staat korrespondiert damit: Das Allgemeinwohl soll sich im freien Austausch der gesellschaftlichen Kräfte herstellen. Eine Regulierung und Beschränkung durch Absicherung (wie sie etwa in Deutschland mit dem Gedanken des Sozialstaats formuliert wird) erscheint nicht als Garant, sondern als Einschränkung der Freiheit; als paternalistische Position. Die Formulierung eines substantialistisch gefaßten »Gemeinwohls« etwa durch Experten, wie in der deutschen Position, gälte als geradezu gefährlich. »Vor allem erweckt es Bedenken, daß Rousseau die *volonté générale* vom empirisch erscheinenden Willen aller unterscheidet. So kann die *volonté générale* insbesondere machtgierigen Intellektuellen zur Rechtfertigung ihrer Diktatur dienen, die diese unter Berufung auf die – natürlich nur von den Diktatoren selbst zu erkennenden – ›wahren Interessen des Volkes‹ ausüben.« (Petersen 1990: 10) Das Zitat bezieht sich auf neoliberale Vordenker, es reflektiert aber eine Grundströmung, die unter anderem in den evangelikalen Erneuerungsbewegungen zum Tragen kommt.

In diesem Kontext kommt es zu einer ganz eigenen Variante der Integration des Fremden. Während in Europa die Grenzen nach außen gezogen werden, scheint in den USA die Abgrenzung nach außen weniger wichtig zu sein: Es gibt ein Grundgefühl, daß Fremde das Recht haben sollten zu immigrieren – daß es aber auch keine kollektive Verantwortung für sie gibt. Oder anders formuliert: Während man die äußeren Grenzen niedriger ansetzte als in Europa, zog man die inneren Grenzen (zunächst wenigstens) höher. Dieses Grundgefühl scheint mir auf dem Boden der Ideologie der *nation of mankind* erwachsen, des Traums vom Aufbau einer neuen Nation, die aus den alten Nationalitäten gebildet wird und sie gleichzeitig aufhebt – und zwar im dialektischen Sinn von »überwinden« und »bewahren«. Werner Sollors (1986) hat diesen doppelten Charakter auf die Formel von *descent* und *consent* gebracht. Die Betonung auf *descent* korrespondiert mit einer grundsätzlichen Bejahung von gesellschaftlicher Heterogenität: Kulturelle Vielfalt wird anders als in Europa nicht als Quelle von Schwäche, sondern prinzipiell als Quelle von Stärke und Erneuerung gesehen. Auf diesem Hintergrund konnte ein Gedanke formuliert werden – nämlich der, daß die Letztzugezogenen die »eigentlichen« Amerikaner seien (während die bereits seit mehreren Generationen ansässigen den Gedanken durch Privilegien und Trägheit verspielt hätten): Nicht, daß dieser Gedanke auch nur im entferntesten mehrheitsfähig wäre – bemerkenswert ist, daß er *gedacht* werden konnte, während er in Europa *undenkbar* ist. Die Betonung auf *consent* hängt mit der großen Vision des *melting pot* zusammen, der, wie Sollors gezeigt hat, das (protestantische) Element der Wiedergeburt ebenso wie das (alchimistische) der Erneuerung sozusagen säkularisiert.

In der Regel wurde das Spannungsverhältnis von Heterogenität und Einheit zeitlich aufgelöst. Die *kollektive Integration* von nationalen Gruppen war möglich, weil sie mit dem Versprechen der *individuellen Assimilation* in der zweiten, besonders aber der dritten Generation verbunden war. Die erste Generation der Einwanderer würde im Ghetto leben, die zweite Generation einen generellen Aufstieg machen, die dritte ganz in die amerikanische Gesellschaft assimiliert sein (wobei der sozioökonomische Ort der ersten Generation durch eine neue Migrantengruppe übernommen würde). Solange das Versprechen des Aufstiegs der folgenden Generation gegeben war, stellte das Ghetto kein Legitimationsproblem dar (sondern konnte als »Zwischenort« interpretiert werden, als Quelle der Stärke). Diese Vorstellung war wohl nur im Rahmen des calvinistischen Menschheitsbildes plausibel. Nur hier konnte man davon ausgehen, daß die Ausgangschancen schlecht sein konnten – daß es der Tüchtige, der *winner*, aber dennoch schaffen würde.

Kritiker mahnen an, daß diese Vision nie realistisch war: Dies wurde insbesondere in bezug auf die afroamerikanischen Migranten und die hispanoamerikanischen Migranten während der fünfziger Jahre deutlich. Dennoch erwies sich diese Ideologie als bemerkenswert resistent, solange man daran festhalten konnte, daß die Immigration dieser Gruppen die vorläufig letzte war. Sie brach jedoch zusammen, als mit den ostasiatischen Immigranten eine später zugewanderte ethnische Gruppe einen schnellen ökonomischen Aufstieg schaffte – oder wenigstens zu schaffen schien.[2] Diese Gruppe usurpierte damit den Platz, der legitimerweise der afroamerikanischen und hispanoamerikanischen Bevölkerung zugestanden hätte. Darin scheint mir die zentrale Ursache für die wachsende Bedeutung des ethnischen Diskurses zu liegen.

Die Gefahr, die davon für das Prinzip des Allgemeinen ausgeht, liegt meines Erachtens nicht (wie gelegentlich behauptet wird) in einem Zerfall der Kultur: Im Gegenteil – die Einführung von *ethnic studies* an den Universitäten scheint mir gerade der großen amerikanischen Vision zu entsprechen. Die Gefahr betrifft vielmehr die Überwucherung des Konsensdiskurses durch den ethnischen Diskurs. Die Gefahr eines ethnischen Bezugsrahmens ist, daß er eine rationale Verständigung über das *bien commun* sehr schwierig, wenn nicht unmöglich macht. Geradezu beklemmend tritt dies etwa aus Joan Didions großer Reportage über die Öffentlichkeitsreaktionen nach einer brutalen Vergewaltigung einer Joggerin durch sechs schwarze und hispanische Jugendliche zutage (Didion 1991). Es zeigte sich, daß eine relative Klarheit über das Vorgefallene – es gab Geständnisse – die ethnische Bewertung nicht ausschloß: Auf der Seite der Schwarzen gab es außer dem Gefühl eines Komplotts und einer falschen Bezichtigung die Empfindung, daß in einem umgekehrten Fall (sechs Weiße vergewaltigen eine Schwarze) die Wogen der Empörung keinesfalls in der Weise hochgeschlagen wären. Auf der Seite der Weißen gab es das Gefühl, daß es an der Zeit sei, die »Stadt« zu verteidigen: Von beiden Seiten wurde von dem eigentlichen Vorfall abstrahiert, und er wurde auf die Ebene der Auseinandersetzung von Schwarz und Weiß gehoben.

Deutschland

Das Verhältnis vom Individuellen zum Allgemeinen wird in der deutschen politischen Kultur wesentlich anders bestimmt als in der französischen und englischen. Der Schlüssel scheint mir ein anderer Begriff von Freiheit zu sein: Während Freiheit in Frankreich mit Gleichheit und in Großbritannien mit Unantastbarkeit assoziiert wird, wird Freiheit in Deutschland auffallend oft in einem Atemzug mit dem Begriff »Verantwortung« genannt: In den freiheitlichen Austausch, in dem sich die *volonté générale* herauskristallisiert, sollte nur derjenige eintreten, der zur Verantwortung fähig ist.

Diesen unterschiedlichen Konnotationen des Begriffs Freiheit korrespondieren unterschiedliche Ideen von Allgemeinheit. Es scheint mir, daß sowohl in Frankreich wie in England ein Vertrauen existiert, daß sich das Allgemeinwohl einstellen wird, wenn nur die gesellschaftlichen Präliminarien stimmen: in Frankreich, wenn Gleichheit hergestellt ist und sich die einzelnen an die Regeln halten; in Großbritannien, wenn die Freiheitsrechte unangetastet bleiben und die Regeln des Schlagabtausches eingehalten werden. In beiden Fällen wird 1. Regelbejahung gefordert, die dann 2. den geordneten gesellschaftlichen Wettbewerb erlaubt, der schließlich 3. zur Herausbildung des Gemeinwohls führt. Dieses Vertrauen fehlt in der politischen Kultur Deutschlands. Die Verpflichtung nur der Spielregel gegenüber erscheint als ungenügend, als »bloß äußerlich«: Vor und neben der Regelbejahung wird eine Identifikation mit dem Allgemeinwohl verlangt (eine »Hingabe an das Ganze«, sagt Troeltsch [1925:91]). Erst wenn das Allgemeine internalisiert ist, kann und darf man frei sein.

Wenn man so will, wird das Verhältnis von Individuum zum Allgemeinen in der deutschen politischen Kultur dialektisch gedacht. Der entscheidende Begriff scheint mir der Schillersche des *Individuell-Allgemeinen* zu sein. Dies läßt sich auf folgende Formel bringen: Der Bezug von Allgemeinem und Individuellem ist nur dann möglich, wenn das Allgemeine im Individuellen ebenso realisiert ist wie umgekehrt das Individuelle im Allgemeinen. Betrachten wir zunächst die Seite des Allgemeinen. In welchem Diskurs soll in der deutschen Kultur das Allgemeinwohl bestimmt werden? Die Antwort lautet: Im Kreis der Bestinformierten, der Experten. Bemerkenswert finde ich die deutsche Konstruktion der Sachverständigengutachten, des sogenannten »Rats der Weisen«. Vor jeder Lohnrunde geben die Wirtschaftsforschungsinstitute ihre Expertise; sie legen damit das »Vernünftige« fest – vor und unabhängig von der eigentlichen Lohnrunde. Jedes allzu weite Abweichen stellt dann die Tarifparteien offenbar vor Legitimationsprobleme. Aus dem Ganzen spricht eine Skepsis gegenüber der autonomen gesellschaftlichen Konfliktlösung: eine Angst, daß sich das nackte Interesse, die Gewalt von partikularen Gruppen auf Kosten des Gemeinwohls durchsetzt, wenn ihm nicht vorher ein klarer Rahmen gesetzt wird. Kurz: Es ist das Expertengremium, das, dem »Druck der Straße entzogen«, in einem weitgehend herrschaftsfreien Diskurs das Allgemeinwohl definiert. Mit dem Beamtentum leistet sich die Bundesrepublik den ziemlich kostspieligen Luxus einer Kaste von Experten, die dem gesellschaftlichen Machtspiel entzogen und auf das Allgemeinwohl verpflichtet ist. Die institutionelle Form, in der das Individuelle sich im Allgemeinen realisiert, ist die Expertenrepublik.

Wenden wir uns der Seite des Individuums zu: Wie wird der einzelne dazu gebracht, gesellschaftlich verantwortlich zu denken, zu fühlen und zu handeln, wie wird, mit anderen Worten, das Allgemeine im Individuum realisiert? Die bereits von Schiller formulierte Antwort lautet: durch Bildung. Pädagogik vermittelt das Allgemeine und das Individuelle im Individuum. Vor nicht zu langer Zeit kursierte das Wort, daß der Mensch mit dem Abitur beginne. Die Haltung, die darin zum Ausdruck kommt, ist, daß eigentlich nur der innerlich geformte Mensch eine »Person« im vollen Sinne ist, das heißt als Mitspieler in der Gesellschaft Rechte und Pflichten übernehmen könne. Es dürfte auch damit zusammenhängen, daß die Verteilung von Positionen in Deutschland dem Bildungsgang eine zentrale Rolle beimißt.

In dieser pädagogischen Einstellung kommt ebenfalls das deutsche Verständnis von Individualität zum Ausdruck. Es artikuliert sich in einer gewissen Sorge darum, »dem Einzelfall gerecht zu werden«. Die Institution des *concours* könnte sich hierzulande nie durchsetzen, weil sie als Methode der Zuteilung von Ressourcen zu »mechanisch« anmuten würde. Dies scheint mir auch der Grund, warum sich sowohl eine Politik der Antidiskriminierung wie auch der positiven Diskriminierung (etwa durch Quotenregelung) hierzulande schwer tut.

Diese ganze Konstruktion trägt einen bildungsbürgerlichen Charakter. Dies dürfte mit der deutschen Geschichte der Nationenbildung zusammenhängen. Im Falle Deutschlands handelt es sich – anders als in den hier beschriebenen Vergleichsfällen – um einen Vereinigungsnationalismus: Der staatliche Rahmen mußte erst geschaffen werden. Dies bedeutete, daß das Zugehörigkeitskriterium, wer zur Nation gehörte, kulturell – »innerlich« – gefaßt werden mußte. Die kulturellen Experten werden aber von der intellektuellen Fraktion des Bürgertums gestellt.

Diese besondere Form, das Verhältnis von Individuellem zum Allgemeinen zu denken, ist einerseits effizient (Troeltsch [1925:96] spricht 1925 noch stolz von einer »hohen Organisierbarkeit« der Deutschen – man wird dies auch heute noch konzedieren, wenn auch mit einem bitteren Beigeschmack), andererseits auch sehr anstrengend. Es wird nämlich tendenziell *in* das Individuum verlagert, was sich in anderen Gesellschaften im Austausch *zwischen* den Individuen herstellt. Eine bemerkenswerte Sehnsucht nach *Normalität* – nach Überschaubarkeit, Berechenbarkeit – scheint mir damit zusammenzuhängen.

Eine oft konstatierte Eigenheit der deutschen Kultur hängt direkt damit zusammen. Die Kultur der Innerlichkeit, der Identifikation mit dem Ganzen, der positiven Bewertung des Staates hat ein bemerkenswertes Korrelat in einer (im Vergleich zu England und Frankreich) relativ schwach ausgeprägten gesellschaftlichen Kultur. Es gibt Probleme, gesellschaftliche Rituale auszuprägen.

Regeln, Regelorientierung, *civilité* scheinen dem Wert der Innerlichkeit (und der damit assoziierten Werte von Aufrichtigkeit, Ehr-
lichkeit) zu widersprechen. Es gibt das Gefühl der »Äußerlichkeit«
dieser Regeln. Die Logik dieses Regelwerks – gesellschaftlichen
Verkehr zu ermöglichen und gleichzeitig innere Distanz, Fremdheit zu wahren (und zu bejahen) – widerspricht der Forderung der
Identifikation. Vieles von der Hilflosigkeit im Kontakt mit dem
Fremden hängt mit der schwach ausgeprägten *civilité* zusammen.
Ein Kontakt, der gleich zu Beginn Aufrichtigkeit fordert, ist
schlicht eine Überforderung. Wichtiger aber ist eine zweite Konsequenz: In einer Kultur, in der die Identifikation mit dem Ganzen
als Voraussetzung für gesellschaftliche Partizipation gewertet
wird, hat der Fremde von vornherein einen schwierigen Stand:
Kann man demjenigen, der in einer anderen Kultur aufgewachsen
ist, diese innere (und deshalb unsichtbare) Bejahung abnehmen?
Identifiziert sich »der Fremde« vielleicht doch nur äußerlich, fühlt
er sich wirklich dem Gemeinwesen verpflichtet? Der nationalso-
zialistische antisemitische Diskurs scheint mir gerade auch dadurch gekennzeichnet, daß für ihn noch der »assimilierteste« Jude
im »Inneren« Kosmopolit, vaterlandsloser Geselle etc. war.

Dies kann ein Grund dafür sein, daß das Verhalten gegenüber
Fremden (wie Thomas Schmid und Daniel Cohn-Bendit jüngst
gezeigt haben [1992]) hierzulande zwischen zwei Polen oszilliert:
nämlich der individuellen Assimilation einerseits und der (psychi-
schen) Verdrängung der Tatsache andererseits, daß Deutschland
ein Einwandererland ist. Während die konservative Variante des
Assimilationsdiskurses die Fremden sozusagen unnachgiebig mit
der Forderung nach Anpassung konfrontiert, nimmt die liberale
Version eher eine pädagogische und protektionistische Haltung
ein – sie steht für die sanfte Assimilation. Es war auffallend, wie
der Diskurs über den Fremden jahrelang fast ausschließlich von
Pädagogen dominiert war, während die Soziologen, Politologen
und Ethnologen nur zögernd das Wort ergriffen. Es hängt mit
dieser Tendenz zusammen, daß das Fremde gleichsam von vornherein als *Problem* definiert wird. Ein gewisser Protektionismus
scheint mir hier zugehörig: So ist ein Zögern von Sozialwissen-
schaftlern beobachtbar, delinquente Praktiken aufzugreifen und
zu diskutieren – ein Verhalten, das besonders auffallend mit der
amerikanischen Offenheit gegenüber solchen Problemstellungen
kontrastiert.

Der andere Pol ist die Verdrängung der Tatsache, daß Fremde hier leben und bleiben werden. Eine der bemerkenswertesten Eigenheiten des deutschen Diskurses ist, daß trotz besseren Wissens nach wie vor an der Fiktion festgehalten wird, die sogenannten »Gastarbeiter« (ein Terminus, der von Jahr zu Jahr lächerlicher wirkt) würden irgendwann in ihre Herkunftsländer zurückgehen (beziehungsweise an der Fiktion festzuhalten, Deutschland wäre kein Einwandererland).

Diese Realitätsblindheit folgt der gleichen Logik wie der Assimilationsgedanke: In beiden Fällen verschwindet das Fremde aus der Nation.

Anmerkungen

1 Der Zusammenhang von Alltagskultur und Klassifikationsarbeit im Prozeß des symbolischen Tausches (und symbolischen Kampfes) ist brillant von Bourdieu (1979/1982) analysiert worden. Die Bedeutung der kulturellen Ebene für die Analyse der Bürgergesellschaft wird in der Regel übersehen: Die kulturelle Ebene ist jedoch entscheidend für die Ausarbeitung eines (immer vorläufigen, tentativen) Wertekonsenses in einer Gesellschaft, der (weil er die Diskursregeln festlegt) dem politischen Meinungsbildungsprozeß vorgeht.

2 George Lipsitz hat mich darauf hingewiesen, daß dies empirisch nicht nachgewiesen ist. Dies ist jedoch für das Argument insofern unerheblich, als es mir um Repräsentationen geht. Wichtig ist, daß die ostasiatischen Immigranten als vergleichsweise erfolgreich *wahrgenommen* werden, nicht, ob sie es tatsächlich sind.

Der Islam als *civil religion*

Eine deutsche Geschichte

Vorrede

Ich traf Klaus Gebauer 1985 zum ersten Mal auf einer Tagung in dem türkischen Badeort Çeşme, auf der eine Bilanz der Migrationsforschung gezogen werden sollte. Er stellte damals sein Projekt der Entwicklung eines islamischen Curriculums für die Schulen in Nordrhein-Westfalen vor. Die anwesenden türkischen Wissenschaftler reagierten bemerkenswert gereizt: Zum einen erschien ihnen (als überzeugten Laizisten türkisch-republikanischer Prägung) die Idee eines Religionsunterrichts ohnehin absurd; noch befremdlicher fanden sie indes die Idee, daß dieser Religionsunterricht von deutscher Seite, von Nicht-Muslimen entwickelt werden sollte.

Neun Jahre später mußte ich wieder an dieses Projekt denken. Ich hatte in der Zwischenzeit über den Umgang mit Fremden in verschiedenen politischen Kulturen nachgedacht. Dabei hatte mich insbesondere das Problem der Solidarität beschäftigt: Aus der Einsicht, daß aus (temporären) Arbeitsmigranten faktisch Einwanderer geworden waren, und in der Konfrontation mit einer wachsenden Zahl von Asylbewerbern war in verschiedenen Ländern Westeuropas die Frage nach dem gesellschaftlichen Zusammenhalt (also dem klassischen soziologischen Problem der Solidarität) neu gestellt worden. Dabei hatten die verschiedenen Länder unterschiedliche Antworten auf dieses Problem entwickelt. Frankreich beispielsweise setzte auf eine strikte Trennung des öffentlichen und privaten Bereichs. Im öffentlichen Bereich hätten Religion und Herkunftskultur nichts verloren – jede juridische oder administrative Berücksichtigung ethnischer oder kultureller Faktoren bedeutete (auch wenn sie in bester Absicht erfolgte) eine Verletzung der Chancengleichheit und würde damit einen jener Grundwerte verletzen, auf denen der Zusammenhalt in der Gesellschaft basiere. Zudem würde das Zugeständnis von Sonderrechten an die eine Gruppe andere auf den Plan rufen, und Ungleichheit würde sich ausbreiten. In England hatte man dagegen kaum Schwierigkeiten mit dem Zugeständnis von »Sonderrechten« –

man setzte auf Prozesse des Aushandelns zwischen verschiedenen Gruppen und korrespondierend auf kollektive Integration. Als Basis der Solidarität galten zivile Tugenden wie gegenseitiger Respekt und Fairneß, die den öffentlichen Austausch bestimmen sollten. Das Ideal waren pragmatisch gefundene, der Vielfalt der Umstände Rechnung tragende Lösungen. Im Zeichen der »multikulturellen Gesellschaft« (die in Europa wohl in England am deutlichsten entwickelt war) akzeptierte man weit höhere Ungleichheit und Differenz als in Frankreich. Im Zusammenhang mit dem Nachdenken über die deutsche Lösung des Problems der Solidarität kam mir Klaus Gebauers Projekt wieder in den Sinn. Ich rief ihn an und vereinbarte mit ihm ein Treffen im Landesinstitut für Lehrerfortbildung in Soest. Dort führte ich mit ihm und seinem Kollegen Ferdi Zimmermann jeweils ein mehrstündiges Gespräch. Beide waren so freundlich, mir außerdem eine umfangreiche Dokumentation mit Stellungnahmen und Reaktionen auf das Projekt zur Verfügung zu stellen.

Um es kurz zu machen: Die Geschichte des Projektes entpuppte sich als eine Geschichte von hoher ethnologischer Relevanz: Sie regte zum Nachdenken an über die deutsche politische Kultur und die in ihr entwickelte Variante der Organisation von kultureller Heterogenität.

Das Projekt

1978 wandten sich drei türkisch-islamische Organisationen mit der Petition an das nordrhein-westfälische Kultusministerium, einen islamischen Schulunterricht einzurichten. Das Kultusministerium reagierte positiv: Es beauftragte einen Mitarbeiter des damals neu gegründeten Landesinstituts für Lehrerfortbildung, Klaus Gebauer – einen Agnostiker, mit katholisch-jesuitischem Hintergrund –, ein Curriculum für die Grundschule zu entwickeln. Klaus Gebauer setzte eine Kommission zusammen, die zunächst aus interessierten türkischen Lehrern (die auf Grund ihrer pädagogischen Qualifikation ausgesucht wurden), einem Turkologen, zwei Islamwissenschaftlern und zwei evangelischen Religionspädagogen bestand. Später wurden noch weitere islamische Theologen hinzugezogen. Dieses Team erarbeitete in den darauffolgenden Jahren einen Lehrplan für die ersten acht Jahre der

Grundschule und konzipierte eine Reihe von Schulbüchern. Curriculum und Schulbücher wurden verschiedenen islamischen Institutionen zur Begutachtung vorgelegt: der Theologischen Fakultät der Al Azhar Universität, der Theologischen Fakultät der Marmara Universität Istanbul, dem Türkischen Amt für Glaubensangelegenheiten sowie den verschiedenen islamischen Organisationen in der Bundesrepublik. Die Stellungnahmen der Universitäten fielen insgesamt sehr positiv aus; bei einer grundsätzlichen Anerkennung des Vorhabens gab es lediglich einzelne Monita in bezug auf die Details – diese wurden samt und sonders eingearbeitet. Das Türkische Amt für Glaubensangelegenheiten reagierte zunächst distanzierter, kooperierte indes später mit dem Projekt. Die DITIB, der deutsche Zweig dieses Amtes, bejahte die grundsätzliche Intention des Vorhabens, beanstandete jedoch, daß nicht Gott, sondern der »deutsche Alltag« den Ausgangspunkt darstellte (DITIB 1987). Grundsätzlicher waren, wie zu erwarten, die Kritiken seitens der islamistischen Gemeinden. Sie kritisierten vor allem, daß das Projekt primär die Absicht verfolge, den von ihnen selbst getragenen Moscheeschulen das Wasser abzugraben, und bemängelten den gesellschaftsbezogenen Charakter des Curriculums (Milli Görüş 1983; Verband der islamischen Kulturzentren 1988). Trotz dieser einzelnen Gegenstimmen wird man konzedieren müssen, daß das Projekt einen hohen Grad von Akzeptanz bei islamischen Institutionen erzielte. Das Curriculum wurde nach einer mehrjährigen Erprobungszeit 1988 in Nordrhein-Westfalen eingeführt. Die Wahrscheinlichkeit ist hoch, daß es auch von anderen Bundesländern übernommen wird (taz, 26. 5. 1995:4).

Betrachten wir nun das Projekt genauer.

Integration und Kontrolle

Der ungewöhnliche Plan, von deutscher Seite ein Curriculum für eine religiöse Minderheit zu entwickeln, wurde zunächst mit einem strukturellen Problem begründet. Der Islam ist – anders als die christlichen Kirchen – nicht körperschaftlich organisiert und spricht deshalb nicht mit einer Stimme. In bezug auf die türkischen islamischen Gemeinden bedeutet dies, daß es zu der Zeit, als diese Überlegungen stattfanden, fünf größere islamische Organisationen in der Bundesrepublik gab, die untereinander rivalisierten. An das Kultusministerium hatten sich dabei die drei »islamistischen« Gemeinden, also »Milli Görüş«, die »Nurcu« und die »Süleymancı« gewandt, die sich zu diesem Zweck zu einer Aktionseinheit zusammengefunden hatten. Abgesehen davon, daß diese Gruppen nur einen Teil der türkischen Muslime vertreten, zeigte es sich bei einem zweiten Treffen auch, daß die Aktionseinheit spätestens dann brüchig wurde, wenn es um die Aufstellung konkreter Ziele ging. Einen Eindruck von der Stimmung, die bei dieser Sitzung geherrscht haben muß, gibt eine Äußerung von Ferdi Zimmermann: »Es hat also angefangen beim Gebauer mit einer Sitzung, da hat er alle zusammengeholt, die daran interessiert waren, und die Hölle war los..., so daß das Ministerium nur sagen konnte: ›Alle raus, wir machen das selbst‹, und er hat sich dann eine Gruppe zusammengeholt.«

Es ist zunächst festzuhalten, daß sich die geschilderte Reaktion des Kultusministeriums durchaus als (sozialdemokratisches) Bekenntnis zur Integration lesen läßt. Den meisten anderen Bundesländern lieferte die innere Gespaltenheit des Islam den Vorwand, überhaupt nichts zu unternehmen. Politisch wurde das Projekt von Linksliberalen getragen.

Nun hätte das Ministerium den leichteren Weg gehen können und sozusagen als offiziellen Gesprächspartner das Amt für Glaubensangelegenheiten in der Türkei ansprechen können. Dieses Amt vertritt offiziell[1] einen »modernen«, »laizistischen« Islam. Für die Entscheidung, nicht das Amt mit der Entwicklung eines Curriculums zu beauftragen, sondern selbst die Sache zu gestalten, scheint eine komplexe Gemengelage von Faktoren eine Rolle gespielt zu haben. Da war zum einen ein bemerkenswert geringer Informationsstand bei den Mitarbeitern des Ministeriums – folgt man Klaus Gebauer, so wußten sie nicht, auf was sie sich einließen. Noch wichtiger für die Entscheidung scheint das Bedürfnis nach Kontrolle gewesen zu sein: Man wollte die Schulen für den Islamunterricht öffnen, aber gleichzeitig das Heft in der Hand behalten. Genauer: man hatte Angst, daß man einer unkontrollierbaren – nicht demokratischen – politischen Einflußnahme Tür und Tor öffnen würde, wenn man die Gestaltung des Religionsunterrichts Dritten überlassen würde. Hinter diesem Bedürfnis nach Kontrolle steht eine doppelte Einschätzung der Bedeutung von Religion – sie gilt als gefährlich *und* unvermeidlich. Zum einen können Menschen gerade mit Hilfe der Religion manipuliert werden: Religion, so Gebauer, sei prinzipiell eine gefährliche Waffe – und dies gelte für das Christentum nicht weniger als für den Islam. Gleichzeitig aber sei sie unvermeidlich: Obwohl er selber »jeden Monotheismus« wegen des in seinem Namen erhobenen absoluten Wahrheitsanspruchs für menschenverachtend halte, sei es doch eine Illusion, wenn man glaube, man könne die Religion abschaffen, denn »die Menschen errichten ihre Sinnkonstruktionen vielfach über die Religion«. Soziologisch gesehen, sei die Funktion der Religion einfach, die Angst der Menschen vor der unendlichen Komplexität ihrer Wirklichkeit etwas zu mindern, indem sie durch einfache Kurzschlüsse Komplexität reduziere. Man müsse also mit ihr leben und das Beste aus ihr machen, man »müsse sie zivilisieren, nicht abschaffen«. Die französische Lösung, im Namen des Laizismus Religion aus dem staatlichen Bereich zu verbannen, empfindet Gebauer deshalb als problematisch. Dies würde nur dazu führen, daß man islamistischen Gruppen das Feld überlasse. Ist es sinnvoll, frage er sich, daß »sich in den Vorstädten von Paris religiöse fundamentalistische Gruppen zusammenfinden und die französische Polizei dann mit großer Brutalität diese Sachen niederschlagen (muß)… Wäre es dann nicht besser, den Leuten einen religiösen Spielraum zu geben, den man auch von der Gesellschaft her unterstützt?«

Die französische Lösung, so Gebauer, führe nur zur Ghettobildung und damit letztendlich zu einer Dynamik, bei der sich Fundamentalismus und Abgrenzungsdiskurse gegenseitig aufschaukeln, sich verstärken und damit zu einer konflikthaften Entwicklung führen. Dagegen versteht er sein Projekt als ein Arbeiten an der offenen Gesellschaft – als einen Versuch, die Dynamik von »Verhärtungen, Ausgrenzungen, Abgrenzungen, Selbstausgrenzungen« immer wieder aufzulockern. Ganz im Sinn dieses Integrationsgedankens lehnt Gebauer auch eine Frontstellung gegen die islamistischen Gemeinden ab; auch diese sollten eher eingebunden als bekämpft werden. Eine Konfrontation bedeute nur eine Belastung für die Kinder, auf deren Rücken die Konflikte ausgetragen würden. Die Folge wäre nur gegenseitige Blockade. Statt Konfrontation sei, bei aller Wahrung der Unterschiede, Kooperation zu suchen (Gebauer 1987: 67).

Während die französische Lösung deshalb problematisch erscheint, weil sie leichtfertigerweise die Unvermeidlichkeit von

Religion übersieht, erscheint, nach der Logik des Arguments, die britische Lösung als problematisch, weil sie bei der Gestaltung des Islamunterrichts lokalen Gruppierungen erheblichen Einfluß einräumt und der Gefährlichkeit von Religion nicht Rechnung trägt.

Die Argumentation läßt eine für die politische Kultur insgesamt bezeichnende Skepsis, wenn nicht gar Angst, in bezug auf das Problem der Solidarität erkennen. Der deutschen Lösung des Problems der religiösen Vielfalt geht einerseits das Vertrauen der britischen Lösung ab, daß aus dem freien Zusammenspiel verschiedener religiöser Gruppen eine Kultur religiöser Toleranz erwachsen könnte, also eine Art von solidarischem *fair play* im Umgang miteinander. Zeigt nicht die Rushdie-Affäre die Grenzen dieses Modells? Der deutschen Lösung geht aber auch das Vertrauen der französischen republikanischen Lösung ab, die durch eine klar abgegrenzte säkulare öffentlich-rechtliche Sphäre Solidarität schafft, da jeder *citoyen* unabhängig von seiner Herkunft, Kultur und Religion an ihr partizipieren kann. Gerade weil die Besonderheit in die Privatsphäre verbannt wird, wird sie als wenig kontrollierbar eingeschätzt.

Das Individuell-Allgemeine

Dennoch liefert auch der Wunsch nach der Kontrolle der Religion noch nicht die letzte Begründung für das Projekt des Ministeriums. Schließlich hätte man sich eine Kontrollmöglichkeit vorbehalten können, wenn man das Projekt der Entwicklung eines Curriculums an das Amt für Glaubensangelegenheiten oder an deutsche Muslime vergeben hätte. Tatsächlich scheint eine positive Motivation entscheidend gewesen zu sein: man wollte sich des Beitrags der Religion zum Integrationsprozeß versichern, kurz, das Projekt intendierte, aus dem Islam eine *civil religion* zu machen.

Die Lösung, die innerhalb der deutschen Gesellschaft generell für das Problem der Solidarität gesehen wird, läßt sich auf die Schillersche Formel des »Individuell-Allgemeinen« bringen (Schiffauer in diesem Band). Eine zwanglose Solidarität ist offensichtlich dann möglich, wenn das Individuelle und Besondere im Allgemeinen ebenso realisiert ist, wie das Allgemeine im Individuellen – wenn das Allgemeine und das Individuelle also nicht mechanisch, sondern dialektisch aufeinander bezogen werden. In bezug auf das hier diskutierte Projekt bedeutet dies, daß die islamischen Kinder in der Wahrung und durch die Wahrung ihrer Besonderheit in das Allgemeine, nämlich die civil society der Bundesrepublik Deutschland, integriert werden sollen und daß eine zwanglose Integration nur dann möglich ist, wenn das Besondere eben nicht abgespalten wird. Dies setzt allerdings voraus, daß das Allgemeine im Besonderen ebenfalls enthalten sein sollte, genauer, daß man das Besondere, den Islam, so darstellt, daß das Allgemeine – im Sinne eines für die Gesellschaft insgesamt Verbindlichen – in ihm aufscheint. Dies wäre in diesem Fall die gegenseitige Achtung der Menschenwürde, die das Fundament für die Errichtung einer humanen, multi-ethnischen Gesellschaft darstelle. Das zentrale Anliegen des Projektes ist es, nach Gebauer, zu zeigen, »daß der Artikel 1 des Grundgesetzes (die Würde des Menschen ist unantastbar) sich lückenlos aus dem Islam heraus beweisen läßt«.

Für die Frage nach der gesellschaftlichen Solidarität ist dabei zweierlei gewonnen: In einem Unterricht, der einen derart interpretierten Islam vertritt, wird erreicht, daß sich die Kinder die Grundwerte aneignen, auf denen die Gesellschaft der Bundesrepublik beruht – oder, um es mit den Worten von Gebauer zu sagen, es wird »eine Art moralischer Kitt (erzeugt), eine Art unausgesprochener und unhinterfragter Grundkonsens des Zusammenlebens ... Also Kitt sage ich deswegen, weil, wenn in einer Gesellschaft nicht ein Mindestmaß an Übereinstimmung in diesen (Fragen gegeben ist), ... dann fällt sie auseinander, dann ist in ihr keine Sicherheit gegeben.«

Der Integration der muslimischen Kinder in die deutsche Gesellschaft ist aber, nach der Auffassung Gebauers, durch das Projekt noch in anderer Hinsicht gedient. Der Hinweis auf die Übereinstimmung von Islam und Grundgesetz ist nämlich ein starkes Argument gegen all diejenigen, die auf eine Unvereinbarkeit von Islam und »christlicher Wertorientierung« einen Ausgrenzungsdiskurs gründen:

»Wenn ich z. B. in der Lage bin, aus dem Koran den Artikel 1 des Grundgesetzes lückenlos heraus zu beweisen, dann habe ich für die Muslime hier eine Menge an Akzeptanz geschaffen... Wenn ich zeigen kann, daß die Rhetorik des Islam in bezug auf Frauen nicht anders ist als beim Christentum, wenn ich gleichzeitig zeigen kann, daß der Islam aber eine tolerante Religion ist und gegenüber Abweichungen sogar toleranter ist als das Christentum, habe ich damit gleichzeitig gesagt, daß der Artikel 1 von den Leuten, die dem Islam anhängen, mindestens so gut erfüllt wird wie von den Christen, die ihn geschaffen haben.« (Gebauer)

Hier liegt der Vorwurf der paternalistischen Vereinnahmung – wenn auch zugestandenermaßen in bester Absicht – nahe. Die Mitarbeiter des Projekts antworten darauf mit einem Verweis auf eine Aufgabenteilung. Die Aufgabe des staatlichen Religionsunterrichts sei eben nicht die religiöse Glaubensvermittlung – diese sei in Koranschulen, im Konfirmations- und Kommunionsunterricht besser aufgehoben –, sondern (ergänzend dazu) die Vermittlung wissenschaftlich fundierter Kenntnisse, um die Schüler zu befähigen, »die islamische Tradition und ihr Selbstverständnis als Muslime auf ihre Lebenswirklichkeit in nicht-muslimischer Umwelt zu beziehen« (Gebauer 1989: 271), kurzum, die Befähigung zu kommunikativem Handeln. Gerade diese Aufgabenteilung gibt den Mitarbeitern nun wiederum die Freiheit der Interpretation:

»Der Koran wird dadurch nicht schlechter, wenn ich ihn interpretiere... Kein Muslim wird sich auch auf solche Interpretationen einlassen..., wenn ihm das nicht einleuchtet. Insofern tue ich den Muslimen nicht weh, sondern zwinge meine Gesellschaft dazu, ihre dummen Argumente gegenüber dem Islam aufzugeben.« (Gebauer)

Die Republik der Experten

Es wäre eine Reduktion, wenn hier der Eindruck entstehen würde, bei dem Projekt handele es sich lediglich um einen geschickten Versuch der Anpassung an die deutsche Gesellschaft. Tatsächlich geht es den Initiatoren des Projektes nicht um die Integration in die real existierende *deutsche* Gesellschaft, sondern um die Integration in eine noch zu entwickelnde *zivile Gesellschaft* in Deutschland. Sie verstehen ihren Versuch auch als einen Beitrag zur Entwicklung einer Kultur des Heterogenen.

Dabei ist es nun bezeichnend für die hierarchische politische Kultur der Bundesrepublik, daß Beamten-Experten diese Aufgabe übernehmen. Dies korrespondiert mit der in der deutschen politischen Kultur tiefverankerten Idee, das Allgemeinwohl lasse sich mittels eines herrschaftsfreien Diskurses der Bestinformierten herausfinden (siehe oben S. 46). Dabei sei zu gewährleisten, daß diese Bestinformierten, wie man sagt, »dem Druck der Straße entzogen sind«. Dazu gehöre vor allem, daß sie finanziell unabhängig gestellt werden und unkündbar seien und damit prinzipiell neutral sein können, kurz: Es seien die staatlich besoldeten Beamten-Experten, denen man am ehesten zutrauen könne, das herauszufinden, was am besten für alle ist.

Das Selbstverständnis des Experten, über den Dingen zu stehen, wird ganz ungebrochen artikuliert: Die Mitarbeiter des Projektes nehmen in Anspruch, daß sie am ehesten in der Lage sind, die Religion im Sinne des Allgemeinwohls zu interpretieren. Ihre Neutralität erlaubt es ihnen dabei, den Standpunkt eines Religionswissenschaftlers bzw. eines Ethnologen einzunehmen, der die Überzeugungen derjenigen, über die er forscht, nicht teilt, der diese aber erklären und ableiten kann und der deswegen in der Lage ist, den vernünftigen Kern der Religion zu erfassen.

Tatsächlich nimmt man Klaus Gebauer ab, daß er sich redliche Mühe gibt, sich einzufühlen – der Geist des Projektes ist durch den ernsten Versuch bestimmt, dem Islam gerecht zu werden. Und dennoch entstehen natürlich immer wieder paradoxe Situationen. Klaus Gebauer hat ebenfalls genügend Distanz, um die Ironie zu sehen, die darin liegt, daß er als deutscher Linksliberaler sich auszumalen hat, wie er als muslimischer Vater seiner Tochter begegnen würde:

»Ich komme mir manchmal wirklich komisch vor, wenn ich Texte schreibe, Kommentare zu Erziehungszielen, und dabei häufig merke, daß ich so tue, als wäre ich ein Muslim... Ich mache sicherlich noch Fehler. Aber manchmal beginne ich mich sogar wie ein hoca zu fühlen.«

Dabei stellt sich wohl ganz von selbst das Gefühl ein, zumindest den Traditionalisten überlegen zu sein. Während die radikalen islamistischen Gruppen der Sache des Islam in Deutschland tendenziell schadeten, diene seine Interpretation der Etablierung des Islam hierzulande. Damit leiste er mehr im Sinne des Korans als mancher Eiferer.

Die Verpflichtung des ehrlichen Maklers, über den gesellschaftlichen Gruppen zu stehen, wird am deutlichsten, wenn die Mitarbeiter auf deutsche Institutionen zu sprechen kommen, die ihrer

Vision der Zivilgesellschaft entgegenstehen. Sie artikuliert sich etwa in dem Stolz, mit dem berichtet wird, wie die Kirchen, die zunächst Widerstand gegen das Projekt angekündigt hatten, abgewiesen wurden, indem der islamische Unterricht nicht als »Religionsunterricht«, sondern als »Muttersprachlicher Unterricht« klassifiziert wurde. Sie zeigt sich auch daran, daß Klaus Gebauer in dem höheren Interesse an der Errichtung einer offenen multikulturellen Gesellschaft zu zeigen versucht, daß der Islam auch dort grundgesetzkonform ist, wo er es seiner Meinung nach tatsächlich nicht ist, etwa in der Behandlung der nicht-schriftbesitzenden Religionen.

Die Demokratie der Pädagogen

Die Vermittlung zwischen dem Allgemeinen und dem Individuellen wird über Pädagogik hergestellt: Indem die Kinder am islamischen Religionsunterricht teilnehmen, internalisieren sie die politischen Grundwerte der Bundesrepublik. Sie werden damit zu Staatsbürgern erzogen, die in der Lage sind, verantwortlich, d. h. im Sinne des Allgemeinwohls, zu handeln. Dieser Gedanke bestimmt nicht nur den Inhalt der Vermittlung, sondern insbesondere seine Methodik. Die Art und Weise der pädagogischen Vermittlung hat dabei größere Konsequenzen für Lehre und Dogma der Religion als ihre grundgesetzkonforme Interpretation, die doch nur Einzelstücke betrifft.

Die Ziele des Unterrichts, die gleichzeitig seine innere Struktur bestimmen, sind folgende: Zum einen soll den Kindern eine islamische Identität vermittelt werden (»Identitätsbildung aus der Tradition«). Zum zweiten sollen die Kinder befähigt werden, das islamische Wissen auf die Situation zu beziehen, in der sie sich in der Bundesrepublik befinden. Drittens sollen sie die Fähigkeit zum Dialog mit christlichen Bundesbürgern erwerben, mit anderen Worten, die Fähigkeit, die eigenen Anschauungen diskursiv einzubringen und zu verteidigen, »also genügend über den eigenen Glauben zu wissen, um sich hier nicht als minderwertige Minderheit darzustellen«. Das Ziel des Religionsunterrichtes ist es also, eine »Verschränkung« von religiösem Wissen und Alltag herzustellen. Das Ziel ist, wie Ferdi Zimmermann es artikuliert: »Den Kindern eine Chance zu geben, sich selbst zu entscheiden…, ihren

Weg zu finden. Nicht zu sagen: ›Du mußt jetzt folgendes machen!‹, sondern ihnen alle Möglichkeiten zu eröffnen. Dann können die Kinder, wenn sie herangewachsen sind, sich selbst entscheiden ...« (Zimmermann)

Praktisch wird dies durch die Entwicklung eines schülerzentrierten Unterrichts umgesetzt. Die pädagogische Grundüberlegung ist es, die Kinder an dem Ort abzuholen, an dem sie sich befinden. Es gehe nicht darum, die Kinder mit Wissen vollzustopfen – das sei ohnehin verlorene Mühe. Vielmehr sei es das Anliegen, bei dem anzusetzen, was sie wüßten. Auch wenn die Kinder dies nicht zur Gänze artikulieren könnten, würde doch im Dialog, im Akt der Begegnung etwas in Bewegung gesetzt. Dabei könne man davon ausgehen, daß die frühkindlichen Erfahrungen in Bildern gespeichert sind. »Wenn man also die Grunderfahrung der kindlichen, der frühkindlichen Sozialisation wieder ins Bewußtsein rufen will, muß man typische Erfahrungssituationen bildlich darstellen.« Dies war der Hintergrund der Entwicklung eines bildzentrierten Unterrichts. Den Kindern werden Bilder vorgelegt, mit der Aufforderung, zu beschreiben, was sie sehen. Der Lehrer greift dann die Interpretationen der Kinder auf, zieht allgemeine Schlüsse und verbindet sie miteinander.

Die Sequenz »Sauberkeit gehört zum Glauben« mag dies erläutern (vgl. Abb.).[2] In den Bildern wird angeknüpft an Erfahrungen, die Kinder bereits gemacht haben (Landesinstitut 1986: 76), wie etwa Körperpflege, Zähneputzen, Wäschewaschen, rituelle Reinigung, Picknick im Park. Die Interpretationen der Kinder können dann aufgegriffen werden und in bezug zu Suren gesetzt werden (angegeben sind Sure 4, 43 (5,6) zu ritueller Reinheit und Sure 8 (11) und Sure 74 (4,5) zu Sauberkeit). Über die Bilder wird der Bezug zur Situation in Deutschland hergestellt (und beiläufig gesellschaftlich verantwortliches Handeln – hier in Gestalt ökologischer Werte – vermittelt). Schließlich sollen die Kinder in die Lage versetzt werden, ihre Religion diskursiv zu vertreten – mit anderen Worten, offensiv rassistischen Äußerungen gegenüberzutreten, welche die Muslime als schmutzig bezeichnen. In der Konzeption der Unterrichtseinheit heißt es dazu:

»In dieser Unterrichtsreihe geht es darum, die Schüler über die konkreten Fragen und Probleme von Sauberkeit und Reinlichkeit im Alltag auf das islamische Verständnis von lebensweltlicher Reinlichkeit und ritueller Reinheit vorzubereiten. Sie sollen erfahren, daß die alltägliche Sauberkeit und Reinlichkeit Pflichten sind, die durch ihre Verankerung in der islamischen Überlieferung mehr darstellen als nur hygienische und ästhetische Forderungen. Es soll den Schülern bewußt werden, daß Reinhaltung des Körpers zur Erhaltung der Gesundheit notwendig ist und daß sie in dieser Hinsicht eigenverantwortlich handeln können und sollen. Sie sollen wissen, daß Sauberkeit ein Gebot Allahs ist.« (Landesinstitut 1986:77)

Tatsächlich wird durch die Art der Vermittlung auch eine bestimmte Lesart des Islam vermittelt. Insofern hier von der Gesellschaft ausgegangen wird, wird sie als Primäres gesetzt. Die Frage an die Religion lautet dementsprechend: Was können wir von ihr zur Bewältigung der heutigen gesellschaftlichen Situation lernen? Hieraus ergibt sich fast von selbst eine historisch-kritische Lesart. Es wird gefragt, welche Position Muhammad in einer anderen gesellschaftlichen Situation eingenommen hat und wie sie sich auf die jetzige Gesellschaft übertragen läßt. Dies ist auch deshalb notwendig, weil die »türkischen Familien mit der islamischen Wahrheit in ihrer Wortwörtlichkeit überhaupt nichts anfangen (können), was ihr Leben hier betrifft. Und zwar in den einfachsten Dingen schon nicht. Es sei denn, sie abstrahieren von den konkreten Dingen und gehen aufs Allgemeine. Wenn ich beispielsweise irgendeine Ermahnung des Propheten an die Mekkaner habe, z. B. das Vermögen der Waisen zu respektieren, dann ist es natürlich eine Aussage, mit der ein türkisches Kind in Köln überhaupt nichts anfangen kann... Da muß ich jetzt erst mal sehen, was alles mit dem Wort Waise verbunden ist, was etwa Veruntreuung allgemein bedeutet.« (Gebauer)

Hand in Hand mit einer historischen Lesart wird ein perspektivisches Lesen religiöser Texte eingeübt. Ein Muster dieser Erklärung, etwa in bezug auf das Reizthema »Stellung der Frau«, sieht dann folgendermaßen aus: Der Islam hat zu Muhammads Zeit Frauen betreffend eine fortschrittliche Position bezogen und sollte deshalb auch heute eine progressive Position beziehen. Dieses Lesen kann deshalb perspektivisch genannt werden, weil ein Hauptgesichtspunkt, das »eigentliche« Anliegen, identifiziert und davon abgeleitet wird, wie der Wortsinn adäquat zu verstehen ist. Wenn man diese Lesart praktiziert, »kann man«, so Gebauer, »den Islam als eine sehr friedvolle, moralisch stabilisierende Geisteshaltung sehen, die sogar menschlicher ist als die christliche und jüdische

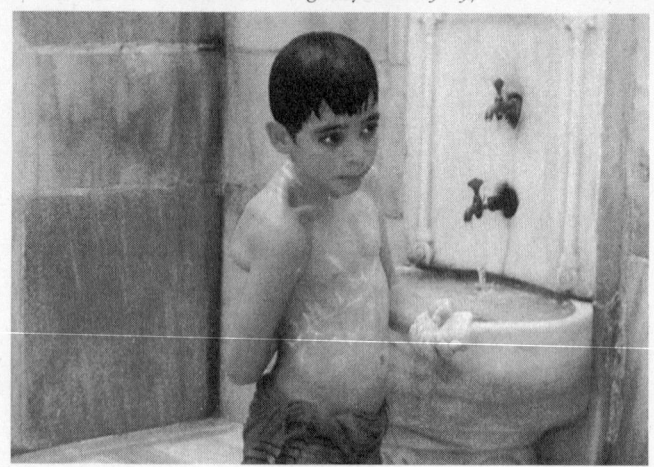

Allah temiz olanları sever.
Gott liebt die Sauberen.

Giysilerimiz de temiz olmalı.
Auch unsere Kleider müssen sauber sein.

Abdestsiz namaz kılınmaz.
Ohne rituelle Reinigung kann das rituelle Gebet nicht vollzogen werden.

Çevremizi kirletmeyelim!
Laßt uns unsere Umwelt nicht verschmutzen.

Religion, weil sie die Menschen weniger bestraft, als daß sie sie ermahnt … Der Mensch ist (nach dem Islam) prinzipiell gut. Er hat natürlich einige Schwierigkeiten, gut zu bleiben, und deswegen muß er geleitet werden.«

Die genannten Punkte, also das Anknüpfen am Vorwissen der Kinder, die historische und perspektivische Lesart, verweisen auf das hermeneutische – und damit letztendlich: protestantische[3] – Erbe der Pädagogik. Damit stellt sich die Frage, ob diese Lesart dem Islam angemessen ist. Zumindest ein islamischer Kritiker des Projekts sagte, er fürchte, daß jemand, der nach den Grundsätzen dieses Entwurfs unterrichtet werde, am Ende zu einem guten Protestanten werde (Landesinstitut für Curriculumentwicklung 1983).

Anstatt eine definitive Antwort auf diese Frage zu suchen, mag es hilfreich sein, kurz auf Parallelen und Differenzen in den verschiedenen exegetischen Traditionen des Islam hinzuweisen.

Zunächst steht das Festhalten an einer absoluten, und damit zeitlosen, Offenbarung in Spannung zu einer historisch-kritischen Lesart des Koran. Dennoch gab es auch in der klassischen Koranexegese ein Bemühen um eine historische Situierung der Offenbarung. Diese war insbesondere für das Problem der Widerrufungen entscheidend, d. h. für die Frage, wie man verfahren muß, wenn zu einem Sachverhalt mehrere, sich widersprechende Befehle im Koran enthalten sind (wie dies etwa in bezug auf die Frage des Alkoholgenusses gegeben ist) (Fischer 1990: 115 ff.). In solchen Fällen war offenbar eine frühere Offenbarung durch eine spätere widerrufen worden. Es ist evident, daß in einem solchen Fall eine genaue historische Einordnung zentral für die Entscheidung ist, welcher Vers als gültig und welcher als aufgehoben zu betrachten ist. Geschichtliche Verortung wird also benützt, um Widersprüche und Unklarheiten im Text zu klären. Der Unterschied einer solchen Lesart zu einer historisch-kritischen liegt in der klaren Begrenzung der Rolle, die historische Erkenntnis zu spielen hat. Sie kann nur in solchen Fällen zur sinnvollen Exegese herangezogen werden, wenn der Text nicht aus sich selbst klar ist. Dagegen würde eine historisch-kritische Lesart für jede Textstelle reklamieren, daß sie nur aus dem Verständnis des jeweils vorliegenden Handlungsproblems zu deuten ist. Dies kann im Grenzfall durchaus dazu führen, daß man den Anspruch erhebt, die Wahrheit auch noch in einem dem Wortsinn nach falschen Text zu erkennen.[4]

Eine größere Bedeutung als in der klassischen Koranexegese spielte die historische Lesart bei islamischen Modernisierern wie Muhammad Abdu oder Raşid Rida. Diese versuchten, Offenbarung und Geschichte mit dem Argument zu versöhnen, daß auch der Gang der Geschichte im Koran offenbart sei (Gätje 1971: 64 ff./324 ff.). Sie leiteten daraus zum Beispiel ab, daß die Monogamie im Prinzip das koranische Ideal darstelle, während die Polygamie nur im Kontext einer tribalen Gesellschaft – also in der zufälligen historischen Situation zu Lebzeiten Muhammads – gerechtfertigt gewesen sei (Gätje 1971: 64 ff.). Die Nähe zu Gebauers Position ist offenkundig, was auch die positiven Reaktionen seitens Al Azhar und der Theologischen Fakultät der Universität Istanbul bestätigen. Dennoch scheinen auch die Modernisierer strenger dem Wortlaut der Schrift verpflichtet als Gebauer, der mit größerer Leichtigkeit auf den »Geist« des Islam rekurriert.

Was in bezug auf die historische Lesart ausgeführt wurde, gilt im Prinzip auch für die perspektivische Lesart. Es gibt wichtige Stimmen gerade im islamistischen Lager, die dieses Deutungsprinzip unterschreiben würden, freilich um dann zu ganz anderen Folgerungen zu kommen. So bestimmt etwa Cemalettin Kaplan[5] die Einheit von Staat und Religion als das Kernstück der Offenbarung und interpretiert von diesem Zentrum her die anderen Suren. Gleichzeitig ist sein Lesen durch eine strikte Anwendung des Analogieschlusses kontrolliert. Der Analogieschluß ist prinzipiell ahistorisch, weil die zeitliche Bedingtheit der Regel außer acht gelassen wird. Um dies an einem *fetva*, einem Rechtsgutachten zu verdeutlichen: Fußball, argumentiert Cemalettin Hocaoğlu (Kaplan), sei im Islam untersagt, weil der Koran nur Reiten und Pfeilschießen als Sportart zulasse, jede andere Ablenkung aber als Zeitvertreib verurteile (Hocaoğlu 1988: 10). Fußball sei deshalb nicht analog zu Reiten und Pfeilschießen zu sehen, weil es nicht der militärischen Ertüchtigung diene, weil es nicht Gemeinschaft, sondern Konflikt fördere und weil es ein Manipulationswerkzeug in der Hand der Mächtigen darstelle. Wenn wir das Augenmerk nur auf diese Lesart richten, sehen wir, daß die historische Bedingtheit (also der kulturelle und soziale Kontext) bei der Exegese keine Rolle spielt. Das Anliegen ist vielmehr, den Wortsinn des Gebots so genau wie möglich in die Gegenwart zu übersetzen und damit den zeitlosen und absoluten Charakter der Offenbarung zu unterstreichen.

Schließlich ist das Prinzip, daß Lektüre keinen passiven, sondern einen aktiven Akt darstellt, einen Akt, der seinen Ausgangspunkt in der existentiellen Situation des Lesers hat, geradezu zentral für die islamische Mystik. Der Wortsinn bleibt bedeutungslos, solange er nicht erfahrbar ist, d. h. in Bezug zur Lebenssituation gesetzt wird. Allerdings insistiert die Mystik auf dem Punkt, daß für diese Erfahrung die Hilfe eines spirituellen Führers unerläßlich ist.

Keines der Prinzipien, die der Pädagogik dieses Projekts zugrundeliegen, sind also dem Islam fremd. Allerdings wurden sie, soweit ich weiß, noch nie auf die Art und Weise in Beziehung gesetzt wie in diesem Projekt.

Dies ist allerdings nicht nur in bezug auf den Islam der Fall; eine ähnliche Haltung wird gegenüber den christlichen Kirchen praktiziert. Der Staat bestimmt die Pädagogik – und indem er das »Wie« der religiösen Vermittlung definiert, prägt er den Geist der Religion: »Wir haben der katholischen Kirche einen bibelorientierten Unterricht aufgezwungen, den sie in dieser Form gar nicht haben wollte. Wir haben im wesentlichen gesagt: wir müssen auf der einen Seite von den Grunderfahrungen der Kinder ausgehen. Auf der anderen Seite haben wir die biblischen Überlieferungen und die Wirkungsgeschichte. Wir haben bestimmte Bibelzitate zu bestimmten Lebenssituationen herausgesucht und gefordert, daß sie miteinander verschränkt werden. Der Religionsunterricht ist als wissenschaftliches Fach konzipiert. Deswegen können wir nicht zulassen, daß wesentliche Grundlagen für die Ausgestaltung dieses Unterrichts nicht offengelegt werden.« (Gebauer)

Da in all diesen Fällen das Medium die »message« ist, ergibt sich ein praktischer Synkretismus.[6] Tatsächlich reduziert sich die Frage der Religionszugehörigkeit auf eine protestantische, katholische oder islamische Einfärbung einer *civil religion*, deren wesentlicher Inhalt Humanismus, gesellschaftliche Verantwortungsfähigkeit und Toleranz sein sollen. Dies wurde von den islamistischen Kritikern deutlich erkannt: So heißt es in einem Gutachten seitens der Süleymancı-Bewegung: »Die Hauptkritikpunkte liegt (sic) aber darin, daß alle guten Ansätze des Curriculums (z. B. Vermittlung religiösen Wissens und das Kennenlernen religiöser Praxis bis hin zur Erziehung zum ›guten Muslim‹) werden zunichte gemacht durch die verhängnisvollen (sic) Konfliktpädagogik mit ihrem gesellschaftsbezogenen Ansatz« (Verband der islamischen Kulturzentren, 1988: 8). In einer anderen Stellungnahme hieß es, daß die christlichen Lehrpläne das Gerüst bilden und man sich »lediglich« bemüht habe, die islamische Thematik auf diesem Gerüst zu befestigen (DITIB 1987: 18).

Eine deutsche Geschichte

Inwiefern, könnte eingewandt werden, eignet sich aber das Projekt zum Nachdenken über die »deutsche« politische Kultur? Mit welchem Recht lassen sich Schlüsse von dem *einen* Projekt auf die politische Kultur insgesamt ziehen? Sicherlich ist dieses Projekt nicht typisch für die politische Kultur Deutschlands. Es läßt sich nicht einmal argumentieren, daß es politisch mehrheitsfähig und aus diesem Grund Bestandteil der politischen Kultur sei. Eine weitere Frage scheint eng mit der ersten verbunden: Ist es überhaupt sinnvoll, von *einer* deutschen (bzw. französischen, englischen) politischen Kultur auszugehen? Wird damit nicht eine Ganzheit konstruiert, die es in dieser Form nicht gibt (und die, so lautet eine polemische Zuspitzung des Arguments, prinzipiell eine Erfindung des Feuilletons ist)?

Zunächst zur zweiten Frage: Es scheint mir möglich, auch dann an einem Begriff von Kultur festzuhalten, wenn man sie nicht mehr als System (etwa analog zur Grammatik) versteht. Der entscheidende Begriff scheint mir derjenige des Diskursfeldes zu sein, in dem kulturelle Akteure sich über Deutungen, Normen und Werte, Stilfragen und Erinnerungen miteinander auseinandersetzen. Eine beliebige Position in diesem Feld (und sei sie auch noch so minoritär) muß einen Bezug zu anderen Positionen herstellen, wenn sie bestrebt ist, sich durchzusetzen. Sie muß Kontinuitäten herstellen, Erinnerungen evozieren, an Ordnungskonzeptionen anknüpfen: Es müssen Bezugspunkte gefunden werden – Erfahrungen, Sorgen, Techniken, Handlungsstile –, um vermittelbar zu sein. Bezugnahme muß dabei nicht notwendigerweise »weiterentwickeln« heißen, es kann auch bedeuten, daß man sich absetzt, Neues oder gar das Gegenteil entwickelt, rebelliert oder Widerstand leistet. In jedem Fall aber muß es ein Tertium mit anderen Positionen geben, muß irgendeine Gemeinsamkeit hergestellt werden. Es ist diese kommunikative Notwendigkeit, die einem Projekt oder einer Position, die in einem Diskursfeld entwickelt wird, eine bestimmte »Einfärbung«, einen bestimmten »Charakter« verleiht, die es nun wiederum deutlich von einer Position in einem anderen Diskursfeld unterscheidet. Da mit den Bezugspunkten etwas gegeben ist, was jede einzelne Position überschreitet, wird aus ihrer Analyse etwas über das Diskursfeld als Ganzes deutlich (in einem anderen Diskursfeld, sagen wir der englischen Kultur, müßten andere Bezüge hergestellt werden).

Rekapitulieren wir kurz einige der Bezugspunkte, die in diesem Projekt hergestellt werden – und die es dann auf eine ganz spezifische Weise »einfärben«. Da ist zunächst die Tatsache, daß das Projekt in der Art und Weise der Organisation von Vielfalt an einem früher entwickelten Modell von geordneter Pluralität anknüpfen kann, nämlich dem Föderalismus deutscher Ausprägung. Hier wie da ist der leitende Gedanke, daß die Voraussetzung für die Integration die Identifikation mit dem Ganzen ist. Diese aber soll sich nicht jenseits der kulturellen Besonderheit herstellen, sondern in und durch die Pflege der kulturellen Besonderheit. Gerade wenn man sich mit seiner Besonderheit einbringen kann, wird man sich mit dem Ganzen identifizieren. Dies wird nun ergänzt durch den Gedanken, daß dieses Zugeständnis von Vielfalt kontrolliert stattfinden muß. Anders als der englische Pluralismus ist der deutsche Föderalismus systematisch durchstrukturiert: Die Bereiche der Eigenständigkeit der Länder sind genau demarkiert, und Rahmenrichtlinien sorgen für Einheitlichkeit bei aller Vielfalt. Kurz: der Raum der Eigenständigkeit ist klar umgrenzt. Mit anderen Worten: Das Projekt Islamunterricht bezieht sich (wie bewußt auch immer) auf ein bereits existierendes Modell, »übersetzt« es in eine neue Situation – und variiert es damit notwendigerweise. Islamische Präsenz, ja, aber in einem klar definierten Rahmen. Indem aber das Modell auf eine neue Situation angewandt wird, wird es selbst modifiziert. Wenn man so will, wird es generalisiert und universalisiert: Es wird gelöst von dem Gedanken einer substantiellen Gemeinsamkeit (der »christlichen Wertgemeinschaft« z. B.) und eher in einem allgemeinen Humanismus verortet.

Ein anderer Bezugspunkt sind kollektive Erinnerungen und daraus abgeleitete Sorgen. Tatsächlich bezieht sich Gebauers Einschätzung der Unvermeidlichkeit wie auch der Problematik von Religion auf geschichtliche Erinnerungen: Tatsächlich war es eine historische Erfahrung – nämlich die des Dreißigjährigen Krieges, als keine der Konfessionen mehr in der Lage war, aufgrund absoluter Wahrheiten Solidarität zu stiften –, die in Deutschland ein bestimmtes Verhältnis von Religion und Staat plausibel machte. »Ich habe mir gesagt, wenn ich es verhindern kann, daß es hier in Deutschland einen einzigen wirklichen religionsbedingten blutigen Konflikt gibt …, dann würde ich mich am Ende meines Lebens ganz wohl fühlen.« (Gebauer) Entscheidend ist darauf hinzuweisen, daß diese Erfahrung nicht nur den Charakter von Schulweisheit hat (in dem Fall wäre sie kaum relevant). Sie ist, da sie in die Konstruktion der deutschen Staatsidee eingeflossen ist (und insbesondere auch das konstitutionelle Verhältnis von Kirche und Staat geprägt hat), institutionalisiert worden. Sie teilt sich damit auf eine latente Weise jedem mit, der sich in einer Institution bewegt.

Ein dritter Anknüpfungspunkt liegt in der Lösung, die gefunden wurde, um ein gesellschaftliches Problem zu bewältigen. Ich habe in einem anderen Aufsatz[7] auf die Rolle der Beamten-Experten bei der Festlegung dessen, was als Gemeinwohl zu gelten hat, hingewiesen und als Beispiel die Rolle des »Rates der fünf Weisen« bei den Lohnverhandlungen genannt. Die Bedeutung dieses Gremiums besteht darin, daß seine Mitglieder aufgrund ihrer Position als unabhängige Gutachter und Experten als besonders qualifiziert gelten, Lösungen zu erarbeiten, die nicht das Interesse partikularer Gruppen bedienen, sondern das Allgemeinwohl maximieren. Kurz: Einer der Gründe, warum sich das Projekt vermitteln und durchsetzen konnte, lag darin, daß mit dem Landesinstitut eine Institution beauftragt wurde, die als Sachwalterin des Gemeinguts gelten konnte, weil sie keiner der Parteien (weder den islamischen Gemeinden noch den christlichen Kirchen) zugeordnet werden konnte.

Diese Bezugspunkte führen also tatsächlich zu einer »deutschen Geschichte«. Das Projekt hat eine Akzentuierung, die man als »deutsch« charakterisieren könnte. Vielleicht läßt sie sich auf den Begriff bringen, daß das Schlagwort von der Organisation von Vielfalt in Deutschland wörtlicher genommen wird als anderswo: Es wird mehr Vielfalt im öffentlichen Sektor zugelassen als in Frankreich und mehr Organisation gefordert als in England.

Anmerkungen

1 Tatsächlich ist das Amt naturgemäß ein Feld der Auseinandersetzung zwischen den islamischen Fraktionen in der Türkei.

2 Ich habe diese Sequenz gewählt, weil es hier um die Vermittlung eines Wertes geht, der in der deutschen Kultur hoch bewertet ist – und der zudem einen Code für die Klischees über Immigranten darstellt.

3 Es war die protestantische Emphase auf einem direkten Zugang zur Schrift, die zu der Entwicklung von interpretativen Techniken führte. Gerade in Antwort auf die katholische Position, daß die Botschaft der Bibel prinzipiell unverständlich sei und die Bibellektüre deshalb der Anleitung durch die Kirche bedürfe, wurden Methoden für das adäquate Verständnis eines Textes entwickelt. Auch wenn die Hermeneutik während der Aufklärung säkularisiert, im Historismus systematisiert (Dilthey) und im 20. Jahrhundert philosophisch begründet wurde (Gadamer, Heidegger), so ist doch ihr christlicher Hintergrund unverkennbar – worauf nicht zuletzt Gadamer (1986a; 1986b) immer wieder hingewiesen hat.

4 Das Problem trat im 18. Jahrhundert im Zusammenhang mit der Frage der Wunder auf. Indem Spinoza die Position einnahm, daß man zwar Wunder nicht verstehen könne, wohl aber den Glauben an Wunder, konnte er die Wahrheit in einem (für ihn) falschen Satz identifizieren. Die historische Lesart erlaubte somit die Versöhnung von Vernunft und Offenbarung (hierzu Gadamer 1976: 96/97).

5 Cemalettin Kaplan (gest. 1995) war der Begründer einer radikal islamistischen Gemeinde türkischer Arbeitsmigranten in der Bundesrepublik. Er versuchte für eine islamische Revolution nach iranischem Vorbild zu mobilisieren (vgl. »Der Weg zum Gottesstaat« in diesem Band).

6 Es ist reizvoll, diese Form des »pädagogischen« Synkretismus, die sich in Deutschland entfaltet, mit Formen des Synkretismus zu vergleichen, die sich in anderen politischen Kulturen entwickeln: Vgl. hierzu Gerd Baumanns Unterscheidung von »convergence« und »encompassment« als zwei synkretistischen Prozessen, die er in London beobachtete (Baumann 1996).

7 Siehe: »Die *civil society* und der Fremde. Grenzmarkierungen in vier politischen Kulturen« in diesem Band.

Europäische Ängste

Metaphern und Phantasmen im Diskurs
der Neuen Rechten in Europa

In diesem Aufsatz[1] wird der Diskurs der Neuen Rechten in drei *civil societies* – England, Frankreich und Deutschland – mit dem Ziel analysiert, einen Einblick in die kollektiven Befürchtungen und Ängste zu gewinnen, die die Präsenz von Fremden in Europa auslöst. Dieses Vorhaben basiert auf drei Grundannahmen:

1. Die Befürchtungen und Ängste vor dem Fremden sind nicht auf die Anhänger der Rechten beschränkt. Der rechte Diskurs artikuliert politische Ängste indes besonders deutlich, weil er sie – oft schamlos – ausbeutet (während der konservative Diskurs eher mit den Ängsten spielt und der linksliberale Diskurs versucht, ihnen entgegenzuwirken, sie zu ignorieren oder zu verdrängen). Der Diskurs der Rechten bietet sich deshalb besonders für eine Analyse von politischen Ängsten an.

2. Ängste und Befürchtungen sind keine anthropologischen Konstanten, sondern sind von Gesellschaft zu Gesellschaft sehr unterschiedlich ausgeprägt. In verschiedenen Gesellschaften wird nicht nur Unterschiedliches befürchtet, sondern auch die Art und Weise, in der die Angst organisiert ist, unterscheidet sich von Gesellschaft zu Gesellschaft.

3. Bei der Analyse der Ängste gilt es eine Klippe zu vermeiden: nämlich die problematische (weil substantialisierende) Annahme eines Nationalcharakters. Meiner Meinung nach ist dieses Konstrukt überflüssig. Wir können einen Zugang zu durchaus nationalspezifischen Ängsten gewinnen, indem wir die Metaphern und Bilder analysieren, mit denen in den verschiedenen Gesellschaften Sorgen und Befürchtungen ausgedrückt und organisiert werden.

Nähern wir uns nun mit diesen drei Grundannahmen dem Diskurs der Neuen Rechten.

Der rassistische Diskurs in drei Kulturen

Grundlage für diese vergleichende Analyse sind die Parteiprogramme der Front National, der National Front und der Republikaner, also der zur Zeit einflußreichsten rechten Bewegungen in Frankreich, Großbritannien und Deutschland. Dabei werden diese Diskurse auf ihre Aussagen über Fremde – Immigranten, Gastarbeitern und Asylbewerbern – betrachtet.[2]

Bei dem Vergleich fällt zunächst auf, daß die Differenzen die Gemeinsamkeiten bei weitem übersteigen. Abgesehen von Sorgen in bezug auf organisiertes Verbrechen, Rauschgift und Delinquenz wird in England, Frankreich und Deutschland doch sehr Verschiedenes von den Fremden befürchtet.

	National Front	Front National	Republikaner
Leitbegriff	Race »White Great Britain«	Nation	Volk
Angesprochene Klientel	Arbeiterklasse	Untere Mittelschicht	Untere Mittelschicht
Befürchtungen	Unfairer Wettbewerb »Chaos and Muddle«	Gemeindebildung	Überforderung des Sozialstaats
Bilder	Wettbewerb mit »Kulis«	Fruchtbarkeit islamischer Frauen	Asylbetrug
Ängste	Kollaps Lähmung	Überschwemmung Ertrinken	Überfüllung Explosion

Überblick über die Aussagen der rechten Parteien in bezug auf Fremde.

Dies betrifft zunächst den Gegenstand der Sorge. Die britische National Front ängstigt sich hauptsächlich um die Reinheit der Rasse, der *race*, die französische Front National um die Größe der *nation* und die deutschen Republikaner um die Geschlossenheit des *Volkes*.

Zunächst zu Großbritannien: Für das Verständnis ist es wichtig zu wissen, daß *race* andere Konnotationen hat als der deutsche Begriff »Rasse«. Der englische Begriff ist zwar ebenso biologisch, aber weniger homogenisierend. Wie Philip Cohen (1990) gezeigt hat, steht er im Kontext eines Code der Abstammung (eines *code of breeding*), der es erlaubt, Gruppen und Subgruppen in der Metaphorik von Abstammungslinien einander zuzuordnen: Dies ermöglicht es etwa, die Arbeiterklasse als »Rasse« zu bezeichnen *(»an own race«)* – was im Deutschen nicht möglich wäre – oder den Begriff der *»Island Race«* zu formulieren. Dieser Wortgebrauch siedelt sich in einem Diskurs an, der mit biologischen Metaphern durchsetzt ist: Man spricht von der »Kohle im Blut«, von einem *»Born Eastender«* oder auch von der »Erbschaft des Blutes«. Während für die Unterscheidungen innerhalb Großbritanniens primär Bezug auf »Blut« genommen wird, wird in der Unterscheidung nach außen hauptsächlich Hautfarbe bemüht – eine scharfe Schwarz-Weiß-Dichotomisierung führt dazu, daß etwa auch Pakistanis als *»Blacks«* klassifiziert werden.[3]

Während der rechte Diskurs in England Gesellschaft biologisiert (also soziale Differenzen mit der Weltsicht des an Stammbäumen interessierten Pferdegestütbesitzers festschreibt), biologisiert der rechte Diskurs in Deutschland die Gemeinschaft. Das Konnotationsumfeld des Begriffs »Volk« wird aus folgendem, dem Artikel »Volk in der Krise« (Der Republikaner 4, 1988) entnommenen Zitat sehr deutlich: »Das in Jahrtausenden gemeinsamer Geschichte gewachsene, auf geistigen und blutsmäßigen Bindungen beruhende Gemeinschaftsbewußtsein unseres Volkes wird brüchig werden. Das Gefühl innerer Verbundenheit, das auch in schweren Zeiten Halt und Kraft verlieh, geht verloren und mit ihm die Fähigkeit zu gemeinsamem Handeln. Das wird Auswirkungen haben, nicht nur in der Wirtschaft, sondern auch in der Sozialpolitik und Verteidigungsbereitschaft.«

Gemeinschaft wird in diesem Zitat aus »geistigen« – also kulturellen – und »blutsmäßigen« Bindungen abgeleitet. Das »und« zwischen den Begriffen verdeckt indes eine bestimmte Spannung im Begriff des Volkes, die die Frage der Zugehörigkeit bzw. des Beitritts betrifft. Wenn das Volk als Abstammungsgemeinschaft konzipiert wird, folgt daraus, daß man in diese Gemeinschaft hineingeboren wird; in diesem Fall spielt kulturelle Kompetenz keine Rolle. Auslandsdeutsche werden etwa auch dann noch als Deutsche betrachtet, wenn sie kein Deutsch mehr sprechen. Wenn man das Volk dagegen als Kulturnation konzipiert, ist ein Beitritt prinzipiell möglich. »Kulturelle Kompetenz« ist ja lediglich eine Frage der Sozialisation. Ein Beispiel für eine gelungene Integration dieser Art sind die Nachkommen von Polen im Ruhrgebiet. Das

Verhältnis zwischen den beiden Konzepten ist deshalb kompliziert, weil man nicht einfach von einem und/oder ausgeht. Es kommt immer wieder vor, daß eine Definition gegen die andere ausgespielt wird.[4] In beiden Fällen zielt die Idee der Zugehörigkeit indes auf »innere Verbundenheit« (man gehört »innerlich« dazu, sowohl wenn man zu einer Kultur- als auch wenn man zu einer Abstammungsgemeinschaft gehört). Diese Verbundenheit wird als Grundlage für Solidarität gesehen.

Während die Sorge der britischen Rechten der Rasse und die der deutschen dem Volk gilt, gilt die französische Sorge der *nation*. Die Befürchtungen beziehen sich dabei weniger auf das »Gemeinschaftsbewußtsein« als auf Größe und Macht des politischen Gemeinwesens. In diesem Diskurs wird das bewußte Bekenntnis zur Nation für wichtiger erachtet als der Geburtsstatus. Dieser Diskurs ist weniger biologistisch als der britische und der deutsche. Wenn man so will, herrscht hier vor allem ein kulturalistischer Ausgrenzungsdiskurs.[5] Von manchen Kulturen (islamischen insbesondere) könne man ein politisches Bekenntnis zu Frankreich nicht erwarten.

Unterschiede zwischen den drei Gruppierungen gibt es zweitens, was die *Befürchtungen* und vor allem die Bilder betrifft, in denen sie sich ausdrücken. Bei der National Party ist eine Sorge um die eigene Schwäche besonders auffallend. Der Internationalismus des ökonomischen und kulturellen »Establishment« hat, so die Partei, dazu geführt, daß die Grenzen Großbritanniens aufgeweicht wurden. Die Integration in die EG und den Weltmarkt und die Öffnung der Grenzen für Immigranten führten dazu, daß die britischen Arbeiter nun, wie ein sehr suggestives Bild es will, mit »Kulis« um Arbeitsplätze und Wohnungen konkurrieren müssen (BNP: Vote for Britain, S. 3). Dies aber verstoße gegen die Gebote von Gleichheit und Fairneß. Kurz: Das Aufweichen der Grenzen habe zu Chaos und Durcheinander geführt, zu »*chaos and muddle*«; dementsprechend sei die Errichtung klarer Grenzen die Voraussetzung für ein Wiedererstarken.

Der Diskurs von Le Pen artikuliert eine etwas anders gelagerte Furcht. Sie betrifft den Verlust politischer Unabhängigkeit. Besonders gefährlich erscheint Le Pen die Herausbildung starker und geschlossener Migrantengemeinden. Außenpolitisch bedeutet die Existenz solcher Gemeinden die Gefahr des Verlustes politischer Unabhängigkeit – eine große arabische Minderheit könnte, so die

Furcht, den außenpolitischen Spielraum verringern und Zwangsallianzen mit bestimmten arabischen Ländern erzwingen (Le Pen 1985: 114). Die Bildung starker Migrantengemeinden wäre aber auch innenpolitisch problematisch, weil diese wenig kontrollierbare Territorien bilden und so den Staat schwächen. Der Migrant wird gefürchtet, weil er politisch sehr verführbar sei und deshalb leicht für extremistische Ziele mobilisiert werden könne (ebd., S. 113). Die in England gefürchtete Arbeitswut des Fremden spielt hier keine Rolle – ganz im Gegenteil wird der Fremde als unzuverlässiger Arbeiter porträtiert, dessen wenig überzeugende Arbeitsleistung zu einem »Sinken der Qualität und des Ansehens« führt, was sich in einer Verminderung der Verkäufe ausdrückt. Auch in dieser Hinsicht stellt er also ein Problem für die Größe Frankreichs dar (ebd., S. 112).

Der Diskurs der Republikaner artikuliert die Sorge um die Überlastung des Sozialstaats und des Systems. Das Angstbild ist das des – umstandslos »Asylbetrüger« und »Scheinasylant« genannten – Asylbewerbers. Das betrügerische Ausnutzen des Systems artikuliert die Furcht vor dem Einwanderer, der sich Deutschland nicht verpflichtet weiß (und eben auf Grund seiner Herkunft auch gar nicht verpflichtet wissen kann) und der deshalb gewissenlos seinem eigenen Vorteil nachgeht.

Soweit die Befürchtungen, die in den Diskursen formuliert werden. Diese Befürchtungen verknüpfen sich nun auf einer dritten Ebene mit Bildern existentieller Angst und Panik. So verbindet der Diskurs der National Front die Sorge um schlechtere Wettbewerbsbedingungen mit der Angst vor Lähmung und Kollaps. In praktisch jeder Rede von John Tyndall werden die Begriffe »Desintegration«, »Machtlosigkeit« und »Paralyse« verwendet: »Das System mag sich noch einige Jahre halten, es steht jedoch fest, daß es schließlich kollabieren wird, weil es sich auf einem Gebäude erhebt, das in seinen Grundfesten morsch ist.« (Tyndall 1992: 4)

Man denke auch etwa an seine Äußerung auf der Jahrestagung der BNP von 1992: »Die (Politiker) saßen die letzten vierzig Jahre paralysiert herum und haben absolut nichts unternommen, und heute sitzen sie paralysiert angesichts einer Invasion, die fremder und uneuropäischer ist als irgendeine der Invasionen von Dschingis Khan oder des Hunnen Attila. Und sie ergötzen sich am Anblick europäischer Frauen, die Schwarze, Braune und Gelbe heiraten und Kinder aufziehen, die niemals Europäer sein werden.« (Tonbandskript einer Videoaufzeichnung)

Le Pen verbindet die Sorge um die Herausbildung von Gruppen, die sich zwischen Individuum und Staat ansiedeln, mit einer andersgelagerten Angst: nämlich der Angst vor dem Ertrinken. »Pour la France« ist bestimmt von einer suggestiv wirkenden Zusammenstellung von Zahlen, die belegen, daß die französische Gesellschaft überflutet wird – und zwar durch Zuwanderung nicht weniger als durch die unerhörte Fruchtbarkeitsrate der islamischen Frauen. Bezeichnend ist etwa folgende Passage: »Aber es ist noch schlimmer: Die Überzahl der Immigrantenfamilien – traditionellerweise sehr zahlreich – läßt eine demographische Überflutung *(submersion)* der französischen Bevölkerung befürchten, die dazu verurteilt ist, eine Minderheit in ihrem eigenen Land zu werden: Die Fruchtbarkeit der ausländischen islamischen Frauen ist dreimal größer als die der Franzosen: 4,5 bis 5,5 Kinder pro Frau bei den Marokkanern, den Tunesiern, den Algeriern, den Türken... Man soll sich nicht darüber täuschen: Es ist die Existenz des französischen Volkes selbst, die auf dem Spiel steht. Es war nicht notwendig, 1914 und 1940 Frankreich gegen Deutschland zu mobilisieren, wenn wir heute vor einer – vorläufig noch friedlichen – Invasion des nationalen Territoriums stehen.« (Le Pen 1985: 112 f.)

Die Republikaner schließlich verknüpfen die Sorge um die Überlastung des Sozialsystems mit einer Phobie der Fülle – »das Boot ist voll« – und dem Gefühl, auf einer Bombe zu sitzen. Es ist die Angst vor der Explosion, die allgegenwärtig ist. Die Migranten sind »sozialer Sprengstoff« (Winnat 1993), eine Asylbewerberunterkunft eine »Zeitzünderbombe«, »der Druck im Kessel steigt«.

Damit soll der phänomenologische Überblick abgeschlossen werden. Wenden wir uns nun einer Analyse der Befürchtungen und Ängste zu.

Die Befürchtungen um die politische Kultur

Zunächst ist als eine Parallele aller dieser Diskurse festzuhalten, daß der Fremde als Bedrohung und Gefahr konstruiert wird. Die Ängste, die damit zusammenhängen, werden generell als Verlust der Kontrolle über die Lebensumstände artikuliert. Dies hängt damit zusammen, daß in der *civil society*, der Zivilgesellschaft, die auf der Kultur des freien Tausches beruht, jede Grenzverschiebung eine Veränderung der objektiven Chancen des Individuums impliziert. Der einzelne muß sich mit mehr Personen um Ressourcen – Arbeitsplätze und Wohnungen – bewerben; er muß mit mehr Personen um die Distribution von Ressourcen – etwa Sozialhilfe – ringen; und er muß sich mit mehr Personen in einem politischen Willensbildungsprozeß auseinandersetzen. Gerade die Asylbewerber konfrontieren die Bevölkerung mit der Tatsache, daß ihre konkrete Lebenswelt von der Transformation der politischen Landschaft seit 1989 nicht unberührt geblieben ist. An diesem realen Kern ändert auch nichts, daß die privaten Befürchtungen über die faktischen Kosten oft übertrieben und imaginär sind und auch nicht immer von denen geteilt werden, die am meisten davon betroffen sind. Es gehört zum Wesen einer komplexen offenen Gesellschaft, daß eine realistische Einschätzung des Ausmaßes der Veränderungen von Chancen nur sehr schwer zu erlangen ist.

Unser Überblick zeigt nun, daß die Befürchtungen und Ängste, die das Fremde auslöst, sehr verschieden in Frankreich, Großbritannien und Deutschland ausgeprägt sind. Die konkrete Gestalt, die die Befürchtungen in den verschiedenen nationalen Kontexten annimmt, hängt auf einer ersten Ebene von dem Ideal ab, das die verschiedenen Zivilgesellschaften von einem funktionierenden gesellschaftlichen Tausch entwickelt haben.

Wollte man das Ideal, das in der französischen *civil society* vom gesellschaftlichen Tausch ausgeprägt wurde, auf eine Formel bringen, dann könnte man vom »rationalen Tausch« sprechen. Die Idee läßt sich vielleicht am besten an der Institution des allgegenwärtigen *concours* erläutern (siehe oben S. 37), der national ausgeschriebenen Wettbewerbe und Ausleseprüfungen, denen sich jeder unterziehen muß, der in ein öffentliches Amt will. In diesen Wettbewerben wird, dem Ideal nach völlig unabhängig von der Person, eine Reihung ermittelt, nach der dann die Stellen besetzt werden. Der *concours* ist ein absolut rationales, universales und egalitäres Verfahren der Verteilung von Ressourcen. Bei diesem *procedere* garantiert der Staat ein gerechtes Verfahren, indem er über die Einhaltung der Regeln wacht.

Dieser Gedanke läßt sich verallgemeinern: In der französischen Konstruktion wird Gleichheit eng mit Freiheit verbunden, und ein starker Staat gilt als Garant für Universalität, Freiheit und Gleichheit; er gewährleistet den Rahmen für die Emanzipation des Individuums von allen primordialen Beziehungen. Diese Staatskonzeption nahm in einer Serie von Revolutionen Gestalt an, in der sich die Ordnung der Vernunft gegen eine geburtsrechtliche Ordnung durchsetzte, der Bürger-Staat gegen feudale und ekklesiastische Bindungen.[6]

Auf diesem Hintergrund sind die Befürchtungen vor der Gründung geschlossener und solidarischer Immigrantengemeinden zu sehen. Sie bedeuten die Etablierung von Gruppen zwischen den Individuen und dem Staat: Während die Linke fürchtet, daß damit Ungleichheit innerhalb der Migrantengemeinde zementiert wird, befürchtet die Rechte eher die Herausbildung von Machtblöcken: Geschlossene Fraktionen von Immigranten stehen in diesem Bild den vereinzelten Franzosen gegenüber und gewinnen damit ein unangemessen hohes politisches Gewicht. Für beide Fraktionen wurde die Kopftuchaffäre zum Symbol: 1989 hatten Sprecher der islamischen Gemeinden gefordert, den Mädchen solle das Recht zugestanden werden, in Schulen das Kopftuch zu tragen. Für die Linke war dies das Zeichen für die Etablierung patriarchalischer Herrschaft über die Frauen in der Gemeinde. Für die Rechte war dies ein Beweis für die Herausbildung unberechenbarer intermediärer Gruppen. Dieser Konflikt schwelt seitdem. 1994 brach er erneut auf: Der Welle islamisch-fundamentalistisch motivierter Gewalt gegen Franzosen in Algerien folgte ein Erlaß des Unterrichtsministers François Bayrou, der das Tragen von Kopftüchern strikt untersagte.

Das Ideal des gesellschaftlichen Tausches, das sich in der englischen *civil society* ausgeprägt hat, läßt sich im Gegensatz zum Ideal des »rationalen Tausches« als das Ideal des »fairen Tausches« bestimmen. Der englische Staat hat sich auf eine Weise entwickelt, die im Vergleich zur kontinentalen Entwicklung organisch anmutet – er wurde, anders als der deutsche und französische, nie grundlegend restrukturiert. Dies drückt sich in einer relativ ausgeprägten Kultur von lokaler Autonomie, von Sonder- und Gewohnheitsrechten aus. In dieser politischen Kultur ist die Idee der Freiheit eng assoziiert mit der der Unverletzbarkeit und Respektierung der Grenzen des anderen, seines Privatraums. In diesem Kontext besitzen kollektive Rechte eine wesentlich größere Bedeutung für den gesellschaftlichen Austausch als in Frankreich.

Will man eine Metapher bemühen, so entspricht dem französischen Ideal der Individualsport, dem britischen dagegen der Mannschaftssport mit seinem *fair play*. Dabei wird der Garant für einen fairen Tausch weniger in dem Staat gesehen (hier herrscht eher Skepsis vor) als in einer hohen Kultur von »Zivilität«, einer Aneignung spezifisch britischer Umgangsformen sowie der Identifikation mit einer Kultur von Konfliktlösung durch Kompromißbildung und Pragmatismus.

Aus diesem Kontext erklären sich die Ängste, die angesprochen werden. Während sich die Ängste in Frankreich auf innere Grenzen beziehen, beziehen sie sich in Großbritannien auf äußere Grenzen. Gefürchtet wird nicht die Herausbildung von Gruppen, die zwischen Individuum und Staat angesiedelt sind – im Gegenteil: Solange damit gesichert ist, daß die Migranten »unter sich bleiben«, sind sie unproblematisch (ebd., S. 107). Gefürchtet wird vielmehr die unkontrollierte Zulassung neuer Gruppen zum gesellschaftlichen Spiel bzw. die Ausweitung des Spieles durch die Aufweichung von Grenzen. Tatsächlich ist es nicht von der Hand zu weisen, daß ein politisches Spiel wie das englische dadurch gefährdet werden kann.

Das Ideal des gesellschaftlichen Tausches, das sich in der deutschen politischen Kultur ausbildete, läßt sich schließlich als der »kontrollierte Tausch« charakterisieren.[7] Dieses Ideal steht im Zusammenhang mit der in Deutschland verbreiteten Sorge, daß ein ungehemmtes Spiel der freien Kräfte dem Gemeinwohl nicht förderlich ist, sondern eher der Durchsetzung des je Stärkeren Tür und Tor öffnet. Die Antwort ist, daß man an dem gesellschaftlichen Spiel dann, und nur dann, partizipieren sollte, wenn man fähig und bereit ist, Verantwortung zu übernehmen. Während Freiheit in Frankreich mit Gleichheit und in England mit Unantastbarkeit assoziiert wird, wird sie in Deutschland mit dem Doppelbegriff Verantwortung und Autonomie verbunden. Dieser Gedanke ist in einer Vielzahl von institutionellen Formen umgesetzt: Sie reichen von der Mitbestimmungsgesetzgebung (mit der die Arbeiter in die Verantwortung einbezogen werden sollten) bis hin zur Entwicklung des Sozialstaats (der auf das Postulat einer gemeinsamen Verantwortung für die Entwicklung eines sozialen Netzes hinausläuft, mit dem der soziale Tausch abgesichert wird). Diese Betonung der Verantwortlichkeit des Staatsbürgers in Deutschland läßt sich auch so formulieren, daß eine substantielle

Identifikation mit dem Gemeinwohl von jedem erwartet wird, der an dem Tausch partizipiert. In diesem Sinn heißt es etwa im Hessenprogramm der Republikaner: »Erweiterte Möglichkeiten der unmittelbaren Demokratie verlangen erst recht den Bürger, der sich mit seiner *Heimat identifiziert*. Dies kann nur der deutsche Staatsbürger sein, nicht aber ein *ausländischer Gast*.« (Hessenprogramm '92, S. 6) In dieser deutschen Konstruktion ist es schwierig, sich vorzustellen, daß es eine andere als eine substantielle Solidarität geben kann – nämlich Einbindung, die sich in und durch Opposition herstellen kann. Der in Frankreich formulierbare Gedanke, daß man über die Mitgliedschaft in der Kommunistischen Partei zum Franzosen wird, ist in Deutschland kaum denkbar.

Gerade diese Konstruktion erklärt die Befürchtungen in bezug auf Fremde. Diese erscheinen vor allem als Personen, von denen eine Identifikation mit dem Gemeinwohl nicht ohne weiteres erwartet werden kann, weil ihre primären Loyalitäten (so wird unterstellt) anderen Gruppen gelten. All dies schwingt in dem Bild des »Asylbetrügers« mit. Die hohe Gewichtung von Verantwortung dürfte noch einen weiteren Aspekt erklären. Verantwortung ist anstrengend, sie ist »eine Last«, man »trägt an ihr«. Kein Wunder also, daß die »Überforderung«, die »Überlastung« gefürchtet wird – und diese Ängste sich an den Fremden festmachen.

Die Ängste um den politischen Körper

Soweit sind die Befürchtungen nachvollziehbar. Sie betreffen den neuralgischen Punkt der jeweiligen politischen Systeme, den Punkt, an dem zu befürchten ist, daß ein eingespieltes Verhältnis von Individuum zu Gesellschaft kippen könnte. Auf dieser Ebene sind sie (oder wären sie) allerdings rational diskutierbar: Man kann diskutieren, wieviele Fremde unter welchen Bedingungen in einem gegebenen System integriert werden können bzw. welche Modifikationen ein gegebenes System hinnehmen sollte als Preis, der zu entrichten wäre für die Vorteile, die man aus der größeren Offenheit der Grenzen zieht.

Der rechte Diskurs zeichnet sich nun aber gerade dadurch aus, daß er diese Befürchtungen *nicht* auf dieser Ebene erörtert – sondern eine rationale Diskussion mit einem, nicht selten schrill anmutenden, Gestus der Panik ablehnt. Es ist dies die Ebene, auf der die Ängste von Kollaps und Lähmung, von Überschwemmung und Ertrinken, von Überfüllung und Explosion zum Tragen kommen und jedes Gespräch beenden. Diese Ängste kommen (so die These) daher, daß die Sorgen und Befürchtungen mit Hilfe von mythomorphen Bildern ausgedrückt werden. Sie werden in die Sprache des Körpers gekleidet – und rufen damit Assoziationen und Gefühle wach, die körperlich sind.

Der Rückgriff auf die Körpermetapher verweist auf einen spezifischen Aspekt der europäischen Kultur – nämlich auf die Tradition, den Staat als eine anthropomorphe Entität zu konzipieren, als eine Rechts*person*, eine *Körper*schaft, einen *body politic*.

Die Sicht auf den Staat als sozialen Körper ist uns so selbstverständlich geworden, daß es sich lohnt, einen kurzen Blick auf die Genese zu werfen. Ernst Kantorowicz (1975/1990) hat in seinem meisterhaften Werk »Die zwei Körper des Königs« die Entfaltung dieser Idee vom 13. bis 17. Jahrhundert herausgearbeitet. Die mittelalterlichen Juristen, die sich mit den Schwierigkeiten auseinandersetzten, wie man die besondere Natur des sich entfaltenden Staates auf den Begriff bringen könnte, übertrugen den bis dahin auf die Kirche bezogenen Begriff des *corpus mysticum*, des mystischen Körpers, dessen Haupt Christus ist[8], auf den säkularen Staat. Das christologische Schema war offenbar ein Bild, mit dem – um mit Lévi-Strauss zu sprechen – gut zu denken war. Es erlaubte den Juristen, den Staat als eine Einheit jenseits und unabhängig von jeder natürlichen Person, einem König oder auch einer von einem König gestifteten Dynastie wahrzunehmen. Als Körper war der Staat mehr als die Summe der Individuen – zum einen, weil der Begriff die funktionale und strukturale Interdependenz zwischen den Mitgliedern des Gemeinwesens zu denken ermöglichte; zum anderen, weil es auch vergangene und künftige Mitglieder des Gemeinwesens mit einschloß. Dem Staat kamen damit Attribute der Ewigkeit zu, er transzendierte das Individuum – und konnte als eine derartige Instanz legitimerweise Opfer seitens der Individuen fordern.[9] Dieses Konzept erlaubte es, ebenfalls klar einen öffentlichen von einem privaten Raum zu trennen (also etwa das Privateigentum des Königs vom Staatseigentum).

Seine volle Wirkungsmächtigkeit scheint diese Metapher erst in der Neuzeit erfahren zu haben. Die Allegorie, die für die Titelseite des »Leviathan« von Thomas Hobbes entworfen wurde, ist in diesem Zusammenhang bemerkenswert (Abb.). Sie verdeutlicht den Kerngedanken des Werkes, nämlich daß die Übertragung der natürlichen Rechte und damit aller Gewalt auf einen Souverän ein Gemeinwesen entstehen läßt, in dem die einzelnen in »einer Person« vereint werden und »Staat oder Gemeinwesen« heißen. »So entsteht der große Leviathan...« (Hobbes 1651/1986: 155) Was indes an der Zeichnung besonders auffällt, ist, daß der Leviathan, der nach der Bibel einer gewundenen Schlange, einem Himmelsdrachen ähnelt (Hiob 3,8) bzw. als Krokodil beschrieben wird (Hiob 40,25-41), hier nun anthropomorph dargestellt ist.

Bezieht sich der Personengedanke bei Hobbes nun eindeutig auf den Staat, so wird er im Zeitalter des Nationalismus erweitert. Mit der Anerkennung des Selbstbestimmungsrechts der Völker, ihrer Souveränität, wurden auch die Völker personalisiert. Da – wie Gellner (1983/1991: 8) gezeigt hat – die Begriffe Nationalismus, Nation und moderner Staat einen Verweisungszusammenhang bilden, ist es nicht überraschend, daß seitdem die Personenmetapher mit einem leicht changierenden Gebrauch sowohl auf »Volk/Nation« bezogen wird wie auf den Staat selbst. Ein Beispiel, auf das ich bei der Ausarbeitung dieser Gedanken zufällig gestoßen bin, mag dies illustrieren: Irena Sumi (1993) paraphrasiert die Einstellung nationalistischer Kreise Sloweniens in folgenden Worten: »Slowenische nationale Minderheiten werden als Überbleibsel des nationalen Körpers Sloweniens betrachtet, die von ihrem natürlichen Ganzen abgeschnitten wurden.« Da der Nationalstaat als Körper betrachtet wird, kann er »amputiert« sein bzw., je nach Zusammenhang, »krank« oder »gesund«, »stark« oder »schwach«. Als Körper ist er als Akteur vorstellbar, der Handlungen initiiert oder dem etwas widerfährt. Anthropomorph gedacht, ist der Nationalstaat ein anderer, ein Gegenüber, mit dem man sich identifizieren kann, auf den man stolz sein kann – und der als Gegenüber etwas von einem verlangen kann. Dies alles deutet darauf hin, daß die Anthropomorphisierung nicht nur prägt, wie man in der europäischen Tradition den Staat denkt, sondern auch, wie man ihn fühlt.

Diese Konzeptualisierung des Staates als Person machte ein Ausmaß an Identifizierung mit dem Ganzen möglich, das es in Europa offenbar erlaubte, die traditionellen, organischen Bindungen, die das Individuum an einen Stand, eine Familie, eine Religion, eine Gruppe fesselten, zu überwinden und diese – andern-

Allegorische Zeichnung für die Titelseite des »Leviathan«
von Thomas Hobbes 1651, London British Museum.

orts nach wie vor primären Beziehungen – auf den zweiten Platz zu stellen. Indem er anthropomorph konzipiert wurde, konnte der Nationalstaat zum »generalisierten Anderen« (Mead 1934/1973) werden, dem man stärker verpflichtet ist als dem »konkreten Anderen«. Indem sie über die Natur des Staates nachdachten, legten die mittelalterlichen Juristen die Grundlage des Nationalstaats (und der zivilen Gesellschaft).

Die Bedeutung dieser Idee für das europäische Verhältnis zum Staat zeigt sich, wenn man Gesellschaften betrachtet, in denen diese Idee relativ spät adaptiert wurde. Im klassischen islamischen Raum etwa war das Konzept einer juridischen Person völlig abwesend. Die starke Betonung eines Kollektivs, das Rechte haben kann, wäre den islamischen Juristen als eine absurde, wenn nicht blasphemische Idee erschienen: Sie hätte die für den Islam zentrale Idee des Gleichheitsgedankens verletzt. So wurden auch die einzelnen Angehörigen einer Gruppe nie körpermetaphorisch als »Mitglieder« oder »Glieder« (im Englischen *member*) bezeichnet. Dies, so Bernard Lewis in seiner Untersuchung der politischen Sprache des Islam, sei ausschließlich »moderner Sprachgebrauch und stammt aus der Zeit, als der Westen seinen Einfluß ausübte« (Lewis 1991: 33). Statt dessen wurde das Verhältnis des Individuums zum Kollektiv in abstrakteren Termini konzipiert: Die Ordnung der Gesellschaft beruhte auf in sich verschachtelten Innen-Außen-Bezügen: Das Haus gliederte sich in einen Innen-, einen Frauenbereich (haramlık) und einen Außen-, einen Männerbereich (selamlık), wobei der Außenbereich nun wiederum in bezug zum Viertel einen Innenbereich darstellte; das Viertel war sowohl Außenbereich zum Haus wie Innenbereich zur Stadt und so weiter. Damit hängt zusammen, daß Machtbeziehungen in der islamischen Tradition nicht mit oben und unten assoziiert werden wie in Europa, sondern mit Nähe und Ferne. Sie werden horizontal und nicht vertikal symbolisiert.[10] »Ehrgeizige Muslime bewegen sich nach innen, nicht nach oben, und rebellische Muslime fallen von der bestehenden Ordnung ab, sie erheben sich nicht gegen sie.« (Ebd., S. 31) Das Verhältnis des Einzelnen zu den anderen und zum Ganzen hatte damit die Struktur eines Beziehungsgefüges, eines komplexen strukturierten Netzes, das im Prinzip nach außen offen war. In einem solchen Gemeinwesen kam es auf gegenseitige Ausbalancierung an, auf den sorgfältigen Ausgleich, auf die feine Beachtung von Grenzlinien und Demarkationen. Eine visuelle

Umsetzung findet man in der islamischen Kunst, insbesondere in der Ornamentik, in der in ihr realisierten Vorstellung einer harmonischen, in Ausgleich und Balance sich befindenden Struktur, die nach außen prinzipiell unendlich offen ist (siehe Abb.).

Kurz: Während die europäische Vision des Staats substantiell eine Vision von Haupt und Gliedern ist, ist die islamische Vision des Staates gesichts- und körperlos. Was im Islam damit wegfällt, ist die in Europa gegebene Selbstverständlichkeit von scharfen äußeren und inneren Grenzen: Es ist immer relational und niemals absolut, wo man sich befindet. Jedes Substantiellfassen, jedes Absolutsetzen einer Grenze um Individuen und Kollektive wird tendenziell mit *şirk*, mit Polytheismus und Spaltung/Zwietracht assoziiert.[11] Letztendlich ist die einzige legitime absolute Grenze die der *umma*, die der Gemeinde aller Gläubigen, die die Muslime von den Ungläubigen scheidet – dies ist allerdings eine Grenze, die sich durch den Einschluß aller mit der Zeit selbst aufheben sollte. Darunter aber gibt es keine scharfen Zuordnungen.

Was im übrigen im Islam damit wegfiel, war auch die hervorgehobene Stellung des politischen Führers: Er hatte – um es in der Sprache der englischen Philosophen des 17. Jahrhunderts zu sagen – niemals zwei Körper, einen unsterblichen und einen weltlichen, sondern immer nur einen weltlichen. Er »verkörperte« niemals das Ganze, sondern hatte rein funktionale Aufgaben: Er mußte sozusagen die Grenzen wahren, die Balancierungen vollbringen.

Es scheint, daß in einer vom Islam geprägten Ordnung die Ängste sich anders strukturieren als in Europa. Sie beziehen sich weniger auf den Verlust der Handlungsfähigkeit und der äußeren Grenzen der *body politic* als auf die Verwischung der inneren Grenzen und Kategorien, auf Ungleichgewicht, auf das Verlieren der Harmonie. In einem Erklärungsversuch zum gegenwärtigen Fundamentalismus bemerkt Mernissi: »Ein muslimischer Herrscher, der sich einer Krise gegenübersieht, etwa Hungerrevolten oder Volksaufständen, ergreift also zwei Maßnahmen, die stets zuallererst bei jeder Unterwerfungsstrategie eingesetzt werden: die Zerstörung der Weinlager und das Verbot für die Frauen, ihre Häuser zu verlassen, und vor allem dieselben Verkehrsmittel wie die Männer zu benutzen.« (Mernissi 1992: 215)

Weingenuß wie auch das Auftreten von Frauen in der Öffentlichkeit sind Symbole von Unordnung und Grenzverletzung, und

Sternmotiv auf einem Koranfaltpult. Istanbul 16. Jahrhundert.

zwar im alltäglichsten Bereich. Der purgatorische Effekt richtet sich also in der Krise nach innen: Es geht um das Wiederfinden von Balance und Ausgleich. Jeder wird an den Ort verbannt, den er innehaben sollte. Es kam in den islamischen Ländern erst gegen Ende des 19. Jahrhunderts zu Pogromen gegen Fremde. Sie fanden statt, als auf den Druck der imperialistischen Länder vor allem die christlichen Minderheiten gegen ihre im Vergleich zu den Muslimen nachgeordnete Rechtsstellung protestierten. Die Angst galt auch hier der Verletzung von Ordnung und Struktur und nicht dem Fremden schlechthin.[12]

Auf diesem Hintergrund tritt das Spezifikum der europäischen Ängste deutlich hervor. In der Tradition körperschaftlichen Denkens organisiert sich die Angst auf eine spezifische Weise: Sie konzentriert sich auf das Funktionieren des gesellschaftlichen Körpers als ganzen. Sie kreist allgemein um die *Beherrschbarkeit* der Umwelt und nicht um deren Ausbalancierung. Sie nimmt die Form des Gedankens an, *nicht mehr Herr im eigenen Haus zu sein*. Sie artikuliert sich schließlich in der *Sorge um die Identität*.

Entsprechend der besonderen politischen Kultur wird diese allgemeine Sorge um den intakten Körper des Staats nun weiter ausdifferenziert. Damit aber nehmen die zunächst rationalen Befürchtungen eine ganz andere Gestalt an.

Die französische Befürchtung, die Migranten könnten starke unkontrollierbare Gemeinden zwischen Individuum und Staat bilden, wird, in der Körpermetaphorik ausgedrückt, zur Angst vor Überschwemmung und Ertrinken. Ein kontrollierter, der Ratio unterworfener Körper wird durch eine Lebendigkeit bedroht, die aus seiner Mitte hervorgeht. Diese Lebendigkeit wird in dem Bild der extremen Fruchtbarkeit der Migrantinnen sehr deutlich sexualisiert. Es ist, als ob dieser Körper sozusagen überflutet würde, wenn nicht Dämme gezogen werden. Er wäre dann nicht mehr beherrschbar. Damit ist noch eine weitere Assoziation verknüpft, die des organischen Wachstums und der Wucherung. Die legitime, aber allzu dürftige Fortpflanzungsrate der Franzosen wird der üppigen, aber illegitimen Fortpflanzungsrate der Migranten entgegengesetzt. Während die französische Familie, die Zelle des Staates, immer weniger Neigung hat, sich fortzupflanzen und damit sozusagen den nationalen Körper auf eine natürliche Weise zu erneuern, tendieren die Migranten zu extremer Fruchtbarkeit, begründen damit aber ein ungesundes Wachstum, ein Wachstum von

Zellen, die den Gesamtkörper schwächen, die also in gewissem Sinn Geschwüre sind.

Die englische Angst vor dem Zusammenbruch des politischen Spiels wird, wenn sie in eine Körpermetapher gekleidet wird, zur Angst vor Paralyse, Krankheit, Lähmung, Schwäche, Infektion und Heimsuchung. In der Logik des Bildes läßt sich ebenfalls eine Antwort auf diese Gefahren formulieren: Sie läuft auf Hygiene hinaus, auf die Betonung der Notwendigkeit des Schutzes vor gefährlichen Außeneinflüssen. Dabei ist die Schmutzsymbolik entscheidend. Die kulturelle Konstruktion von Körperfarben in einem scharfen Schwarzweiß-Schema dürfte sich darüber erklären: Hier wird eine Kategorie des Reinen, des Weißen einer ganzen Abstufung von Hautfarben entgegengesetzt. Ist es Zufall, daß über die Haut die äußere Körpergrenze symbolisiert wird?

Die deutschen Ängste nehmen, in der Körpermetapher formuliert, die Form der Fülle an. Bei dem Diskurs der deutschen Rechten fällt auf, daß in der Beschreibung gesellschaftlichen Austauschs gern auf eine Metaphorik von Gefäßen, von »Kanälen« und »Bahnen« zurückgegriffen wird. Dieser Diskurs der »Gefäße« ist verbunden mit einem Normalitätsdiskurs. Wenn etwas in »geordneten Bahnen« verläuft, dann ist es berechenbar, kontrollierbar. Umgekehrt kann aus ungesteuerten, »nicht kanalisierten« Entwicklungen wenig Sinnvolles erwachsen. Es ist sozusagen der gebremste, der zurückgenommene Austausch, der angestrebt wird. Der normale Gang der Dinge verleiht das Gefühl von Sicherheit, umgekehrt wird eine Zunahme von nicht Gewohntem, von Buntheit schnell mit Gefährlichkeit assoziiert. Jede unkontrollierte Entwicklung wird tendenziell als Zunahme von Druck im Gefäß thematisiert.[13] Das Gefühl der Fülle wie auch das Phantasma der Explosion scheinen unmittelbar davon abgeleitet.

Während also der englische Körperdiskurs um die Haut zentriert ist, der französische um Sexualität und Fortpflanzung, kreist der deutsche um die Frage der Vereinnahmung, des Schluckens, des Verdauens und des Ausscheidens. Es scheint, als ob ein Fremdkörper, der noch nicht verdaut ist, gefährlich ist: Er muß entweder in eigenkörperliche Substanz transformiert oder ausgeschieden werden. Es ist kein Zufall, daß in bezug auf Fremde anale Metaphern vorherrschen.[14] In der Logik dieses Bildes gedacht, wird auch deutlich, warum in Deutschland der Assimilationsdiskurs dominiert, d. h. die Migranten immer wieder vor die Frage des Entweder-Oder gestellt werden. Entweder wird der Fremde zum Deutschen, »mit Haut und Haar«, oder er soll früher oder später zurückkehren. Damit löst sich auch der oben konstatierte Widerspruch zwischen Kulturnation (die ja Beitritt erlaubt) und Abstammungsnation (die Beitritt nicht erlaubt) auf. In der Metaphorik der Nahrung ist es nur der nicht verdaute Fremde, der gefährlich ist (und der das Gefühl der Fülle verursacht). Sobald er »verdaut« ist, ist er dagegen Teil des »Volkskörpers« geworden: Dies aber braucht seine Zeit.

Schlußbemerkung

Ich habe versucht zu zeigen, daß der rechte Diskurs funktioniert, indem er Sorgen und Befürchtungen, die mit der Präsenz von Fremden verbunden sind, in der Metaphorik des Körpers ausdrückt – einer Metaphorik, die in Europa eine lange Geschichte hat und die deshalb naheliegt. Bilder aber sind mächtig, sie drängen ihre Eigenlogik demjenigen auf, der in ihnen denkt. Sie strukturieren unser Denken und auch unser Fühlen. Nicht selten kommen wir zu Schlüssen und Folgerungen, die eher aus der Logik der Metapher resultieren als aus der faktischen Situation, die wir mit Hilfe der Metapher zu begreifen suchen. Es gilt also auch immer, sich von den Metaphern zu befreien. Der Kulturvergleich kann dazu beitragen, indem er auf die Relativität der Metaphern hinweist und ihnen damit den Schein des Natürlichen nimmt. Sobald man die Metaphern als kulturelle Konstrukte durchschaut, kann man sich von ihnen lösen.

Anmerkungen

1 Er ist die überarbeitete Fassung meiner Antrittsvorlesung an der Humboldt-Universität vom 26. 1. 1994. Ich bin Thomas Petersen und Richard Rottenburg für ihre Kommentare sehr dankbar. Sehr wichtig waren für mich ebenfalls die Diskussionen mit Studenten in Frankfurt a. M. zu den hier angesprochenen Fragen. Auch ihnen gilt mein Dank.

2 Herangezogen wurden: Le Pens programmatische Schrift: Pour la France, Paris 1985; das Parteiprogramm der British National Party (ohne Datum) sowie die Wahlschrift: Vote for Britain – Manifesto of

the British National Party; und schließlich das Hessenprogramm der Republikaner von 1992.

3 Siehe auch C. Neveu (1993).

4 Die Diskussion um die Rußlanddeutschen ist ein Beispiel. Während die Rechte tendenziell die Abstammungsgemeinschaft betont, weist die Linke auf die Tatsache der Kulturgemeinschaft hin. Die Judenverfolgung zeigt, daß der Gedanke des gemeinsamen Blutes immer wieder auch gegen die Kulturgemeinschaft gewendet werden kann.

5 Siehe hierzu vor allem P. A. Taguieff (1991).

6 Diese Opposition drückt sich in den französischen Romanen des 19. Jahrhunderts in der klischeehaften Gegenüberstellung von Priester und Lehrer aus.

7 Dieses Konzept war leitend für die Industrialisierung »von oben« im Kontext einer verspäteten Nation: Die deutsche Industrialisierungspolitik versuchte von vornherein, die Härten der französischen und englischen Entwicklung zu vermeiden (Dahrendorf 1968).

8 Dieser für das Christentum zentrale Gedanke wurde von Paulus entwickelt: »Es ist ein neuer Kult. Die Kultgemeinde ist der Leib des Christus, in den man durch die Taufe eingepflanzt wird und durch den man im Herrenmahl gespeist und getränkt wird.« (Troeltsch 1922: 59) Die Konzeptualisierung der Kirche selbst verzeichnet eine Entwicklung vom corpus Christi zum corpus mysticum – von dem Körper Christi zur Körperschaft Christi. Kantorowicz (1990: 206-217).

9 So erfolgte mit der Konzeptualisierung des Nationalstaates als Körperschaft auch die Anwendung des Satzes »dulce et decorum est pro patria mori« auf die Nation (während patria vorher die Stadt bezeichnete).

10 Die Achse von Oben-Unten bleibt dagegen dem religiösen und ethischen Bereich zugeordnet. »Unten« bezeichnet den moralisch »niedrigen« (ebd., S. 45). Dies führte zu bemerkenswerten Mißverständnissen, als Günther Wallraffs Buch »Ganz Unten« erschien. Der Titel wurde von vielen Türken als diskriminierend empfunden.

11 Das trinitarische Schema erlaubte es im christlich geprägten Raum dagegen, mehrere Personen in einer zu denken. Es ermöglichte damit, in einem Bild Einheit und Differenz zu fassen.

12 Das eine ist natürlich so wenig hinzunehmen wie das andere. Das Argument ist nur, daß die Unterdrückungs- und Machtstrukturen in den christlichen und islamischen Ländern verschieden sind.

13 So verband sich in Kreuzberg die Wiedervereinigung mit der expliziten Hoffnung, die Dinge würden in »geordnete Bahnen« zurückkehren, sprich: die aufgeblühte Subkultur verschwinden (Lindner 1993b: 107). Migranten, die sowohl in Deutschland wie in England sich aufhielten, berichteten von einem weit höheren Anpassungsdruck in Deutschland.

14 Z.B. »Scheiß-Ausländer«. Zahlreiche Beispiele finden sich bei A. Dundes (1987); interessant sind in diesem Zusammenhang vor allem S. 103 ff. Dundes Analyse ist allerdings sehr problematisch, da er die inzwischen völlig obsolete Figur des Nationalcharakters (den deutschen Analcharakter) zur Erklärung bemüht.

Zur Logik von kulturellen Strömungen
in Großstädten

»Es soll also auf den Namen der Stadt kein besonderer Wert gelegt werden. Wie alle großen Städte bestand sie aus Unregelmäßigkeit, Wechsel, Vorgleiten, Nichtschritthalten, Zusammenstößen von Dingen und Angelegenheiten, bodenlosen Punkten der Stille dazwischen, aus Bahnen und Ungebahntem, aus einem großen rhythmischen Schlag und der ewigen Verstimmung und Verschiebung aller Rhythmen gegeneinander, und glich im Ganzen einer kochenden Blase, die in einem Gefäß ruht, das aus dem dauerhaften Stoff von Häusern, Gesetzen, Verordnungen und geschichtlichen Überlieferungen besteht.« (Musil 1930/1981: 10)

In meisterhaften Worten wird im ersten Halbsatz der dynamische, fluide Charakter der Kultur der Großstadt eingefangen: die Erfahrung des permanenten Wandels, der Unordnung, wenn nicht des Chaos. Im zweiten Halbsatz wird dies allerdings modifiziert. Ständiger Wandel ist nicht einfach gleichzusetzen mit der Erfahrung absoluter Formlosigkeit: Die »kochende Blase« ruht immerhin in einem Gefäß aus materiellen Gegebenheiten, sozialen Strukturen und historischen Überlieferungen – die Strömungen sind mithin auf eine Weise kanalisiert, die spezifisch für die jeweilige Stadt sein dürfte. Dies scheint sich auf die, wenn auch zunächst wenig tangible, Erfahrungstatsache zu beziehen, daß Wien, Paris oder London gleichzeitig pulsierende Großstädte sind *und* dennoch einen je besonderen »Charakter« haben, eine »eigene Atmosphäre« aufweisen.

Die folgenden Überlegungen zu der Frage, welche Faktoren der urbanen Kultur ihr Gesicht aufprägen, wollen als sozialanthropologische Entfaltung dieses Satzes gelesen werden. Die Absicht ist es, die soziale Logik hinter dem Pulsieren der städtischen Kultur zu identifizieren und – in einem zweiten Schritt – Faktoren zu benennen, die Einfluß auf kulturelle Strömungen haben und in ihrem Zusammenwirken komplexe Strömungsmuster hervorbringen. Zu diesem Zweck werde ich zunächst auf die beiden elaboriertesten Versuche, die soziale Logik des kulturellen Flusses in Großstädten auf den Begriff zu bringen, eingehen, nämlich auf die Ansätze von Ulf Hannerz (1980) und Pierre Bourdieu (1979/1982).

Die Stadt als *network of networks*

Ulf Hannerz (1980) sieht Kultur im Prinzip als Ausdruck von Kommunikationsprozessen. Er bezieht sich wiederholt zustimmend auf Everett Hughes: »Überall, wo eine Gruppe von Personen von anderen abgetrennt miteinander agiert, wo eine gemeinsame Ecke in der Gesellschaft existiert, wo gemeinsame Probleme existieren und unter Umständen gemeinsame Feinde vorhanden sind – dort wächst Kultur« (Hughes 1961 nach Hannerz 1980: 282; Dt. W. S.). Eine Gruppe, die etwa zusammenarbeitet, tendiert dazu, eine gemeinsame Sprache zu entwickeln, eine Folklore aufzubauen, ein kollektives Gedächtnis auszubilden, gemeinsame Klassifikationen zu konstruieren. Dies wird sich früher oder später in Ritualen und in materieller Kultur objektivieren. Es ist deutlich, daß derartige Prozesse, die jedem von uns vertraut sind, je nach Stabilität der Gruppe ein bestimmtes Ausmaß an Verfestigung erreichen können. Am einen Ende des Spektrums steht eine sehr lockere Gruppe (man denke etwa an eine Reisegruppe), die nur eine kurze Zeit existiert und bei der sich die gemeinsame »Kultur« auf einige Witze, ein paar Spitznamen, gegebenenfalls einige Rituale beschränkt – am anderen Ende des Spektrums stehen dagegen Gruppen mit großer Dauer und Kohäsion. Der *locus classicus*, in dem eine solche stabile Gruppe mit einem relativ festen Weltbild beschrieben ist, ist die Studie über das Ghetto von Louis Wirth (1928/1982).

Das städtische soziale Universum zeichnet sich nun, so Hannerz, durch eine vielfältige Überlappung und Vernetzung derartiger kommunikativer Zusammenhänge aus: Er bringt es auf die Formel, daß in der Stadt *diversity of access* nicht weniger existiere als *access to diversity*. Zunächst zu *diversity of access*: In der Stadt schichtet sich das Leben in Relevanzbereiche – Hannerz nennt Arbeit, Wohnen, Verkehr, Freizeit und Verwandtschaft. Diese fallen in der Regel auseinander – so daß das Individuum in jeder dieser Sphären mit anderen Personen zusammenkommt.[1] Sie haben indessen unterschiedliche Verbindlichkeit: Verwandtschafts- und Arbeitsbezüge besitzen meistens einen größeren Grad an Stabilität als Freizeit oder gar Verkehr. Bezogen auf Hannerz' Vorstellung von Kultur folgt daraus, daß das Individuum an mehreren kulturellen Sphären partizipiert, und umgekehrt, daß mehrere kulturelle Sphären über das Individuum miteinander vernetzt sind: Die Deutungen, die in einem Bereich (etwa dem Arbeitsbereich) aufgebaut werden, werden in andere Bereiche (etwa den der Familie) hineingetragen. Dies führt zu einem ständigen kulturellen Fluß – und nicht selten zu erheblichen Spannungen. Studenten etwa, die die an der Universität erworbenen Deutungen in ihre Familien tragen, wissen davon ein Lied zu singen. Da Kultur immer Deutung ist, bedeutet dies auch, daß das städtische Individuum immer wieder mit der Tatsache konfrontiert ist, daß man einen Sachverhalt auch immer anders einordnen beziehungsweise klassifizieren kann: Es bedeutet ständig die Konfrontation mit konfligierenden Deutungen.[2]

Städtische Kultur bedeutet aber auch *access to diversity*, Zugang zu Vielfalt: In der Stadt ist es für den Einzelnen viel einfacher als in den wesentlich kleineren Gemeinwesen auf dem Land, sich Gleichgesinnten anzuschließen, also Personen zu finden, die eine ähnliche Einstellung, eine ähnliche Meinung haben. Es gibt wohl überall einsame Zweifler an religiösen Dogmen oder Personen, deren Orientierungen von denen der Majorität abweichen: Erst in der Stadt gibt es jedoch genügend andere (Hannerz spricht von einer »kritischen Masse«), daß man mit ihnen eine Gruppe bilden kann und in dieser einen kulturellen Ausdruck für seine Lage entwickeln kann – in anderen Worten: erst in der Stadt kann sich eine »Subkultur« entwickeln. Um ein Beispiel von Hannerz zu zitieren: In den meisten Dörfern gibt es wohl Homosexuelle – die Entwicklung einer »gay culture« ist aber ein spezifisch städtisches Phänomen.

Da die Stadt ein *network of networks* ist, sind diese beiden Prozesse aufeinander bezogen, sie greifen ständig ineinander, wirken aber auch gegeneinander. Während der erste Prozeß *(access to diversity)* sozusagen das Abfließen kultureller Deutungen beschreibt, erfaßt der zweite Prozeß *(diversity of access)* das immer erneute Aufbauen von differentiellen Spannungen. Es liegt, so Hannerz, an der offiziellen Kultur, daß das Ganze nicht auseinanderfällt: Die Schulen und Massenmedien haben die Funktion, die verschiedenen Strömungen zu einem *mainstream* zu bündeln.

An Hannerz anschließend, aber über ihn hinausgehend, lassen sich einige weitere Formen von kulturellen Fließmustern in komplexen Netzwerken benennen.[3]

In den Zirkeln, die in Austauschprozessen ein ihrer Lage gerecht werdendes Weltbild konstruieren, kommt es unter bestimmten Umständen zu Prozessen gegenseitiger Bestätigung, was dann zu

Rückkoppelungsprozessen führt: In solchen Situationen bauen sich nicht selten eigenwillige Verhaltensmuster und Deutungen rasch auf. Das »Sich-Hineinsteigern« führt, besonders während Spannungszuständen, schnell zu den für die städtische Lebenswelt bezeichnenden, leicht hysterisch anmutenden Massenphänomenen.[4] Dies kommt in Gruppen, die vergleichsweise wenig gesellschaftlich eingebunden sind, offenbar häufiger vor als in anderen. Studenten, die sich in einem sozialen Moratorium befinden, scheinen in dieser Hinsicht besonders erregbar: In der Studenten- und Frauenbewegung konnte man beobachten, daß bei Versammlungen nicht selten eine Gruppe mit extremen Positionen die Meinungsführerschaft übernahm (für eine Zeitlang etwa die lesbischen Frauen in der Frauenbewegung) und dann Parolen schmiedete, die zunächst Begeisterung, später aber auch ein durchaus schales Gefühl hinterließen – wie etwa die 1989 auf einer Demonstration verkündete Forderung: »Männer raus aus West-Berlin«.

Diese Muster verbreiten sich nun nicht nur über die durch Netzwerke vorgegebenen Kommunikationskanäle, sondern offenbar auch durch »Ansteckungsphänomene«: Eine Deutung oder ein Akt verbreitet sich offenbar schnell bei sozialen Gruppen, die sich in einer vergleichbaren Situation befinden. Hier gibt es oft soziale Phänomene, die sich wie Wellen ausbreiten, sich in einer ersten Phase aufladen, dann zu einem Höhepunkt kommen und schließlich wieder abflauen: Ich denke hier etwa an die sogenannten »Gewaltwellen«, wie die jüngste gegen Ausländer.

Dabei kann es, besonders bei schnell ablaufenden Aufschaukelungs- und Ansteckungsprozessen, dazu kommen, daß Stimmungen, wie man so sagt, »umkippen«. Der soziologische Grund dafür scheint mir zu sein, daß in diesen Prozessen sozusagen eine falsche Gemeinsamkeit und eine zu große Gemeinschaft suggeriert wird: Bei der unausbleiblich wachsenden Einsicht in die Differenz von faktisch erfahrbarer Gemeinsamkeit und suggerierter Gemeinsamkeit kommt es zu Prozessen, die an das Brechen von Wellen erinnern. Es stellt sich dann leicht ein Katzenjammer ein. Bei urbanen Masseneffekten scheint dieser Effekt, dessen Urbild in der Pontius-Pilatus-Geschichte gegeben ist, besonders häufig zu sein. Ein prägnantes Beispiel der jüngsten Zeit liefert die Erfahrung der Wiedervereinigung, wie sie in Berlin gemacht wurde.

Prozesse dieser Art laufen nun nicht notwendigerweise geradlinig ab, sondern wahrscheinlich häufiger gegenläufig, also nichtlinear. So schafft etwa eine Tendenz, die durch Rückkoppelung in Gang gesetzt und durch Ansteckungsphänomene sich ausbreitet, nicht selten eine Gegentendenz, die im gleichen Maß eskaliert, wie sich die Bewegung ihrerseits fortpflanzt. Dies wäre ein Prozeß, bei dem sich gegenläufige Tendenzen sozusagen hochschaukeln – also etwa »links« und »rechts«; oder Feminismus und männliches Beharrungsstreben.

Die Stadt als sozialer Raum

Pierre Bourdieu nimmt als Ausgangspunkt einen anderen Prozeß der Formierung der Alltagskultur: Für ihn ist Alltagskultur im wesentlichen ein Definitionsakt, ein Akt der *Klassenbildung* – Klassen im logischen Sinn – und damit auch ein Akt der Grenzziehung. Bourdieu gelingt es – vor allem in seiner Studie über die feinen Unterschiede (1979/1982) – zu zeigen, wie man sich im täglichen kulturellen Handeln in einem extrem komplexen Spiel ständig einander zuordnet bzw. voneinander abgrenzt: Man zeigt – durch Kleidung nicht weniger als durch Wohnungseinrichtung, Essen, Lektüre usw. –, zu welcher Klasse man gehört und zu welcher nicht. Man ordnet aber auch andere nach diesen Kriterien ein – und wird dann wiederum nicht zuletzt auf Grund dieser Einordnung eingeordnet (etwa als reaktionär oder fortschrittlich). Die Lebensstile bilden somit die Basis für die gesellschaftlichen Klassifikationsprozesse – für die Akte, in denen eine Gesellschaft ein Bewußtsein ihrer selbst gewinnt. Lebensstile, Konsumgewohnheiten, alltägliche Einsichten sind weit mehr als bloß Ausdruck des sozialen Raumes, sondern sie lassen sich als aktive Entwürfe des sozialen Raumes interpretieren, als Selbstverortungen und Fremdverortungen.

Auf diese spontanen Klassifikationspraxen bezieht sich die bewußte Praxis von Wortführern und Experten, die als Kritik der spontanen Klassifikation zu interpretieren ist. Sie drücken explizit aus, was in den Lebensstilen implizit artikuliert wird – und sie sind dann plausibel, wenn sie das ohnehin Praktisch-Gewußte bewußt machen. Es sind diese Wortführer und Experten, die die Repräsentationsarbeit einer Gesellschaft im eigentlichen und engeren Sinn leisten: Sie formulieren die Ideologie einer Gesellschaft, indem sie Klassifikationen und Interpretationen (also etwa die Einteilung der Gesellschaft in Bürgertum und Proletariat) konstruieren und versuchen, diese Konstruktion gegen die Konkurrenz anderer Experten durchzusetzen. Ein Beispiel für eine zündende Klassifikation, die sich allerdings langfristig nicht durchhalten ließ, war etwa die während der Studentenrevolte in Frankreich verkündete Gleichsetzung der drei Ps: *père-patron-professeur*, die eine dichotome Sicht der Gesellschaft implizierte, eine Einteilung in Establishment und Revolutionäre (auf deutscher Seite korrespondierte dem die Parole: »Trau keinem über dreißig«).

Die Bedeutung von Alltagskultur für den sozialen Raum liegt damit in dem, was Bourdieu als »soziale Alchemie« beschreibt: Soziale Gruppen entstehen, weil sie sich als soziale Gruppen definieren, und zwar in einem Akt der Selbstreferentialität, dem Akt nicht unähnlich, mit dem Münchhausen sich am eigenen Schopf aus dem Sumpf zog. Der soziale Raum ist eine Konstruktion, die Grenzen, die ihn durchschneiden und gliedern, stellen immer nur eine mögliche Sicht auf ihn dar.

Diese Prozesse finden nun nicht im luftleeren Raum statt – und dies ist der Punkt, an dem sich die Ansätze von Bourdieu und Hannerz zusammenbringen lassen. Es sind Personen, die im sozialen Raum benachbart sind (oder zumindest eine strukturell homologe Situation haben), die sich zu Gruppen zusammenfügen lassen – es ist mit anderen Worten das fluktuierende soziale Netz von Hannerz, das durch die von Bourdieu beschriebene Definitionsarbeit in Gruppen gegliedert bzw. zerschnitten wird. Die Definitionsarbeit baut sozusagen auf der Entfaltung der Kultur in der kommunikativen Tätigkeit auf.

Durch die Aufmerksamkeit, die Bourdieu nun den Grenzziehungen widmet, gelingt es ihm, zwei Prozesse kultureller Dynamik zu analysieren, die Hannerz nicht berücksichtigt: Beide basieren auf dem Zusammenhang von sozialer Klassifikation und Macht.

Der erste betrifft den Prozeß des »symbolischen Kampfes«. Es ist nämlich von entscheidender Bedeutung in der Auseinandersetzung um gesellschaftliche Ressourcen, wie der soziale Raum gegliedert wird. In dem Beispiel der Konstruktion der Klasse *père*, *patron*, *professeur* ist dies offenkundig: Der Klassifikationsvorschlag steht im Zusammenhang mit dem Anspruch auf die Durchsetzung einer bestimmten politischen Ordnung sowie auf Partizipationsrechte. Kurz: Die Durchsetzung einer bestimmten Klassifikation des sozialen Raums hat eminente politische Implikationen. Daher ist die Kultur auch ein Feld symbolischer Kämpfe und Auseinandersetzungen. Ein vertrautes Beispiel aus der Gegenwart stellt die Frauenbewegung dar. Sie macht den Vorschlag einer neuen Klassifikation der Dinge: Der Feminismus versucht durchzusetzen, daß die Gruppe der Frauen als wesentliche gesellschaftliche Klasse (im logischen Sinn) gesehen wird – und nicht in andere Klassen (Arbeiterklasse, Bürgertum, oder, wie die *Père-patron-professeur*-Ideologie es nahelegen würde, Jugend) eingereiht wird. Damit wird eine neue Gliederung des sozialen Raumes vorgeschlagen. Dies hat wichtige kulturelle Konsequenzen: In diesem Prozeß wird nämlich aus der Kultur von Frauen eine Frauenkultur – und damit setzt die Dialektik von offizieller und Alltagskultur ein, die schon oft beschrieben wurde: Die in Kommunikationsprozessen naturwüchsig stattfindenden Prozesse der Herausbildung von Klassifikation, von Symbolen unterliegt nun vielfältigen Prozessen von Auslese, Verstärkung, Kritik, Wertung. Es ist ebensosehr ein Prozeß der Entdeckung wie der Neuschaffung von Kultur.[5]

Man mag anmerken, daß in diesem Paradigma die Orte offizieller Kultur in einem ganz anderen Licht erscheinen als bei Hannerz: Während diese bei ihm der Formierung einer *mainstream culture* dienen, erscheinen sie bei Bourdieu als Orte symbolischer (also kultureller) Herrschaft: Sie sind gleichsam die Bastionen, die es in dem Kampf um die legitime Klassifikation zu erobern gilt. Die Gruppe, die ihr Bild der sozialen Welt in den Massenmedien durchgesetzt hat (oder gar die Schulbücher erobert), hat ihr Gesellschaftsbild legitimiert, d.h. sie hat ihm den Anschein von Objektivität verliehen.

Ein zweiter von Bourdieu analysierter Prozeß ist immanent, d.h. er findet innerhalb der Klassifikation statt (und zielt nicht wie der erste auf ihre grundsätzliche Veränderung ab). Dieser Prozeß resultiert aus der Dynamik, die durch die Bestrebungen von Prätention und Abgrenzung in Gang kommt.[6] Da kulturelle Praktiken soziale Lagen abbilden, werden durch die Übernahme kultureller Formen höherer Klassen auch Ansprüche auf Teilhabe angemeldet; umgekehrt wehren die Statusinhaber diese Aspirationen ab, indem sie neue, exklusivere kulturelle Formen ausprägen: Obwohl also die Mittelschicht ständig die Oberschicht kopiert, bleibt der relative kulturelle Abstand erhalten.

Fassen wir kurz zusammen: Während Hannerz bei seiner Bestimmung städtischer Kultur sein Augenmerk auf den Zusammenhang von Kommunikation und Kultur richtet, interessiert sich Bourdieu vor allem für den Zusammenhang von Macht und Kultur. Wenn der eine die Bedeutung von *Erfahrung* für die Konstitution der urbanen Alltagskultur betont, so der andere die Bedeutung des *Interesses*. Man könnte auch sagen, daß Hannerz die horizontalen Strömungen und Wirbel der Interaktion im Auge hat, Bourdieu dagegen die vertikalen Strömungen der Hierarchiebildung. Die beiden Fließ- und Strömungsprozesse überlagern sich zu einem komplexen Fluß kultureller Deutungen, Rituale und Alltagsformen.

Es dürfte deutlich sein, daß keiner dieser von Hannerz und Bourdieu beschriebenen Prozesse ausschließlich im städtischen Rahmen existiert; es dürfte jedoch auch deutlich sein, daß diese Prozesse im städtischen Kontext sich besonders frei entfalten – und zwar um so mehr, je größer, komplexer und anonymer die Stadt ist. Mit anderen Worten: Die großstädtische Kultur ist eine radikal verzeitlichte Kultur, eine Kultur, in der alles fließt, wobei gerade die Steigerung der Fließgeschwindigkeit die Ursache für die Herausbildung gegenläufiger Strömungen, für Wirbel, Schwankungen und – bei weiterer Steigerung – schließlich für echte Turbulenzen ist.

Bevor dieser letzte Schritt eintritt, haben komplexe Strömungsverhältnisse jedoch ihre beschreibbaren Regelmäßigkeiten und Strukturen. Die Frage, die sich hier anschließt, ist die nach den Faktoren, die diese Strukturen beeinflussen. Drei Aspekte scheinen mir hier von Bedeutung: Der Ort in der interurbanen Vernetzung, den eine Stadt einnimmt; die Ausprägung der Arbeitsteilung; und schließlich die Konzeptionen städtischer Ordnung.

Die Bedeutung der interurbanen Vernetzung

Städte zeichnen sich weniger durch die Tatsache aus, daß in ihnen eine große Zahl von Personen auf dichtem Raum lebt, als durch die Tatsache, daß sie Zentren sind (Hannerz 1980: 81): in politischer Hinsicht Herrschafts- bzw. Verwaltungszentrum; in ökonomischer Hinsicht Markt- bzw. Produktionszentrum; in kultureller Hinsicht sakrales Zentrum bzw. Universität. Es ist unmittelbar

einsichtig, daß eine große Ansiedlung, die nicht zumindest in zwei-
facher Hinsicht »Zentrum« ist, nicht mehr ist als ein »großes
Dorf«. Diese entscheidende Bedeutung der Funktion der Stadt
schlägt sich nieder in den Klassifikationen der Städte: Etwa in der
Weberschen Gegenüberstellung von Handelsstadt und Herrschaftsstadt (Weber 1921/1972), zu der sich noch die Industriestadt (Coketown) dazugesellen läßt (Hannerz 1980).

Genauso wichtig wie die Funktion, die eine Stadt als Zentrum
erfüllt, ist die Struktur der Vernetzung, in die sie eingebunden ist.
Ohne Anspruch auf Vollständigkeit (dies wäre die Aufgabe des
Stadthistorikers) möchte ich doch wenigstens drei Typen einander
gegenüberstellen: Die mittelalterlichen und frühneuzeitlichen
Städte waren in starkem Ausmaß Zentren für ihr jeweiliges Hinterland und, insofern sie Handelszentren waren, in einem sehr
losen und wenig hierarchischen Netz untereinander verknüpft.
Dies war alles andere als statisch. Wie Ulrich Knefelkamp (1984)
für Süddeutschland gezeigt hat, hat die jeweilige Stadt- und Ord-
nungspolitik maßgeblichen Einfluß auf den Aufbau und Verlust
zentraler Funktionen gehabt. Nürnberg konnte sich als autonome
Stadt zu einem Fernhandelszentrum entwickeln, während Würzburg und Bamberg – als Bischofssitze Herrschafts- und Admini-
strationszentren – ihre ursprüngliche ökonomisch zentrale Rolle
einbüßten.

Im Laufe des 19. und der ersten Hälfte des 20. Jahrhunderts
transformiert sich dieses multipolare und weitgehend egalitäre
Netz in ein hierarchisch gegliedertes Netz: Die relative Bedeutung
des »Hinterlandes« tritt immer mehr zurück, die Funktionen, die
die Städte füreinander ausüben, werden immer wichtiger. Es entfaltet sich eine Struktur der Zentralität: Es entstehen Zentren von
Zentren (oft die jeweiligen Hauptstädte), und es gibt *das* Zentrum – Paris wird zur Hauptstadt des 19. und New York zu der des
20. Jahrhunderts. Dieser Prozeß findet sowohl auf der politischen
Ebene statt (im Zug der Nationalstaatsentwicklung werden die
einzelnen lokalen Zentren immer stärker eingebunden) als auch
auf der ökonomischen (wo neben Handelszentren zunehmend In-
dustriezentren wichtig werden) und auf der kulturellen. Im gleichen Zug entsteht das Gegenteil des Zentrums – nämlich die
Provinz. Es entfaltet sich eine Rangordnung, nach der die Städte
entsprechend ihrer jeweiligen Zentralität respektive Provinzialität
eingeordnet sind.

Eine dritte Form der Vernetzung beginnt sich seit der Mitte des 20. Jahrhunderts durchzusetzen: Die postfordistische Stadt zeichnet sich zum einen durch den Verlust der klaren Grenze zum Umland aus (Einkaufszentren entstehen oft gerade *zwischen* den Städten; Suburbanisierung und die zunehmende Bedeutung des Pendelns verwischen den klaren Unterschied von Stadt und Dorf). Aber auch die Struktur der Vernetzung wird unübersichtlicher. Neue Zentren entstehen – gerade die fortschrittlichsten Technologien werden in Gebieten außerhalb der klassischen Zentren angesiedelt und transformieren bisherige »Provinzen« zu Zentren eigener Art (»Silicon Valleys«). Dies geht Hand in Hand mit dem Niedergang anderer Zentren, vor allem der Schwerindustrie, sowie der Auslagerung anderer Zentren (vor allem der Leichtindustrie) in Drittwelt-Länder. Die relativ stabile Struktur von Zentralität löst sich auf, und es entsteht ein multipolares Netz, das, weil zunehmend auch das bisherige »Hinterland« mit einbezogen wird, sehr unüberschaubar wird. Die Kehrseite dieses Prozesses ist das zunehmende Selbstbewußtsein der Provinz, die sofern sie den »Anschluß« gefunden hat, sich nun selbstbewußt als »Region« definieren kann. Der Aufschwung des »Lokalen« ist also ein Prozeß, der dem »Globalen« korrespondiert.[7] Freilich sollte dieser Prozeß nicht überzeichnet werden: Längst nicht jede Provinz hat sich zur Region gemausert (und wenn, dann zeichnet sie sich allzu oft durch »Urbanität ohne Urbanismus« [vgl. Schilling 1993] aus), und auch das Lebensgefühl, in der Metropole im Zentrum zu leben, ist nicht ganz abhanden gekommen.

Es ist hier nicht der Raum, eine umfassende Darstellung der Implikationen der Struktur der Vernetzung für das kulturelle Strömungsverhalten zu geben. Nur zwei Aspekte sollen an dieser Stelle herausgehoben werden: 1. die Implikation der Vernetzung für die Erfahrung von Zeit und 2. der Zusammenhang von Netzwerk und Orientierung der Stadtbewohner.

Die Zentralität hat unmittelbaren Einfluß auf die Geschwindigkeit des kulturellen Flusses. Zu Zentren werden die Orte, in denen der kulturelle Wandel schneller stattfindet – in denen die Moden sich entwickeln, die wissenschaftlichen Richtungen sich ausprägen, die ökonomischen Entwicklungen stattfinden, die dann – wie man so sagt – »auf die Provinz ausstrahlen«.

Die globale Hierarchisierung der Vernetzung führte im 19. und der ersten Hälfte des 20. Jahrhunderts dazu, daß man sich der verschiedenen Geschwindigkeiten[8] des kulturellen Flusses bewußt wurde. Zeit wurde für die urbane Selbstreflexion ein zentrales Thema: Die pulsierende, hektische, kurzlebige Stadt wurde zum Topos; ihr wurde die Provinz, in der die Zeit angeblich stehenbleibt, gegenübergestellt.

Der Zusammenhang von Vernetzung und Zeitgefühl teilt sich besonders deutlich in depossedierten Zentren mit – in ehemaligen Zentren, die auf Grund einer Umstrukturierung des interurbanen Netzes an den Rand gerückt sind. Meist lagen sie in zu enger Nachbarschaft zu einem, sich mit großer Dynamik entwickelnden, Zentrum. Es sind dies meist historisch reizvolle Städte, die in einen Dornröschenschlaf verfallen zu sein scheinen – bis sie durch den Tourismus wieder zu Zentren neuer Art werden.[9]

Solange Zentrum und Provinz säuberlich geschieden waren, dürfte auf Grund der unterschiedlichen Umschlaggeschwindigkeiten von Moden und Gedanken die Illusion von Fortschritt möglich gewesen sein: Wenn die Kultur sich an einem Ort schneller fortentwickelt als an einem anderen, dann scheint die Zeit sozusagen vektoriell gerichtet: Sie wird dann analog zu einem Fluß wahrgenommen werden, der in seiner Mitte rascher fließt (wenn er dort auch – aus dem gleichen Grund – Strudel und Wirbel, also auch rückläufige Bewegungen, aufweisen mag). Es gibt also einen *mainstream* und eine Peripherie. Anders scheint das Zeitgefühl in dem multipolaren Netz, das sich in den letzten Jahren entfaltete: Hier hat man eher das Gefühl, daß aus verschiedenen Richtungen und auf verschiedenen Ebenen Einflüsse »zusammenströmen«: Während also der kulturelle Umschlag immer schneller stattfindet, läßt sich die Veränderung nicht mehr in ein Vorher und Nachher bannen. Die Zeit hat ihre vektorielle Qualität verloren, sie wird eher als ein kaleidoskopartiges Umstrukturieren erlebt, aber nicht mehr als Entwicklung und Fortschritt. Dies zeigt sich etwa darin, daß kaum noch Orte denkbar sind, die uns die eigene Zukunft zu bergen scheinen. Das in den fünfziger und sechziger Jahren verbreitete Gefühl, daß eine Reise nach New York den Europäer mit der eigenen Zukunft konfrontiert, ist kaum noch anzutreffen. Wie statt dessen im gegenwärtigen Europa der Ort im Netz der Städte den Stadtcharakter prägt, hat Bernward Joerges angedeutet: »Berlin, die zwischen Ost und West hin- und hergerissene, die zerrissene Stadt; Stockholm, die von der europäischen

Banane (EG-Jargon) angezogene, Brüssel, die verkannte Stadt; Warschau, die Ambitionierte, die Buhlerin; Rom, die Abgeschriebene, die gen Süden abtriftende Stadt...« (1993: 34)

Der Ort einer Stadt im interurbanen Netz prägt aber nicht nur das Zeit- und Lebensgefühl in bezug auf die Stadt als Ganzes, sondern er hat auch Implikationen für das Zeitgefühl verschiedener urbaner Gruppen. Auch hier war der Sachverhalt noch klarer in der Moderne: Es gibt in jeder Stadt Kreise, die sich an den Zentren höherer Ordnung orientieren – sozusagen kosmopolitische Brückenköpfe. Es sind dies mit Wahrscheinlichkeit (aber nicht ausschließlich) Gruppen, die von ihrer Berufstätigkeit her in Austauschprozesse mit Zentren höherer Ordnung involviert sind. Diese Gruppen dürften dazu tendieren, sich als progressive Fraktion in der eigenen Stadt zu sehen – und mit einer gewissen Distanz auf sie zu blicken.[10] Umgekehrt dürften Gruppen, die ökonomisch mit Zentren niedrigerer Ordnung (bzw. dem Hinterland im engsten Sinn) zu tun haben, eher zu Konservativismus tendieren: Bei ihnen dürfte man eine Bejahung der Provinz finden, die als solide (im Gegensatz zur weltlichen, oberflächlichen, modischen großstädtischen Kultur) gesehen wird. Eine Unterscheidung zwischen zwei Fraktionen der Intelligenz, zwischen *literati* und *Intellektuellen* läßt sich auf diesem Hintergrund treffen. Die *literati* sind die klassischen Schriftgelehrten, die Dienste für die eigene Stadt und für das Hinterland erbringen. Die Intellektuellen dagegen orientieren sich an den übergeordneten Zentren; sie sind tendenziell kosmopolitisch und zeichnen sich in der Regel durch eine gewisse Distanz zur lokalen Tradition aus.

Dieser Gegensatz in der Orientierung von unterschiedlichen urbanen Fraktionen ist dann besonders auffallend, wenn die Zentren, an denen sich einflußreiche Gruppen der Bevölkerung orientieren, außerhalb der eigenen Kultur liegen. Dies gilt etwa für die kosmopolitischen Eliten der Dritten Welt – man denke an die frankophone Elite Algeriens oder die angelsächsisch geprägte Elite Pakistans. In diesen Fällen radikalisiert sich der Gegensatz von progressiv/konservativ leicht zu einem Gegensatz von »westlichen« und »indigenen« Eliten. Das Gegeneinanderwirken kultureller Strömungen nimmt in Krisensituationen dann leicht die explosiven und bitteren Formen eines Kulturkampfes an, bei dem die verschiedenen Seiten sich wechselseitig »reaktionärer Tendenzen« bzw. des Verrats der Authentizität beschuldigen. Das vielleicht beste Beispiel jüngerer Zeit bieten die fundamentalistischen Bewegungen in der arabischen Welt oder auch manche neonationalistischen Bewegungen wie der Leuchtende Pfad in Peru oder die JVP und die Tamil Tigers in Sri Lanka.[11]

Die Ausprägung der Arbeitsteilung

Neben der Struktur der Vernetzung ist die Ausprägung der Arbeitsteilung entscheidend für die Strukturierung des kulturellen Flusses. Diese hängt eng mit der Ausformung der Vernetzung zusammen: Die Hinsicht, in welcher eine Stadt Zentrum ist, definiert sozusagen die dominante Gruppe in ihr. Wir wissen aus der Alltagserfahrung, daß in einer Handels- und Messestadt ein anderer »Geist« herrscht als in einer Industriestadt oder in einer Verwaltungsstadt. Dies gilt es genauer und analytischer zu fassen.

Die Struktur der Arbeit prägt das Verhältnis von Individuum, sekundärer Gruppe und Gesamtgesellschaft – und damit die Struktur des *access to diversity* und des *diversity of access*. Indem ich einige Gedanken von Mary Douglas (1974, 1978) weiterentwickle, möchte ich zwei Achsen – und davon abgeleitet vier Typen von Vergesellschaftung – unterscheiden. Die Achsen sind: das Verhältnis zur Gesamtgesellschaft (Starke Identifikation [+] – distanziert [–]) und das Verhältnis zu sekundären Gruppen (starke Bindung Identifikation [+] – schwache Bindung [–]).

Verh. Gesamtges.

(+)

Hierarchisten   *Individualisten*

Verh. zu Sek. Gruppe   Verh. zu Sek. Gruppe

(+)   (–)

Kollektiv   *Randseiter*

Verh. Gesamtges.

(–)

Diesen vier Typen der Vergesellschaftung korrespondieren vier Idealtypen von Berufskulturen.

In dieser Kultur bewegt sich der Einzelne in einer starken und stabilen sekundären Berufsgruppe, in der er typischerweise langdauernde, egalitäre und multideterminierte Beziehungen zu anderen hat. Berufsgruppen dieser Art bildeten sich häufig in den klassischen Zentren der Schwerindustrie. Ein Beispiel wäre die in Bergbau und Schwerindustrie beschäftigte Arbeiterschaft des Ruhrgebiets: Ein egalitäres Grundgefühl steht hier im Zusammenhang mit der Tatsache, daß sich diese Arbeiterschaft aus Arbeitsmigranten rekrutierte, also aus Personen, die sich aus den Statussystemen ihrer Herkunftsregionen gelöst hatten.[12] Die relative Homogenität der Arbeitsbedingungen unterstrich dies noch. Die strukturbedingte schwache Position des Einzelnen konnte durch Solidarität, also durch Organisation in Gewerkschaften oder linken Parteien, gestärkt werden.

Dies sind ideale Voraussetzungen für die Entfaltung einer in sich verkapselten Kultur. Sie läßt sich idealtypisch etwa folgendermaßen charakterisieren: Das hohe Maß an Binneninteraktion führt dazu, daß ein relativ stabiles, manchmal starr anmutendes Weltbild entsteht. Die Redundanz der Austauschprozesse läßt den Eindruck entstehen, daß »die Dinge so sind, wie sie sind«, daß es also klar unterscheidbares »Richtiges« und »Falsches« gibt. Die relative Festigkeit der Orientierung äußert sich in einer Betonung der Grenzen zwischen »uns« und »denen« oder – wie es Wallraffs und Engelmanns Sozialkritik (1973) auf den Punkt brachte – in dem Gegensatz von »Wir da unten – Ihr da oben«. Dabei bringen gerade die multideterminierten Beziehungen den personalen Charakter der Meinungsbildung mit sich: Die Welt wird tendenziell eingeteilt in Personen, denen man vertrauen kann, und andere. Die ersteren werden »schon wissen, was sie machen«. Die Betonung des Kollektivs führt zu einer Ethik der Selbstbescheidung, was die eigene Meinung betrifft. Man bekennt sich zu den eigenen Grenzen und delegiert vieles an die Personen, die es »einfach besser wissen«. Kurz: Es ist dies der soziale Hintergrund, auf dem die Kultur der Gewerkschaft und der Kommunistischen Partei erwachsen konnte.[13]

Der Boden für die Dynamik von Aspiration und Abgrenzung scheint in dieser Kultur schlecht bestellt zu sein. Auffallend ist ein Mißtrauen gegenüber Aufsteigern – sie werden leicht als diejenigen gesehen, die die Solidargemeinschaft verlassen wollen. Die Übernahme von Lebensstilelementen aus oberen Schichten erscheint auf dem Hintergrund dieser Wertungen schnell als »prätentiös«, als der Anspruch, »etwas Besseres sein zu wollen«, »höher hinaus zu wollen« usw.

Rolf Lindner hat überzeugend gezeigt, daß im Ruhrgebiet die Arbeiterkultur »den Ton setzte« und sich ihr sowohl die Beamten wie auch die Kleingewerbetreibenden zuordnen mußten:

»Den bildungsbürgerlichen Kreisen – Lehrern, Richtern, Verwaltungsbeamten – erschien eine Versetzung in das Ruhrgebiet ... lange Zeit als Strafversetzung ... Ihnen blieb nur die Wahl zwischen sozialer Distanzierung in Form der gesellschaftlichen Abkapselung oder der Einlassung, d.h. der Versuch, sich in die Gedanken- und Handlungswelt der Arbeiterbevölkerung zu versetzen. Der Typus des ›handfesten‹, ›patenten‹ Lehrers oder Priesters, der zuzupacken versteht und mit dem man reden kann, ist eine Sozialfigur, die der kulturellen Wirklichkeit Rechnung zu tragen versucht« (1993a: 183).

Im übrigen führt diese Binnenorientierung, gepaart mit der schwachen Ausprägung bürgerlicher Kultur, dazu, daß Industriestädte nicht selten wie »große Dörfer« wirkten. Dies war der Eindruck, den das Ruhrgebiet um 1900 erweckte, dies war aber auch der Eindruck, den Stefan Molund von Kanpur in Nordindien erhielt. Das folgende Zitat ist deshalb aufschlußreich, weil es erkennen läßt, wie prägend eine Berufskultur ganz unabhängig vom jeweiligen nationalkulturellen Kontext ist:

»Obwohl es eine große Bevölkerung hat und oft als eine von Indiens Metropolen beschrieben wird, wirkt Kanpur eher wie eine aufgeblähte Kleinstadt als wie eine Großstadt. Ihr fehlen viele der Charakteristiken, die man mit der Idee einer Metropole verbindet ... Das Leben ... ist definitiv provinziell ... Unter den Einwohnern sieht man viele der Charaktere, die typisch für Nordindien sind« (1988: 34; Dt. W.S.).

Er erwähnt den Kaufmann, den Rischa Walla usw., um dann fortzufahren: »Was andererseits auffällig fehlt, sind die Leute, die in Bezug auf Lebensstil und Konsumtion in Plätzen wie Delhi, Bombay und Kalkutta das Tempo setzen: der im Überfluß lebende jet set von Andies, Freddies, Dannies, Jimmies und Bunnies, die V. S. Naipaul mit so beißender Ironie beschrieben hat« (ebd. 33 f.; Dt. W.S.).

Auch in dieser Kultur ist der Einzelne stark in eine sekundäre Gruppe integriert, diese ist jedoch hierarchisch strukturiert und selber wieder in andere sekundäre Gruppen hierarchisch verschaltet.

Hierarchische Kulturen dieser Art dürften primär im administrativen Sektor entstehen – mithin typisch für die Kultur der Verwaltungsstadt sein. Der Einzelne gehört einer Abteilung an – mit der er (für Außenstehende oft bemerkenswert) solidarisch ist –, diese Abteilung ist jedoch gleichzeitig Teil einer Behörde und damit des Staatsapparats insgesamt. Es gibt deshalb hier eine Tendenz, sich anders als in der Kultur des Kollektivs mit dem Ganzen zu identifizieren – sei es (in der liberalen Version) mit dem Gemeinwohl oder (in der konservativen Version) mit der Würde des Staates. Weit mehr als in der egalitären Kultur gibt es in der hierarchischen Kultur *diversity of access* und *access of diversity*: Neue Deutungen, Entwürfe werden entwickelt und fließen weiter. Was die Beamtenkultur auszuzeichnen scheint, ist der kontrollierte, sozusagen gemäßigte Charakter dieses Flusses. Vieles bewegt sich in einem vorgegebenen Rahmen – das Ideal der Vernunft (das oft die Form des Ausgleichs und der Synthese annimmt) scheint wichtiger als das Ideal der Innovation. Eine Neuerung ist nicht schon »per se gut«. Dies erlaubt durchaus Veränderungen, aber doch »innerhalb von Grenzen«. Diese Kunst des Umgangs mit Grenzen ist insbesondere bei guten Verwaltungsbeamten zu sehen. Sie zeichnen sich durch die Kunst der Findigkeit aus – sie können sehr viel durchsetzen, indem sie mit Haushaltstiteln jonglieren.

Der feste Rahmen, in dem sich diese Kultur entfaltet, macht sie weniger anfällig für extreme Pendelschläge als die anderen Berufskulturen. Der Einzelne ist sozusagen eingebunden – synchron in die Aufschichtung der Institution und vor allem diachron auf Grund einer festen Laufbahnerwartung.

Da Aufstieg positiv bewertet wird, kommt es nicht zu einer Verkapselung, sondern durchaus zur Entfaltung der Dynamik von Aspiration und Abgrenzung. Auch diese scheint sich jedoch sozusagen nur gebremst zu vollziehen – die Übernahme von Moden wird offenbar eingehegt durch eine Kultur des Angemessenen, die eher mit den vorhandenen Differenzen spielt, als daß sie sie »kühn« in Frage stellt.[14]

All dies dürfte zu der fast sprichwörtlichen kulturellen Ausstrahlung von Beamten- und Verwaltungsstädten geführt haben: zu der gepflegten Ordnung, der Ruhe, aber auch der Langeweile, die sie charakterisieren.

Die individualistische Berufskultur

In der individualistischen Berufskultur betont der Einzelne Freiheit gegenüber sekundären Gruppen – sprich den Kollegen; in der Regel gehört er mehreren Gruppen an, die er in seinem Leben wiederholt wechselt. Eine langdauernde Bindung wird tendenziell eher abgelehnt; dagegen gibt es eine hohe Wertschätzung von individueller Freiheit. Da die Laufbahn relativ wenig festgelegt ist, sieht sich der einzelne in diesem Sektor als Schmied des eigenen Glückes.

Der Ort, an dem sich diese Kultur entfaltet, ist der freie Markt, auf dem die einzelnen untereinander konkurrieren. Dies geht deshalb mit der Bejahung des gesellschaftlichen Ganzen Hand in Hand, weil dieses sozusagen die Regeln garantiert, die den Wettbewerb erst ermöglichen. Am deutlichsten dürfte sich die individualistische Kultur in innovativen Wachstumsbereichen entfalten, in denen relativ wenig festgelegt ist.

In diesem Feld dürften *access to diversity* wie auch *diversity of access* sehr entfaltet sein. Der »Individualist« ist (tendenziell) derjenige, der sich mit Behagen in der Vielfalt bewegt, der die Stadt als Kulisse, auch als Stätte der Selbstinszenierung benutzt. Innovation – und damit Kreativität – ist positiv besetzt. In dieser Berufskultur gilt es als positives Merkmal, eine eigene Meinung zu haben, einen eigenen Stil. Daran liegt es nicht zuletzt, daß sich diese Gruppe schwer organisieren läßt. Die Bedeutung dieser Gruppe hat durch die Entfaltung des tertiären Sektors sehr zugenommen: da sie schwer organisierbar ist, stellt sie ein Sorgenkind der Gewerkschaften dar.

Besondere Strukturen ergeben sich in bezug auf die Dynamik der Aspiration und Abgrenzung. Auf Grund der offenen Wettbewerbsstruktur ist die Kunst der Selbstinszenierung wichtiger als in den anderen Berufskulturen. Der Zwang zur Anpassung mag weniger auffallen als in der hierarchischen Kultur – er ist aber mit Sicherheit nicht weniger stark.[15]

Der Gegensatz der Arbeiterkultur und der eben skizzierten individualistischen Angestelltenkultur zeigt sich am Vergleich der Arbeiterstadt Offenbach mit der Angestelltenstadt Frankfurt/Main. Ein kleines, aber sprechendes Beispiel für die Unterschiedlichkeit der Alltagskulturen liefern die Fußballvereine – Kickers Offenbach und Eintracht Frankfurt. Kickers Offenbach ist (noch) ein traditionaler Anhängerverein: Die Zuschauer identifizieren sich mit »ihrem« Verein und tragen ihn auch dann noch mit, wenn er Niederlagen erleidet. Der Verein dient der Identität der kollektiven Kultur: Es sind »ihre« Spieler, die für Offenbach kämpfen. Ähnliche Strukturen sind für türkische Kneipenvereine beschrieben. Eintracht Frankfurt ist dagegen primär ein Kundenverein. Die Zuschauer haben individualistische Interessen: Sie sind primär an einem guten Spiel interessiert – und erwarten vom Verein, daß er es bietet. Versagt er in dieser Hinsicht, wenden sie sich anderen Vereinen zu (Matthesius 1992: 27 ff.).

Die Kultur der Randseiter

Personen dieser Gruppe zeichnen sich dadurch aus, daß sie – wie die Individualisten – wenig in feste Berufsgruppen integriert sind und daß sie gleichzeitig auch wenig Integration in die Stadt bzw. Gesellschaft als Ganze genießen. Diese Position der Randseiter erlaubt eine relative Vielzahl von Organisationsformen, die nur darin ein Gemeinsames haben, daß sie von der Norm entfernt sind. Die Gruppe der Randseiter umfaßt die klassischen Außenseiter (also Depossedierte in allen Formen) wie auch temporäre Außenseiter – zum Beispiel Studenten insbesondere »brotloser« Fächer, wie zum Beispiel Kulturanthropologie.

Die Gemeinsamkeit der Position liegt darin, daß sowohl *access to diversity* wie *diversity of access* eine sehr große Rolle spielen; die relativ geringe Einbindung dieser Gruppe läßt dabei die Prozesse kultureller Deutungen schneller und radikaler ablaufen als in den anderen Gruppen. Die retardierenden Momente, die bei den anderen Berufskulturen eine Rolle spielen, fallen weg: Randseiter müssen weder auf den Markt noch auf das Kollektiv, noch auf die Hierarchie Rücksicht nehmen. Diese Gruppen zeichnet kurzum eine gewisse Tendenz zur Radikalität aus – zur grundsätzlichen Infragestellung der Gesellschaft (oder auch zu ihrer Verachtung). Dies führt ebenso dazu, daß die Organisationsformen in diesem Sektor eine breite Spannbreite aufweisen: Bemerkenswert scheint mir ein Oszillieren zwischen extrem autoritären Gruppen, die den Angehörigen dieser Gruppe sozusagen ein Korsett verpassen[16], und extrem anarchischen Gruppen.

Hinzutritt die Opposition zur Gesamtgesellschaft, die diese Berufskultur mit der Arbeiterkultur teilt. Sie drückt sich in einer Tendenz zur Ablehnung der Dynamik von Aspiration und Abgrenzung aus, was symbolisch meist in einem »antibürgerlichen« Stil artikuliert wird, der sich sowohl in Opposition zur Beamtenkultur als auch zur als anpaßlerisch empfundenen »Yuppiekultur« setzt und sich nicht zuletzt als Gegensatz zur »kleinbürgerlich« empfundenen Arbeiterkultur begreift.[17]

Es dürfte fast unnötig sein, zu betonen, daß diese vier Idealtypen nur in sehr wenigen Ausnahmefällen relativ rein realisiert sind: Die weitaus größte Zahl von Berufskulturen dürfte zwischen ihnen angesiedelt sein – was Synthesen aller Art möglich macht.

Ordnungskonzeptionen

Ein dritter Faktor, der strukturierend auf den kulturellen Fluß in Großstädten einwirkt, sind die Vorstellungen und Konzepte urbaner Ordnung. Diese Ordnungsvorstellungen lassen sich aus der kulturspezifischen Art und Weise ablesen, wie der städtische Raum gegliedert und bewertet wird. Dies hat, wie im folgenden an den Beispielen von Paris, London, Chicago und Berlin zu zeigen sein wird, immense Implikationen für die Art und Weise des kulturellen Flusses.

Der Grundriß von Paris läßt sich als ein von einem Straßenkreuz durchschnittener Kreis wiedergeben (Abb. S. 112/113): Diesem Grundriß entspricht ein Ordnungs- und Bewertungsschema. *Das* Paris ist das von der Ringautobahn, dem *peripherique*, umschlossene Zentrum, klar gegliedert durch die Achsen der Boulevards. Der *peripherique* trennt die Welt der Innenstadt von den Vororten. Das Ideal der Urbanität ist verknüpft mit dem ersteren, das Leben in den *banlieues* wird dagegen mit halber und defizitärer Urbanität assoziiert. In den wohlhabenderen *banlieues*, den *banlieues verts*, zu leben, gebietet die Notwendigkeit (in der Regel Kinder); in den ärmeren *banlieues* zu leben, die Not – früher wurden die *banlieues rouges* und die *banlieues noirs* mit Industriearbeiterschaft und politischem Radikalismus assoziiert; heute ist das primäre Assoziationsfeld die Triade von Armut, Ausländern und Kriminalität.

»Banlieuesards says Alain Faure (1991) is a ›batard de la ville‹, a bastard of the city; the central urbanity with its positive characters would be a reserved attribute of the true city, whereas its outsides would reject non humans, non citizens who strife to enter the heart of the city but are constantly rejected thereof. Thus banlieue carries a very negative ideological connotation. It would be characterized by its impossibility to integrate its residents to the places where they live, in short unable to turn them into citizens« (Segalen 1993: 56).

Nur auf dem Hintergrund dieses Ordnungsschemas läßt sich eine bemerkenswerte stadtplanerische Initiative verstehen. Nanterre war bis 1960 ein klassischer Arbeitervorort; danach wurden im großen Stil HLM-Unterkünfte[18] errichtet, um Immigranten aus dem Maghreb unterzubringen. In den siebziger Jahren wurde Nanterre durch die Vorortbahn RER an das Zentrum angebunden, und es wurden die gigantischen Wohntürme von La Défense errichtet, in die eine neue Mittelschicht (Angestellte, Manager) einzog.[19] In Zusammenhang mit dieser faktischen Integration wurde nun eine Konzeption erarbeitet, mit der man Nanterre auch symbolisch zur Innenstadt machen wollte. Durch die Verlängerung der axe historique (Triumphbogen, Champs-Élysées) bis Nanterre würde der Vorort zur Innenstadt. Wie nichts anderes verweist dieses Projekt auf Konzepte urbaner Ordnung: Nanterre wird nicht von selbst sozusagen zu einem Teil der Innenstadt – es bedarf des Aktes des Einbindens an das zentrale Achsenkreuz, um den Vorort zum Teil des Zentrums zu machen (Abb. S. 112/113).[20]

Es ist verführerisch, die Implikationen dieser starken Einwirkung des Zentrums auf den kulturellen Fluß zu analysieren. Die Metropole entfaltet eine Zentripetalkraft, die beiläufig und selbstverständlich Rangordnungen im Wert- und Qualitätsgefühl liefert (Bohrer 1993). Das Zentrum stellt ein Forum dar, auf dem die verschiedenen Meinungen einander gegenübergestellt, miteinander konfrontiert und voneinander abgesetzt werden. Hier entfaltet sich eine Kultur, die von dem Bezug nach Außen lebt und die sich als ein Spiel von Differenzen artikuliert. Etwas karikierend zugespitzt könnte man sagen, daß zu einem gegebenen Zeitpunkt immer *eine* Mode dominiert, die durch einen Akt, der sich symbo-

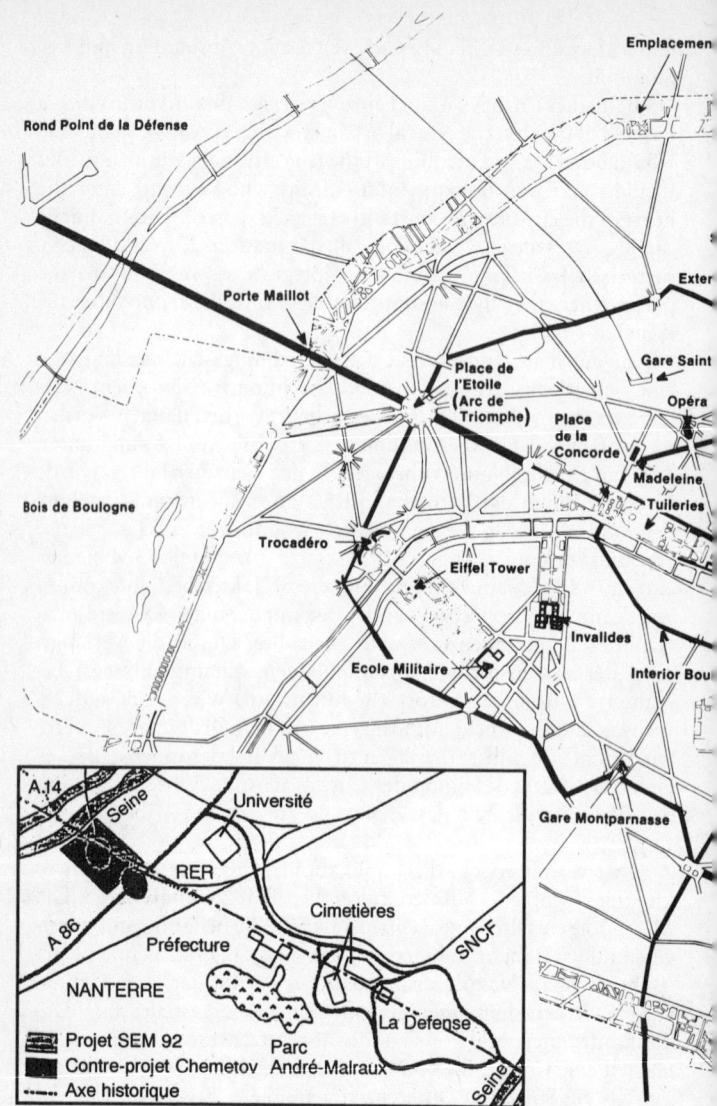

Projektskizze: Die Verlängerung der axe historique bis zur Seine
(für die Überlassung danke ich Martine Segalen)

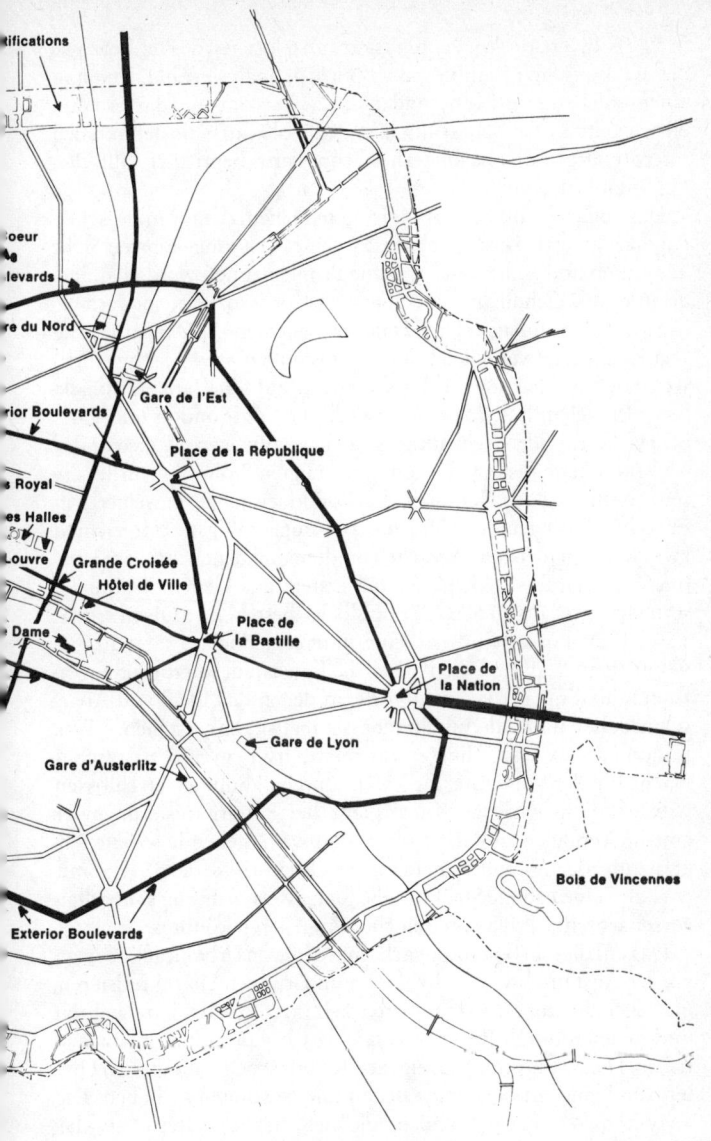

Hauptstadtelemente des Pariser Straßensystems (Olsen 1988: 79)

lisch als Inversion konzeptualisiert, abgelöst wird. Die Prozesse des symbolischen Kampfes, die Bourdieu analysiert hat, treten in einem solchen Kontext besonders scharf hervor – und das von ihm entwickelte Instrumentarium läßt sich wohl auch als der Versuch interpretieren, die Besonderheit von Paris begrifflich auf den Punkt zu bringen.[21]

Das englische Bild der Stadt ist in manchem dem französischen entgegengesetzt. Dies drückt sich in einer fast umgekehrten Sicht von Innen und Außen aus: Urbane Problemzonen werden anders als in Frankreich nicht mit Außenbezirken assoziiert, sondern gerade mit den Innenstädten. Dagegen scheinen die Außenbezirke relativ sichere (wenngleich unter Umständen etwas langweilige) Wohnviertel darzustellen. Dies verweist auf eine lange Entwicklung. In vielem hat sich die Entwicklung von London und Paris im 19. Jahrhundert sehr unterschiedlich vollzogen: Während das Mehrfamilienhaus in Paris zum bevorzugten Wohntyp wurde (Olsen 1988: 124), haben sich die Londoner lange geweigert, in Etagenwohnungen zu wohnen. »Der augenfälligste Unterschied zwischen den meisten englischen Städten und denen auf dem Kontinent war und ist jedenfalls, daß erstere aus kleinen Wohnhäusern, letztere aus großen Wohnblocks bestehen« (Olson 1988: 120). Dem korrespondierte eine unterschiedliche Präferenz für Wohnlagen: Während die Pariser die Innenstadt vorzogen, bevorzugten die Engländer die *suburbs*, in denen das Ideal von Abgeschiedenheit und Individualität besser realisierbar erschien.[22] Was London somit auszeichnete, war relativ früh ein äußerst rasches Wachstum der Vorstädte, die jeweils durch Bahnlinien erschlossen wurden. Eine wichtige Konsequenz der Suburbanisierung war eine im Vergleich zu Paris frühere und weitergehende soziale Abgrenzung der Viertel voneinander (Olsen 1988: 170).[23] Somit entstand eine urbane Struktur, die man als Anordnung säuberlich verschachtelter Privatsphären charakterisieren könnte.

Das auf diesem Boden gewachsene Ideal von Urbanität ließe sich als der Austausch von Individuen und Gruppen charakterisieren, die gegeneinander die Unantastbarkeit ihrer Privatsphäre wahren und in einen durch Regeln des *fair play* organisierten Austausch treten. Die Behauptung des eigenen Raums scheint auf diesem Hintergrund eine entscheidende Bedeutung gewonnen zu haben. Die »My-home-is-my-castle«-Ideologie ließ sich erweitern auf das Wohnviertel. Analysen des spezifisch britischen Rassismus haben

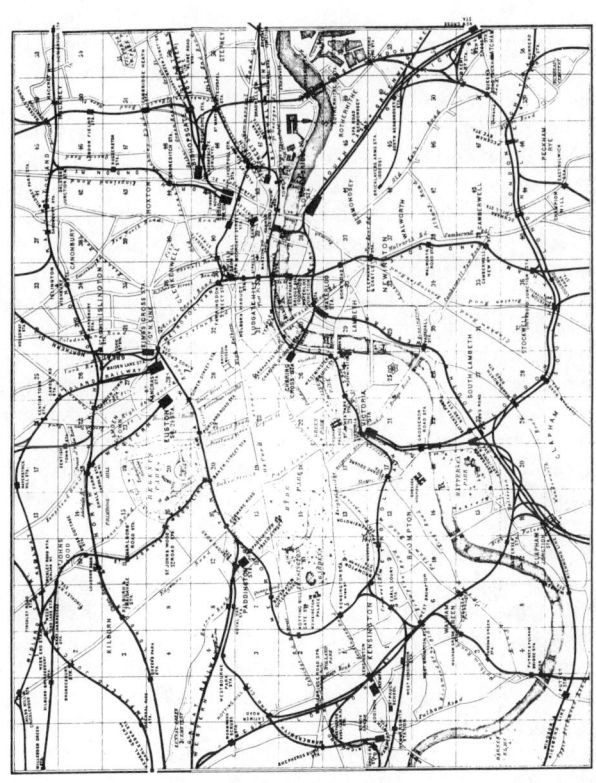

Das Verkehrsnetz des spätviktorianischen London. Die Linien erschließen die eher organisch gewachsenen Vororte (Olsen 1988: 239).

zeigen können, daß die Abwehr des Fremden ihre Logik aus dieser Verteidigung des eigenen Raumes bezieht (Cohen 1990: 107). Was auf diesem Hintergrund sich entfaltete, war eine eigene Dynamik von Klasse und Kultur. In Frankreich – und besonders in Paris – entfaltete das Zentrum einen Sog, bei dem das Spiel von Macht und Kultur dazu führt, daß der »Unterschied der Klassen in die Nachfolge, in die Ordnung des Nacheinander« verlegt wird (Bourdieu 1979/1982: 271), so daß nicht differente Soziallagen verewigt werden, sondern die Differenz der Soziallagen (ebd. 271). Nur noch der (freilich immer entscheidender werdende) *time-lag* unterscheidet die kulturellen Stile der Mittelschicht von denen der Oberschicht. Dagegen entfaltet sich in den stärker voneinander abgeschiedenen Vierteln der englischen Städte eine Vielzahl von auffallend dynamischen und vibrierenden *popular cultures*, die einen Widerstand gegen die Hegemonie des Zentrums und des *mainstream* entfalten[24] – einen Widerstand, der sich als sozialer Protest lesen läßt. Hier entwickelt sich die besondere Dynamik von Protestkultur und etablierter Mittelschichtkultur; sie bildet ein Strömungsverhalten heraus, das geradezu invers zu demjenigen in Paris anmutet. In London rezipieren die Mittelschichten zu einem nicht unbedeutenden Teil die als faszinierend empfundene Protestkultur. Hier wird immer wieder der Protest sozusagen integriert, kommerzialisiert und domestiziert – und die kulturelle Dynamik entsteht nicht selten aus dem Widerstand gegen die Einverleibung und dem Protest gegen die »Verwertungslogik«.

Läßt sich als das Ordnungsbild von Paris der Kreis bestimmen, dessen Zentrum durch ein Achsenkreuz markiert ist, und als Ordnungsbild von London die organisch gewachsene, nach Klassenlagen klar gegliederte Stadt, so läßt sich als Ordnungsbild der amerikanischen Großstadt das Gitter benennen. Hinter dem Gitter steht die Vision der Beherrschung der natürlichen und der sozialen Umwelt. Die Planung Chicagos spricht Bände. Am Gittermuster wurde trotz aller topographischen Gegebenheiten, insbesondere des Verlaufs des Chicago River, festgehalten (hierzu Sennett 1991: 76). Die Straßen enden am Fluß – und finden jenseits davon eine Fortsetzung. Hier wird – ohne jede Konzession an die natürliche Landschaft – am Aufbau einer zweiten, völlig menschlichen Natur festgehalten. Das Gitter steht für Planbarkeit, Rationalität, Berechenbarkeit. In diesem Sinn ist das Gitter die perfekte symbolische Umsetzung der Vision der »New Nation

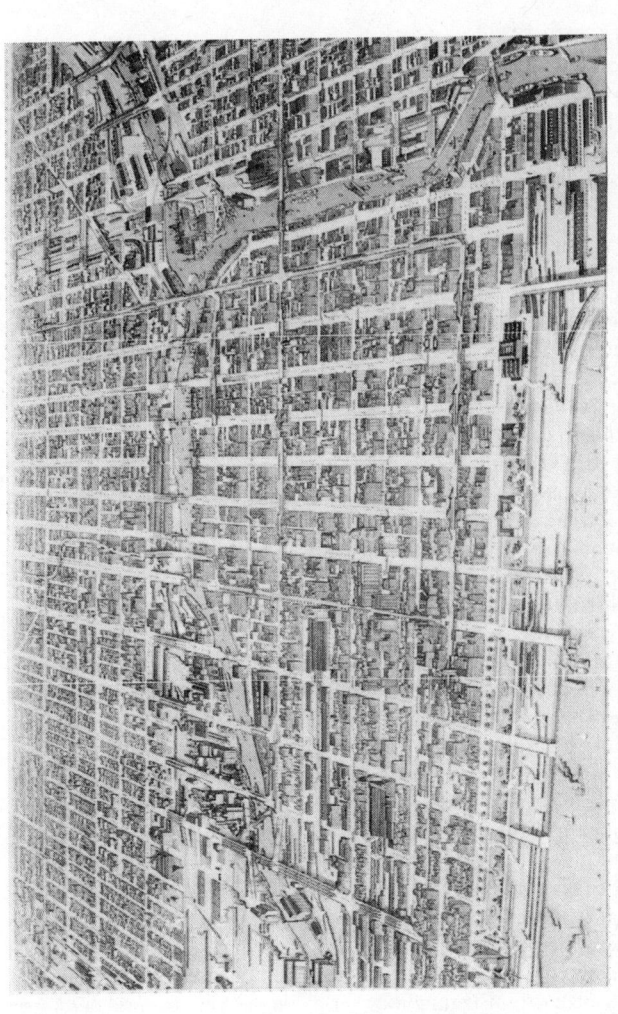

Innenstadt von Chicago aus der Vogelschau 1893. An der Vision des Gitternetzes wurde ohne jede Konzession an die natürlichen Gegebenheiten festgehalten (Girouard, M.: Die Stadt. Frankfurt a.M. – New York 1987: 306).

of Mankind« – des Bruchs mit der organischen Ordnung Europas, der Realisierung der neuen, egalitären und freien Welt jenseits des Ozeans.[25]

Das Gitter läßt sich als der calvinistische Gegenentwurf zum Kreis lesen. Während der Kreis geschlossen ist, ist das Gitter offen – Quadrat schließt sich an Quadrat und verlängert sich potentiell ins Unendliche. Dabei setzt das Gitter eine prinzipielle Gleich-Gültigkeit aller Orte. Die extrem hohe Mobilität der amerikanischen Gesellschaft korrespondiert dem. In dem Verhältnis zur Stadtkultur bedeutet dies, daß man tendenziell eher den Ort wechseln als in einen gegebenen Ort Zeit und Mühe investieren wird.

In der Alltagswirklichkeit konkretisiert sich das Gitter im Wohnblock. Eine der bezeichnendsten Merkmale der amerikanischen Städte ist die exakte Klassifizierung fast eines jeden Viertels nach Ethnizität und Klasse (z. B. Irish-German Lower Middleclass): Dies wirkt fast so, als könnte man auf der einen Koordinatenachse des Gitternetzes den Faktor »Klasse« und auf der anderen den Faktor »Ethnizität« eintragen. Dies hatte nun eine soziologische Konsequenz, die das Ideal des Gitters in manchem konterkarierte. Die relative innere Homogenität des Blocks machte ihn sozusagen undurchlässig gegen die Nachbarblocks – Grenzen zwischen den Blocks wurden errichtet, die unglaublich viel schärfer sind als die zwischen den Wohnvierteln europäischer Städte. Es kam zu der Entwicklung von *defendend neighbourhoods* (Suttles 1972). Wie nichts anderes bezeugt dies die Institution des *blockbusting*: Der Begriff benennt die Möglichkeit zur Spekulation, die sich dadurch eröffnet, daß man in einem bisher ethnisch geschlossenen (in der Regel weißen) Block einzelne aufsteigende afroamerikanische Familien ansiedelt. Die dann folgende Verkaufspanik – niemand will der letzte sein, der einen »kippenden Block« bewohnt – drückt die Verkaufspreise, während für eine bestimmte Frist die Aufsteigerfamilien einen relativ hohen Kaufpreis zu zahlen bereit sind (Welz 1991: 242). Im Alltag zeigt sich die scharfe Grenze zwischen den Blocks unter anderem in sehr begrenzten Aktionsradien vor allem von Slumbewohnern (Welz 1991: 282). Die amerikanische Lebenswirklichkeit drückt sich allzu oft im Traum vom Verlassen des Ghettos und der Tatsache aus, unerbittlich wieder von ihm eingeholt zu werden (Wirth 1928/1982: 256).

Der urbanen Kultur der USA drückte diese Entwicklung das Oszillieren von *descent* (dem Prinzip der Herkunft) und *consent* (dem Prinzip der Integration in die amerikanische Gesellschaft) auf.[26] Dabei steht die Lebenswirklichkeit des Gitters sozusagen für das Prinzip des *descent*; der Traum des Gitters für das Prinzip des *consent*. Die Blocks sind offenbar die Nischen in der Gesellschaft, in denen sich Gruppen mit ähnlichem Weltbild finden und Deutungen ihrer Lage entwickeln.[27] Gleichzeitig läßt sich das Bemühen der amerikanischen Gesellschaft um die Wiedereinbindung dieser immer erneut aufflackernden Bewegungen etwa an der Entwicklung einer Ethik von *political correctness* ablesen oder an den Versuchen, die Eurozentriertheit der amerikanischen Kultur zu überwinden. In einem derartigen Kontext kommt den Prinzipien von *diversity of access* und *access of diversity* besondere Bedeutung zu (und es ist kein Zufall, daß Ulf Hannerz, der die amerikanische Stadt vor Augen hatte, genau diese beiden Prinzipien so betonte): Das Prinzip Deszendenz steht gerade für *access of diversity* – für die Entwicklung von Deutungen durch eine Gruppe, die eine Nische in der Gesellschaft okkupiert. Die Idee des *consent* steht dagegen für den immer wieder erneuerten Versuch, die Offenheit der amerikanischen Gesellschaft, mithin *diversity of access*, herzustellen.

Die deutsche Stadtkonzeption enthält einen grundsätzlich anderen Entwurf. Sie könnte als Traum der gemäßigten Zentralität charakterisiert werden. Bejaht wird die Großstadt, während die Metropole abgelehnt wird. Dies hat mit dem Phänomen der Kontrolle zu tun. Die Metropole wird skeptisch betrachtet wegen ihrer Unregierbarkeit, auch wegen ihrer Unübersichtlichkeit – die Großstadt steht dagegen für die Vision der beherrschbaren Moderne. Deutschland ist charakterisiert durch eine große Zahl von Großstädten – durch ein Netz von Zentren, die untereinander in einem Wettbewerb stehen und die selbstbewußt der einzigen Stadt, die mit einigem Recht als Metropole bezeichnet werden könnte (wenngleich als eine im Weltmaßstab sehr kleine), also Berlin, den Rang *des* Zentrums absprechen. Die deutsche Provinz, bemerkt Karl Heinz Bohrer (1993), will sozusagen »inkonsequent Metropole sein ...«, sozusagen eine harmlose Metropole«. Der Wunsch, eine Großstadt »mit Herz« zu sein, den München vertritt, bringt dies auf den Punkt.[28]

Zum Beispiel: Berlin

Es bleibt, zum Schluß die verschiedenen Faktoren spielerisch an einem Fall zusammenzusetzen: Nehmen wir das Berlin der Nachkriegszeit und formulieren – mit aller gebotenen Vorsicht – einige Hypothesen zu den kulturellen Mustern dieser Stadt.

Zunächst zu Westberlin: Die Struktur der interurbanen Vernetzung war bestimmt durch die Insellage der Rumpfstadt. Abgeschnitten vom Umland blickte die Bevölkerung nach (wie man zu sagen pflegte) »Westdeutschland«. Die Fraktion der Bevölkerung, die sich an Brandenburg orientierte, fehlte völlig. Westberlin war damit in einem gewissen Sinn ort-los: Ein Bezug, wie er in München zu Bayern, in Stuttgart zu Schwaben und in Frankfurt zu Hessen gegeben war, fehlte völlig – Westberlin war alles, bloß nicht brandenburgisch. Dieser Zug wurde durch eine zweite Konsequenz der Insellage unterstrichen. Da die Stadt aus eigener Kraft nicht lebensfähig war, wurde sie massiv von der Bundesrepublik subventioniert – was unter anderem zum Aufbau eines riesigen Kulturbetriebs führte. Dies zog einen Zustrom von Kulturschaffenden und Studenten nach sich; an manchen Institutionen, etwa der FU, waren Berliner völlig in der Minderzahl und fielen überhaupt nicht mehr auf. Da außerdem zahlreiche kulturelle Institutionen, angefangen von der FU Berlin bis zur Deutschen Oper, als Gegengründungen zu den Institutionen im Osten der Stadt entstanden waren, waren sie so gut wie nicht in der Stadt verankert. Das unterscheidet Westberlin grundsätzlich etwa von Frankfurt am Main, wo so gut wie alle kulturellen Institutionen Bürgergründungen waren, die, wenn sie auch mit der Zeit nicht mehr von der Stadt allein finanziert werden konnten, doch mit ihr eng verbunden blieben. All dies hatte unter anderem bemerkenswerte Konsequenzen für die Ausprägung der Kultur der Linken, die sich nach 1968 zu entfalten begann: Die Frankfurter Linke setzte sich intensiv mit lokalen Themen auseinander und diskutierte auf kommunaler Ebene etwa Lösungen in bezug auf Sanierungsproblematik und Ausländerintegration. In Berlin, wo die legitimen Interpreten der Kultur in der Mehrheit von außerhalb kamen, fehlte ein derartiger lokaler Bezug völlig. Die Berliner Linke befaßte sich mit globalen Problemen, nicht mit der Stadt.

Gleichzeitig war die Stadt am Subventionstropf ein Eldorado für Aussteiger, die hier Nischen in bezug auf Arbeit und Wohnen fanden, wie sie anderswo in der Bundesrepublik nicht gegeben waren: Die von Hannerz beschriebenen Prozesse des Zugangs von Vielfalt und der Vielfalt des Zugangs konnten sich hier frei entfalten. Die ortlose Gemeinde der Zugezogenen entwickelte in den Freiräumen Westberlins eine für deutsche Verhältnisse bemerkenswerte Subkultur.

Diese kulturellen Entwicklungen waren indes durch die Komposition des sozialen Raums in Berlin auf eine besondere Weise eingefärbt. Bereits das Vorkriegsberlin zeichnete sich dadurch aus, daß eine der oben erwähnten Berufskulturen – nämlich die individualistische – bemerkenswert schwach ausgeprägt war. Berlin war geprägt durch Beamte, Arbeiter und Immigranten, die Fuß fassen wollten – mithin durch Hierarchisten, Kollektivisten und Randseiter. Das Bürgertum hatte weder die Tradition noch das Selbstbewußtsein, die es in Hamburg, Frankfurt oder München hatte. Wenn die zweite Generation von Immigranten oft auch den sozialen Aufstieg schaffte und »verbürgerlichte«, so unterschied sie sich doch weiterhin deutlich von westdeutschen etablierten Bürgern. Die Identifikation mit der Stadt entwickelte sich langsam aus der Distanz heraus; sie war verbunden mit der Erfahrung, sich mit dem Ellbogen in einer zunächst feindlichen Umgebung durchsetzen zu müssen. Man wird wohl nicht völlig fehlgehen, wenn man in der Ruppigkeit, die den sogenannten Berliner Witz auszeichnet, das Lebensgefühl von Immigranten wiederentdeckt.

Nach dem Zweiten Weltkrieg nahm mit dem Wegfallen der Hauptstadtfunktion auch der kulturelle Einfluß der Beamtenschaft ab. Es blieben zwei große Gruppen, die in ihrem Gegeneinander das kulturelle Klima der Stadt prägten. Auf der einen Seite fand sich eine Arbeiterschaft, die durch neue Immigranten, vor allem aus der Türkei, unterschichtet wurde. Die deutschen Arbeiter orientierten sich an der Bundesrepublik und rezipierten (mit der von Bourdieu beschriebenen Retardierung) bürgerliche Lebensformen; die türkischen Migranten erfüllten die von den deutschen Arbeitern weitgehend verlassenen Viertel in Kreuzberg, Neukölln und Wedding mit neuem Leben – sie waren allerdings in den siebziger und achtziger Jahren noch zu sehr mit sich selbst beschäftigt, um sich in die symbolischen Kämpfe um die städtische Kultur zu verstricken.

Auf der anderen Seite fanden sich zugereiste Kulturschaffende, Studenten und Aussteiger, also Randseiter. Diese Gruppe fand in der Studentenbewegung einen kulturellen Ausdruck für ihre Randlage. Es ist bemerkenswert, wie diese globale Bewegung in Berlin rezipiert und transformiert wurde. Gerade die Abwesenheit des Bürgertums führte zur Ausprägung eines für Berlin bezeichnenden »alternativen« Lebensstils: beim Wohnen zu einem Einrichtungsstil, der Ikea, Möbel vom Trödler und Sperrmüll verband; bei Kleidung zu einer Berliner Lässigkeit, die anderswo in der Republik ihresgleichen suchte. Im Kontext einer proletaroiden Stadt führte das Verkünden der Konsumaskese zur Entfaltung des Lebensstils von Schmuddelkindern. Ich erinnere mich an den Kulturschock, den ich erlebte, als ich, in der studentischen Szene Berlins sozialisiert, in Frankfurt am Main an der Universität mit einem mir bis dahin unbekannten bürgerlichen Schick bei Studentinnen, aber auch bei Kollegen konfrontiert wurde.

Im nachhinein läßt sich die erbitterte Frontstellung in Westberlin während der Studentenbewegung wohl als symbolischer Kampf dieser beiden Kulturen deuten – der Kultur der Immigranten, die sich über zwei, drei oder vier Generationen einen Platz in der Stadt erobert hatten und die den Lebensstil verteidigten, den sie entwickelt hatten, und den kulturellen Randseitern, die kosmopolitisch orientiert waren und die Stadt primär als Experimentierfeld sahen. Diese Frontstellung ist zurückgetreten, aber keineswegs überwunden. Nach der Vereinigung war der Stoßseufzer der Erleichterung über die Rückkehr »zur Normalität« unüberhörbar (Lindner 1993 b: 107).

Die kulturelle Entwicklung in Ostberlin verlief bemerkenswert anders: Die hierarchische Kultur von Staatsbürokraten blieb auf Grund der Hauptstadtfunktion erhalten; daneben war die starke kollektive Berufskultur der Arbeiterschaft dominant. Letztere verbürgerlichte, anders als im Westen, kaum – wozu mit Sicherheit auch das politische Bekenntnis zur Arbeiterkultur beitrug. Nach der Öffnung der Mauer wurden die Westberliner so zu ihrer Überraschung mit einer Klasse konfrontiert, die sie bereits für untergegangen gehalten hatten – dem waschechten Proletariat. Andererseits hatte es natürlich auch hier eine Vielfalt des Zugangs und einen Zugang zur Vielfalt gegeben, mithin die Entwicklung von Nischen, in denen sich Subkulturen entfalten konnten. Es war indes eine im Vergleich zum Westen stärker lokale und ortsgebundene Opposition, die sich hier entwickelte: Ihr stand nicht die subventionierte Spielwiese zur Verfügung wie der Opposition im anderen Teil der Stadt; die Folge war die Entwicklung eines vergleichsweise ernsten und konzentrierten kulturellen Stils.

Diese neuen Mitspieler im symbolischen Kampf der Stadt haben indes eine ihrer charakteristischen kulturellen Eigenheiten verstärkt: Berlin war nie und wird wohl nie in einer Weise »schick« sein wie München, Hamburg oder Frankfurt. Auch die Beamtenschaft einer Hauptstadt, die als kulturelle Fraktion in den kommenden Jahren hinzutreten wird, wird wohl kaum eine Chance haben, an der grundsätzlichen Lässigkeit etwas zu ändern, die die Alltagskultur der Stadt charakterisiert.

Es bleibt noch auf einen letzten Faktor hinzuweisen, der den kulturellen Fluß in beiden Teilen von Berlin beeinflußt hat – und mit großer Wahrscheinlichkeit weiter beeinflussen wird. Dies ist der Berliner Regionalismus. Berlin selbst ist, wie die deutsche Stadtlandschaft insgesamt, multipolar: Geschäfts- und Verwaltungszentrum fallen auseinander, und es gibt ein starkes Selbstbewußtsein der eingemeindeten Dörfer: Im sogenannten »Kiez« entfaltet sich urbanes und gleichzeitig übersichtliches Leben. In einem Essay über die Debatte um das Berliner Schloß beschreibt Klaus Hartung die Unlust der Stadt daran, Zentrum zu sein. »…Berlins Bevölkerung setzt sich aus dreieinhalb Millionen Kiezbewohnern zusammen, Ostkiezlern und Westkiezlern. Was bislang fehlte, das war der Stadtbürger selbst« (Hartung 1993: 52).

Tatsächlich bot der »Kiez« auch eine Identifikationsmöglichkeit für die westlichen Neuberliner: Sie waren weniger Berliner als z. B. Kreuzberger. Diese hohe identifikatorische Besetzung des Viertels dürfte im übrigen der Grund dafür sein, daß bislang keine Ghettos entstanden. Man war in und durch den Kiez in die Stadt integriert – wobei jedes der Viertel seine eigene spezifische Lebensqualität hatte. Es ist vielleicht bemerkenswert, daß das Muster der Integration (etwa der türkischen Bevölkerung) nicht darin besteht, den eigenen Kiez, also Kreuzberg oder Neukölln, zu verlassen, sondern eher darin, in ihn zu investieren – eine Haltung, die sich bemerkenswert von der Gleichsetzung von »up and out« unterscheidet, die etwa die Bevölkerung London-Southalls an den Tag legt (Baumann 1996). Wenn nicht alles täuscht, wird dies den kulturellen Fluß nach der Wiedervereinigung noch deutlicher kanalisieren als vorher: Möglicherweise verhindert die Identifikation mit dem Viertel, daß aus den gigantischen Neubauvierteln

Marzahns »banlieues« werden; und aus Neukölln und Wedding Ghettos. Mit Sicherheit werden die Viertel ihren spezifischen Charakter ausprägen und pflegen. Andererseits wird Berlin auf Grund dieser Fließmuster aller Voraussicht nach noch lange kulturell geteilt bleiben.

Anmerkungen

1 Dies ist anders im Dorf, wo die Beziehungen typischerweise *multistranded* sind.

2 Musil bringt diesen Sachverhalt auf den Begriff des »Möglichkeitssinns« und korrespondierend auf den Sozialtyp des »Mannes ohne Eigenschaften«. Am deutlichsten tritt dies aus Walters protestierendem Aufschrei gegen den Jugendfreund hervor: »›Jede schlechte Handlung wird ihm in irgendeiner Beziehung gut erscheinen. Immer wird für ihn erst ein möglicher Zusammenhang entscheiden, wofür er eine Sache hält. Nichts ist für ihn fest. Alles ist verwandlungsfähig, Teil in einem Ganzen, in unzähligen Ganzen, die vermutlich zu einem Überganzen gehören, das er aber nicht im geringsten kennt‹.« (1981: 65)

3 Entscheidende Denkbilder lieferten in diesem Zusammenhang die chaostheoretischen Überlegungen. Für eine Zusammenfassung siehe Briggs/Peat 1990. Sehr stimulierend war ebenfalls die Lektüre von Czarniawska-Joerges/Joerges 1995.

4 Es wäre interessant, die Reaktionsweise unterschiedlicher Gruppen auf Katastrophen in dieser Hinsicht zu vergleichen: Welche Gruppen reagierten besonders angespannt, welche dagegen besonders gelassen nach Tschernobyl. Welche Gruppen sind besonders empfänglich für Ängste in bezug auf Krankheiten (Aids), Nahrung (Maden im Fisch), Umweltgifte (Asbest) und welche reagieren gelassen? In welchen Situationen schließlich entstehen Hexenjagdsyndrome – wie jüngst gegen den sexuellen Mißbrauch von Kindern?

5 Dies läßt sich auch sehr schön an dem Beispiel der 68er-Klassifikation nachzeichnen: Die Studentenschaft begann, nachdem sie sich als Jugendliche definiert hatte, »jugendlicher« zu werden. In der Kleiderfrage wurde ein einheitlicher, spezifisch studentischer Stil ausgeprägt. Der Kleidungsstil des Erwachsenen (also etwa das Tragen von Krawatten), der bis zur Revolte an den Universitäten vorgeherrscht hatte, verschwand fast völlig.

6 Die Dynamik wurde bereits von Norbert Elias in seinem »Prozeß der Zivilisation« beschrieben (1936/1969).

7 Ich ziehe die Beschreibung auf der Ebene der Netzwerkstrukturen dem häufig verwendeten Begriff der Globalisierung vor. Vor allem in dem Gegensatz global/lokal werden falsche Alternativen konstruiert.

8 Vielleicht müßte man sagen, daß es zur Herausbildung der *Problematik* der verschiedenen Geschwindigkeiten führte. Der Gedanke, daß Zeitstrukturen mit der Beziehungsstruktur zusammenhängen, geht auf Elias (1984) zurück.

9 Beschreibungen solcher Städte finden sich etwa bei Benedict (1974) und Brown (1976).

10 Großhändler scheinen so immer schon eine grundsätzlich andere Kultur als Kleinhändler gehabt zu haben.

11 Dies ist jedoch keineswegs das einzige Beispiel: Die Geschichte des osteuropäischen Nationalismus ist nur auf dem Hintergrund zu verstehen, daß das Großbürgertum deutsch oder jüdisch orientiert war. Dies hatte zur Folge, daß es zur Herausbildung eines spezifisch antibürgerlichen Nationalismus kam (Niedermüller 1988; Kocka 1988; Margolina 1992).

12 Dies unterschied etwa das Ruhrgebiet vom Stuttgarter Raum, in dem die meisten Arbeiter Pendler aus der Region waren (Lindner 1993a).

13 Es ist hier leider nicht der Raum, dies im Detail auszuführen. Der Leser sei jedoch auf die glänzende Beschreibung dieser Kultur bei Bourdieu 1979/1982: 654ff. verwiesen. In bezug auf das Ruhrgebiet siehe insbesondere den bereits erwähnten Aufsatz von Rolf Lindner (1993a); weitere Literatur dort.

14 Dem würde etwa ein Kleidungsstil entsprechen, der zwar Wert auf »Schick« legt, aber nicht sehr gewagt ist.

15 Man lese hierzu etwa das aus Zitaten montierte Porträt eines jungen »cadre«, der »zu leben versteht« (Bourdieu 1979/1982: 464ff.): »›In der Bank‹«, sagt dieser zum Interviewpartner, »›muß das Hemd uni sein, die Bank ist nicht auf Show aus, während in der Werbebranche jeder ausgibt, was er hat ... In unserer Branche sortiert man die Leute rasch ein, es gibt soziale Klassen, Kasten ... Wenn ein Neuer in die Agentur kommt, ist er mit einem Blick durchgecheckt‹« (466).

16 So scheinen die Zeugen Jehovas relativ interessant für Randseiter zu sein (Beckford 1975).

17 Das kleinbürgerlich anmutende Erscheinungsbild der Zeugen Jehovas widerspricht dem nur zum Schein: Tatsächlich drückt die von dieser Bewegung gewählte absolute Konformität völlige Weltfeindlichkeit aus. Jede Inszenierung – und sei sie als Protest – wäre ja schon ein Einlassen auf die Welt.

18 Habitation à Loyer Modéré – Sozialer Wohnungsbau.

19 Zur Geschichte siehe Segalen 1993.

20 Diese Information verdanke ich Martine Segalen.

21 Dies gilt wohl insbesondere für die Konstruktion eines homogenen sozialen Raumes, in dem die Protagonisten um Macht kämpfen und zu diesem Zweck auf unterschiedliche Kapitalsorten zurückgreifen. Die

Idee der Konvertibilität von sozialem, kulturellem und ökonomischem Kapital dürfte im Kontext von Paris plausibler sein als in dem von London. Es ist verführerisch, Paris sozusagen als Darstellung der französischen Ideologie zu lesen: Diese läßt sich als Kultur des öffentlichen Tausches bestimmen, die durch die assoziative Verknüpfung von Zentralität, Rationalität, Egalität und Universalität ausgezeichnet ist. Die Stärke des Zentrums, des Staates ist der Garant für die Überwindung der geburtsrechtlichen und partikularistischen Bindungen, die durch Herkunft und Religion gesetzt sind. Er erlaubt dem Einzelnen die Emanzipation von diesen Bindungen und setzt ihn sozusagen frei (vgl. oben S. 37 ff.).

22 Olsen zitiert William H. White, der 1877 sein Erstaunen über »die Pariser« folgendermaßen ausdrückte: »Es ist fürwahr eine erstaunliche Sache, daß man in Paris Familien antreffen kann, die hundert Pfund Jahresmiete für ein paar Räume an einem Boulevard zu zahlen bereit sind, wo wir zugleich wissen, daß sie in Neuilly oder Vincennes für ein Zehntel dieser Summe ein ganzes Haus haben könnten.« (Olsen 1988: 209)

23 »Die Vororte, in welche die ehemaligen Bürger der City abwanderten und von wo aus sie ihre Arbeitsplätze in der City problemlos mit Omnibus und Bahn erreichen konnten, waren zumeist von Beginn an für eine ganz bestimmte Klasse von Bürgern gedacht, die ganz bestimmte Vorstellungen über die Art und Größe ihrer Häuser im Kopf hatten.« (Olsen 1988: 173) »Wer ein Haus für 200 Pfund Jahrespacht bewohnt, will keine 50-Pfund-Behausung zum Nachbarn haben; in dieser Hinsicht gibt es nun einmal strikte Gebote der Sittlichkeit«, zitiert Olsen eine 1896 gehaltene Rede vor der Architectural Association (ebd.).

24 Es ist meines Erachtens kein Zufall, daß die spezifischen Analysen des Centre for Contemporary Cultural Studies, Birmingham, in Großbritannien entwickelt wurden. Die Analyse von Kultur als sozialem Protest lag dort besonders nahe.

25 Zu diesem Traum siehe insbesondere Sollors 1986.

26 Die Begrifflichkeit verdankt sich der hervorragenden Analyse von Werner Sollors (1986).

27 Eine glänzende Analyse bei Hannerz 1969.

28 Dieses Bekenntnis zur Provinz drückt sich meiner Meinung nach am deutlichsten in der weltweit wohl einmaligen Zahl von Provinztheatern aus. Hier wird sozusagen solide Handwerkskunst einstudiert.

29 So veranlaßte der Senat Anfang der achtziger Jahre aus der Sorge heraus, daß Ghettos in Berlin entstehen könnten, eine Zuzugssperre: Für eine bestimmte Zeit durften sich keine Ausländer mehr in den ausländerstärksten Bezirken niederlassen.

Dies dürfte sich besonders deutlich in der industriellen Kultur abzeichnen. Die Entwicklung des ICE etwa ist bezeichnend. Jahre nach der Einführung von Hochgeschwindigkeitszügen in Frankreich und Japan zog die deutsche Entwicklung nach – dann aber ausgereift.

Das Ideal der Segregation

Annäherungen an die urbane Kultur
der türkischen Großstadt

Die Fragestellung

Die Ethnologie des urbanen Raumes ist eine vergleichbar junge Disziplin. Es entstand zwar seit den dreißiger Jahren (und verstärkt seit den siebziger Jahren) eine große Zahl ethnologischer Untersuchungen in Städten, vor allem Ghetto-, Viertel- und Bandenstudien; diese Untersuchungen zeichneten sich jedoch dadurch aus, daß sie städtische Kulturen mit dem gleichen Instrumentarium und unter der gleichen Perspektive analysierten wie die vergleichsweise kleinen und überschaubaren ruralen Gemeinwesen, die den klassischen Forschungsgegenstand der Ethnologie bildeten. Die Städte wurden gleichsam in verschiedene *moral communities* zerlegt, in verschiedene soziale Welten, die fast wie isolierte Einheiten betrachtet wurden (Hannerz 1980: 54). Erst in jüngerer Zeit wurde begonnen, den Besonderheiten des urbanen Raumes Rechnung zu tragen und sich bewußt den Spezifika von städtischer Kultur zuzuwenden. Die elaboriertesten theoretischen Ansätze wurden dabei von Hannerz (1980) und Bourdieu (1979/1982) vorgelegt. Von ihnen wurde vor allem der fluide, im Vergleich zur nomadischen und bäuerlichen Kultur radikal verzeitlichte Charakter der urbanen Kultur hervorgehoben. Er hängt mit drei ihrer Charakteristika zusammen:

1. Städtische Kultur zeichnet sich durch *innere Heterogenität* aus: In den Städten gibt es – anders als auf dem flachen Land – ein komplexes und verschachteltes Nebeneinander von Sub- und Partialkulturen, die sich auf vielfältige Weise aufeinander beziehen: Sei es, daß sie sich in der Form der Arbeitsteilung funktional ergänzen, sei es, daß sie in Formen symbolischer Auseinandersetzungen um die Durchsetzung ihres jeweils partialen Gesichtspunktes in der »Öffentlichkeit« ringen, sei es schließlich, daß sie durch die Mechanismen der Aspiration und Abgrenzung Ansprüche an gesellschaftliche Macht formulieren. Dieser Prozeß führt dazu, daß städtische Kultur ständig im Fluß ist; er macht es darüber hinaus unmöglich, eine dieser Partialkulturen für

sich, d. h. gelöst von ihrem Zusammenhang zu anderen zu analysieren.

2. Städtische Kultur ist durch ihre *Offenheit nach außen* charakterisiert. Eine Stadt ist eine Form sozialer Organisation, die nicht für sich bestehen kann: Sie ist abhängig von ihrem Umland und der Verflechtung mit anderen Städten. Dies spiegelt sich in der schnellen Übernahme symbolischer Formen von außen – von der Rezeption von Moden bis hin zur Übernahme von sozialen Bewegungen.

3. Städtische Kultur zeichnet sich aus durch ein Phänomen, das Hannerz als Phänomen der *kritischen Masse* bezeichnet. Damit ist die Möglichkeit der Bildung sozialer Gruppen auf Grund von Interessenlagen und Weltauffassungen gemeint. Erst die Organisation der Stadt führt genügend Gleichgesinnte zusammen, damit sich in einem internen Definitions- und Auseinandersetzungsprozeß kollektive Deutungen entwickeln können, kurz, daß Partialkulturen entstehen.

Bourdieu und Hannerz haben von unterschiedlichen Standpunkten aus die Prozesse analysiert, die der städtischen Kultur insgesamt ihren Stempel aufprägen. Es gilt nun, einen Schritt weiter zu gehen und zu analysieren, wie sich verschiedene urbane Kulturen voneinander unterscheiden lassen. Nach Maßgabe der oben ausgeführten Bestimmungen kann der Unterschied nicht mehr »substantiell« gefaßt werden, d. h. an den kulturellen Praktiken und Symbolen festgemacht werden (diese werden ja ständig übernommen und weiterentwickelt), sondern er muß in der Art und Weise gesucht werden, wie urbane Kulturen symbolische Veränderungen organisieren. Es gilt, die *kulturspezifischen Strukturierungen von Wandlungsprozessen* zu erfassen. Anknüpfend an die genannten Bestimmungen würden somit die Fragen im einzelnen lauten:

1. Wie ist in verschiedenen urbanen Kulturen Heterogenität organisiert; wie treten Partialkulturen zueinander in Beziehung; in welchem Ausmaß beeinflussen sie sich gegenseitig oder grenzen sich voneinander ab?

2. Wie und von welchen Gruppen werden Elemente von außen rezipiert und auf welche Reaktionen stößt dies bei anderen Gruppen?

3. In welchem institutionellen und informellen Rahmen bilden sich Partialkulturen, welchen symbolischen Ausdruck finden sie?

Die in diesem Artikel vorgenommene Annäherung an die urbane Kultur von Eskişehir versteht sich als Beitrag zu dieser Fragestellung. Ganz in dem Sinn, in dem Clifford Geertz die Tätigkeit des Ethnologen definiert, soll hier anhand der Diskussion eines Einzelfalles eine Arbeit an Begriffen geleistet werden, soll ihnen jene »Feinfühligkeit und Aktualität« verliehen werden, »die man braucht, wenn man nicht nur realistisch und konkret *über* diese Begriffe, sondern – wichtiger noch – schöpferisch und einfallsreich *mit* ihnen denken will« (1977/1983: 34).

Die Hoffnung, die sich damit verbindet, ist eine begriffliche Klärung, die es anderen Untersuchungen erlaubt, darauf aufzubauen, »nicht in dem Sinn, daß sie dort weitermachen, wo andere aufgehört haben, sondern in dem Sinn, daß sie mit besseren Kenntnissen und Begriffen ausgerüstet noch einmal tiefer in die gleichen Dinge« eintauchen (ebd. 36).

Die Stadt Eskişehir eignet sich dabei besonders zum Nachdenken über den fluiden Charakter urbaner Kultur: Sie ist eine der entwickeltsten Städte der Türkei. Der erste Eindruck ist der einer westlichen Großstadt. In besonderem Ausmaß erfüllt Eskişehir so unsere Bestimmung von städtischer Kultur: Sie ist offen nach außen, heterogen nach innen und groß genug, um die Entwicklung von Partialkulturen zu erlauben.[1]

Die Bedeutung öffentlicher Plätze

Europäer, die sich an der Universität oder in den in Eskişehir angesiedelten Großunternehmen aufhalten, schildern die Stadt als denkbar unattraktiv. Der Maßstab, an dem sie sich orientieren, ist ein spezifisches Ideal von urbanem Leben. Urbanität wird in Europa mit Öffentlichkeit assoziiert, d. h. als spezifisch urban werden Institutionen und Räume angesehen, in denen Fremde einander begegnen, in denen man sich, um eine von Sennett zitierte Definition von 1738 etwas abzuwandeln, »mit Behagen in Vielfalt bewegt«.[2] Räume dieser Art sind öffentliche Parks, Piazze, Boulevards, Restaurants, Kaffeehäuser, Theater, Museen. Die Attraktivität von Städten wird danach beurteilt, wie viele dieser Einrichtungen sie aufweisen. Eine Stadt ohne öffentliche Orte dieser Art wird als Nicht-Stadt gesehen, als »großes Dorf«.

Institutionen dieser Art wurden vereinzelt in den türkischen

Städten seit dem 19. Jahrhundert aus Europa übernommen – und zwar im Zusammenhang mit der wachsenden Öffnung des Osmanischen Reiches nach außen. Nach der türkischen Revolution wurde die Einrichtung öffentlicher Plätze geradezu programmatisch vorangetrieben – in dieser Phase entstanden beispielsweise die in praktisch allen größeren Städten vorhandenen Atatürk- oder Jugend-Parks *(gençlik parkları)*. Die Rezeption dieser Institutionen ist damit ein Beispiel für die prinzipielle Offenheit der urbanen Kultur für Außeneinflüsse. Gleichzeitig haben diese Institutionen durch die Art und Weise ihrer Nutzung eine spezifische Einfärbung erhalten. Es fällt zunächst auf, daß Frauen keinen oder nur einen eingeschränkten Zugang zu diesen Orten haben.

So gibt es in Eskişehir entlang des Porsuk und des Hamam Yolu Flanierstraßen: Wer hier »flaniert«, sind vor allem junge Männer, die Arm in Arm auf und ab gehen. Frauen dagegen passieren diese Straßen zielgerichtet. Paare ziehen sich in Konditoreien *(pastahaneler)* zurück, die ihrerseits wieder in einen der Straße zu gelegenen Männerbereich und einen von der Straße abgelegenen »Familienbereich« *(aile salonu)* gegliedert sind. Sie wenden gleichsam dem öffentlichen Raum den Rücken zu. Gerade dies unterscheidet diese Räume etwa von europäisch mediterranen Gegenstücken: Was sich *nicht* findet, ist das Straßencafé, von dem aus das Geschehen auf der Straße beobachtet und kommentiert wird.[3] Restaurants werden ausschließlich von Männern frequentiert; Kinos – auch mit akzeptablem Programm[4] – sind nachts ausschließlich Männerorte: Paare, geschweige denn Frauen alleine, suchen beide Orte nicht auf.[5]

Es wäre nun zu kurz gegriffen und überdies eurozentrisch, dieses Phänomen *umstandslos* auf patriarchale Unterdrückung zurückzuführen – man würde damit nämlich von einer für die europäische Kultur bezeichnenden positiven Bewertung von Öffentlichkeit ausgehen. Dennoch ist es ein patriarchaler Zug der türkischen Kultur, der den Schlüssel zum Verständnis liefert: Es gibt die sehr verbreitete Tendenz, Beziehungen zwischen Männern über ihre Beziehungen zu Frauen zu symbolisieren.[6]

Wenn daher die öffentlichen Plätze Räume sind, zu denen Frauen nur eingeschränkt Zugang erhalten, dann ist es – um die Binnensicht zu rekonstruieren – sinnvoll zu fragen, welche Implikationen ein Zugang von Frauen für die Beziehungen von Männern haben könnte. Die Antwort scheint zu sein: An diese Orte kann man sich nicht gefahrlos begeben, weil man in einem anonymen Kontext nicht darauf setzen kann, daß Grenzen respektiert werden, daß die eigene Frau oder Tochter – und damit man selbst – nicht belästigt oder provoziert wird. Man scheint mit diesen Räumen zu assoziieren, daß in ihnen immer die Möglichkeit des Ausbruchs von Gewalt und Chaos *(fitne)*[7] existiert – von (oft mit Alkoholgenuß assoziierter) Zügellosigkeit und Gewalt.

Vielleicht mag eine literarische Schilderung diese Assoziationen verdeutlichen: Die Heldin von Aysel Özakins Roman »Die Preisvergabe« geht nachts im Kızılay, dem Stadtzentrum Ankaras, spazieren:

»Auf dem dunklen Weg unter der Brücke plötzlich ein Auto. Die Umrisse zweier herausspringender Personen, geradewegs auf Nuray zu: ›Eine kleine Rundfahrt? Komm, Schätzchen!‹ Der eine packte sie sofort am Arm. Er war betrunken und versuchte sie mitzuschleifen. Nuray schrie: ›Haut ab, ich gehöre nicht zu dieser Sorte Frau!‹ Der andere lachte. Nuray wehrte sich mit schwachen Fäusten. Vom gegenüberliegenden Gehsteig aus plötzlich ein dunkler Schatten. Ein junger Mann kam angelaufen und ging dazwischen. Er war Nurays Rettung. Sie lief in Richtung Hauptstraße geradewegs auf ein paar Männer zu, die vor einem Kaffeehaus standen: ›Bitte helfen Sie mir!‹ schrie sie. Als sie mit ihnen zusammen unter die Brücke zurückkehrte, war alles still. Das Auto war fort, und der junge Mann, der sie gerettet hatte, lag auf dem Boden« (1989: 177).

Man gewinnt den Eindruck, daß der öffentliche Raum als unkontrollierter – und deshalb potentiell gefährlicher – Raum konzipiert wird. Ich möchte, um diese Interpretation zu stützen, noch einige weitere Beobachtungen erwähnen:

1. Auch Männer, die um ihren Ruf besorgt sind, können (anders als das orientalistische Klischee es will) nicht regelmäßig öffentliche Orte – etwa Restaurants oder Cafés – frequentieren. Allgemein wird das kulturelle Ideal des Familienvaters vertreten, der den Tag bei der Arbeit und den Abend im Kreis seiner Familie oder bei familialen Besuchen verbringen sollte. Dies wird etwa in den sehr standardisierten Redewendungen zum Ausdruck gebracht, mit denen die Qualitäten eines Schwiegersohnes beurteilt werden: »Er spielt nicht und trinkt nicht« – und vermeidet die einschlägigen Orte. Ebenso deutlich ist die kulturelle Bewertung von Re-

staurants: Anders als die *lokanta*, die reinen Eßlokale, genießen sie als Orte, wo getrunken wird *(içkili)*, einen leicht anrüchigen Ruf – zumindest in islamischen Kreisen.

2. Die kulturellen Institutionen Theater und Kino siechen dahin. Die Kulturgeschichte Eskişehirs wurde mir von Turhan Baraz, einem sehr zuverlässigen Gewährsmann, Professor für Volkskunde und alteingesessener Einwohner, als Verfallsprozeß beschrieben. Nach einer kurzen Zeit der Blüte (vor allem nach der Revolution) schloß eine öffentliche Einrichtung nach der anderen. Dies geschah, obwohl die Universität in den letzten Jahren massiv ausgebaut wurde – was in Europa in der Regel Gründung und Expansion öffentlicher Institutionen nach sich zieht.

3. Die Einrichtung öffentlicher Orte stößt auf Schwierigkeiten. Von 1965-1974 hatte Eskişehir mit Sabahattın Günday einen sehr aktiven Bürgermeister. Ihm hat die Stadt viel von dem heutigen Erscheinungsbild zu verdanken: Eine seiner Aktivitäten war das Anlegen großer Parkanlagen, denen Eskişehir einen Großteil seines Reizes verdankt; die Vorbilder dieser Parkanlagen stammen aus Westeuropa (für die Anlage am Porsuk etwa aus Venedig). Er wurde indes abgewählt: Ihm wurde vorgeworfen, allzu viele Dienstreisen in europäische Städte unternommen zu haben. Ein besonderer Vorwurf war die Errichtung einer Frauenstatue im Porsuk, die entfernt an die Befreiungsstatue in New York erinnerte. Das Gerücht ging in Eskişehir um, er habe damit seiner Freundin in der Schweiz ein Denkmal gesetzt. Die Anlage von Parks wurde daher mit Verwestlichung, Verschwendung und Sittenlosigkeit in Verbindung gebracht.

Der Vorfall ist nun interessant, weil er sich in eine Tradition einreiht, die Şerif Mardin analysiert hat. Die Triade Verwestlichung, Verschwendung und Sittenlosigkeit tauchte zum ersten Mal in der Patrona-Revolte (1730) auf. Diese von unzufriedenen Handwerkern getragene Revolte richtete sich gegen Ibrahim Paşa, ebenfalls einen aktiven Modernisierer, und hatte wohl primär ökonomische und politische Ursachen (vgl. oben S. 11 ff.). Bemerkenswert ist jedoch, daß die Rhetorik der Revolte sich auf den Versuch konzentrierte, aus dem Goldenen Horn eine Art zweites Versailles zu machen. Einer der von Aktepe zitierten Kritiker warf Ibrahim Paşa vor, durch die Einrichtung von Parks allgemeine Sittenlosigkeit zu provozieren: Die Frauen würden in den Parks schaukeln und Karussell fahren. Einige würden die Erlaubnis dafür von ihren Gatten bekommen, andere nicht. Bei ersteren wäre Sittenlosigkeit die Folge, bei letzteren eheliche Krisen – sie würden sich nämlich auf ihre Rechte als Menschen berufen; eheliche Krisen und Scheidungen wären die Folge (ebd.). Diese Triade lebte dann in der Literatur des 19. Jahrhunderts (bei Ahmet Midhat und Recaizade Ekrem) fort.

Halten wir das Zwischenergebnis fest: Die gleichen Orte, die in Europa mit städtischer Kultur assoziiert werden, werden in der Türkei mit dem direkten Gegenteil in Verbindung gebracht, nämlich explizit mit Un-Kultur. Es gilt nun von dieser negativen zu einer positiven Bestimmung zu gelangen.

Die Kultur der Segregation

Die urbane Kultur von Eskişehir läßt sich als Kultur der Segregation fassen. Sie soll hier in vier Punkten skizziert werden.

1. *Intermediären Gruppen*, d. h. Gruppen, die sich zwischen Individuum und Gesellschaft als Ganzes ansiedeln, kommt eine erhebliche Bedeutung zu. Es gibt die Tendenz, eine gegebene Gruppe mit mehreren Funktionen auszustatten. Dies bedeutet, daß die Beziehungen der Gruppenmitglieder zueinander meistens *multistranded* sind. Eine klassische Gruppe dieser Art sind die *mahalles*, ethnische Quartiere, die oft von Verwandten mit einer starken Tendenz zur Endogamie bewohnt sind.[8] Dies gilt aber nicht weniger etwa für Unternehmen. Staatliche und privatwirtschaftliche Unternehmen haben oft eigene Wohnsiedlungen, eigene Krippen und Kindergärten, eigene Geschäfte und Urlaubsorte. Man trifft den anderen also nicht nur am Arbeitsplatz, sondern auch am Urlaubsort; er ist nicht nur Kollege, sondern auch Nachbar. Während in der europäischen urbanen Kultur eine Tendenz besteht, intermediäre Gruppen auf *eine* Dimension zu begrenzen und damit den Spielraum des Individuums gegenüber diesen Gruppen zu stärken (was gleichzeitig bedeutet, seinen Spielraum gegenüber der Gesamtgesellschaft zu schwächen), gilt für die Türkei das Gegenteil. Eine unterschiedliche Empfindsamkeit gegenüber Regeln scheint damit zusammenzuhängen: Regeln des interpersonalen Verkehrs (Verpflichtungen, Loyalitäten etc.) werden in der Türkei als weniger restriktiv empfunden als Regeln, die sich an abstrakten Gesetzen orientieren, während in Europa das Gegenteil der Fall zu sein scheint.

2. Der Bedeutung intermediärer Gruppen korrespondiert zweitens ein starkes Bedürfnis, sich in Binnenwelten zu bewegen, in Welten, in denen man unter sich ist. Hier herrscht eine auffallende Gemütlichkeit, Vertraulichkeit, Wärme – und soziale Kontrolle. Diese Binnenwelten erlauben Freiheiten, die außerhalb von ihnen nicht gegeben sind.

Ein Ausdruck dieses Bedürfnisses nach Binnenwelt ist die Tatsache, daß ein großer Teil dessen, was wir mit »gesellschaftlichem Leben« assoziieren – man merkt hier, daß unsere Sprache durch und durch kulturell geprägt ist und uns verläßt –, im Privatraum, bei Familienfesten, Beschneidungs- und Hochzeitsfeiern stattfindet. Wenn man festlich »aus«gehen will (eine weitere paradoxe Formulierung), geht man zu solchen Feiern, begibt sich also *in* einen Binnenraum.

Wer an solchen Festen, jedenfalls bei den oberen und mittleren Schichten, teilgenommen hat, wird mit einem Aspekt der türkischen Kultur konfrontiert, der geradezu wie eine Gegenwelt zu dem sehr reduzierten Umgang der Geschlechter im öffentlichen Raum wirkt. Ein zentrales Element dieser Rituale sind (neben dem Essen) Paar- und Gruppentänze, bei denen westliche Elemente, höfischer Bauchtanz und traditionale Gruppentänze miteinander verbunden werden. Die Atmosphäre ist bei aller (für diese Kultur charakteristischen) Zurückhaltung gelöst und heiter. Immer wieder bilden sich Kreise um Tänzer oder Tänzerinnen, die dann als Einzelne sehr eindrucksvoll – fein und gleichzeitig erotisch – tanzen und darin von der Gruppe bestätigt werden. Die Gruppe bietet einen Rahmen, in dem man sich darstellen kann und darstellen soll.

Eine ähnlich gelöste Atmosphäre ist an öffentlichen Plätzen – also etwa einem Tanzlokal – undenkbar. Es ist dabei anzumerken, daß bei den privaten Festen keineswegs nur Bekannte anwesend sind – dies wäre bei Besucherzahlen von oft 500 oder mehr nicht möglich. Wichtiger scheint weniger das Fremdsein an sich zu sein als die Tatsache des kontrollierten Fremdseins. Öffentliche Orte sind qua Definition Orte, zu denen der Einzelne als Individuum Zutritt hat – wo er also nicht durch eine Gruppe kontrolliert ist. Private Räume sind dagegen Räume, zu denen der Einzelne als Gruppenmitglied (und sei es als Freund eines Verwandten) Zugang findet – und deshalb unter Kontrolle steht.

Es ist gerade die Existenz dieser Kontrolle, die Lockerheit erlaubt: Wenn man sich in Europa amüsieren will, geht man in die Öffentlichkeit; wenn man sich in der Türkei amüsieren will, zur Verwandtschaft.

3. Ein dritter (damit eng zusammenhängender) Aspekt ist eine Alltagskultur, die die Elemente Kommunalität und Bindung unterstreicht (im Gegensatz zu Individualismus und Freiheit). Diese kommunale Kultur spiegelt sich in einer großen Zahl von Ausdrucksformen, die hier nur angedeutet werden können: Es gibt etwa elaborierte Begrüßungsrituale, in denen stereotype Fragen einander zugeworfen werden – was wie das Zuwerfen eines Wollknäuels anmutet, durch das ein Netz zwischen den Anwesenden geknüpft wird. Auch bei relativ unstrukturierten Kontaktsituationen gilt es als erforderlich, jeden jedem vorzustellen. Bemerkenswert ist eine elaborierte Diskurskultur, in der jeder jedem zuhört und in der das Unterbrechen der Rede eines anderen zumindest durch eine Entschuldigung eingeleitet werden muß (Uygur 1982). Die Kommunikationsstruktur ist durch die Betonung der Beziehungsebene (häufig auf Kosten der Informationsebene) ausgezeichnet. Dem entspricht schließlich eine spezifische Konfliktkultur, in der Konflikte häufiger umgangen als direkt angesprochen und frontal ausgetragen werden.[9]

Ein noch wichtigerer Ausdruck dieser kommunalen Kultur spiegelt sich indes in den Lebensentwürfen, d. h. in der Art und Weise, in der die Einzelnen die Existenz weiterer Gruppen miteinbeziehen. So berücksichtigen etwa türkische Studenten familiale Erfordernisse weit bereitwilliger und selbstverständlicher bei ihren Zukunftsvorstellungen als deutsche Studenten. Sie konzipieren sich als Teil einer Gruppe – nicht als isolierte Individuen. Aber auch umgekehrt war es für die Eltern oft selbstverständlich, ihren Kindern »nachzuziehen«, wenn deren Zukunftsperspektive es notwendig machte. Besonders augenfällig für das Verhältnis von Individuum und Gruppe ist die Art und Weise, wie ein neuverheiratetes Paar seine Wohnung einrichtet. Dies ist keine individuelle Sache, sondern die Angelegenheit der ganzen Familie – wenn natürlich auch die Wünsche der jungen Leute berücksichtigt werden. Kollektive Vorstellungen und Ordnungsprinzipien wurden so ständig mit individuellen Gestaltungswünschen in eine Synthese gebracht.

4. Damit hängt ein vierter Aspekt der Idee der Segregation zusammen, nämlich ein positives Einschätzen von Grenzen. Dies ist

alles andere als starr. In der heutigen Türkei wechseln die Individuen die Viertel, die Wohnorte und die Berufe. Und dennoch werden immer wieder Binnenräume hergestellt. Dies führt z. B. dazu, daß in einer Nachbarschaft sehr dichte Beziehungen hergestellt werden, die jedoch mit einem Umzug ein abruptes Ende finden, weil an ihre Stelle ein neues, ähnlich dicht gewebtes Beziehungsnetz tritt. Ein anderer Hinweis auf die Bedeutung von klaren Grenzen sind Übergangsrituale. So beginnt beispielsweise ein junges Paar mit der Hochzeit tatsächlich von einem Tag auf den anderen sein eigenes Leben. Dem Ideal nach ist die Wohnung, in die sie am Hochzeitstag ziehen, vollständig eingerichtet – so daß Übergangsphasen, Phasen des Sich-Einrichtens wegfallen.

Nun gehört man nicht nur *einer* Gruppe an. Das Bild des urbanen Lebens ist ein in verschachtelten Innen- und Außengruppen strukturierter sozialer Raum.

Geradezu wie eine visuelle Umsetzung dieser Strukturen der Verschachtelung wirkt die Universität – eine Stadt in der Stadt. Eine scharfe Grenze, markiert durch ein wuchtiges Portal, trennt das Universitätsgelände von der Stadt. Dem entsprechen soziale Regeln: Innerhalb des Geländes können etwa junge Männer und Frauen Hand in Hand miteinander spazieren – was an den bereits erwähnten Flanierstraßen nicht möglich wäre. Innerhalb des Universitätsgeländes gibt es nun wieder Untergrenzen. So ist wiederum durch Pförtnerhäuschen und Zaun ein japanischer Garten abgeteilt, zu dem nur Professoren und Gäste der Universität Zugang haben. Andere Einrichtungen dieser Art sind Professorenmensa, Professorencafeteria usw. All diese Einrichtungen gliedern die sozialen Beziehungen: Sie strukturieren über den Tageslauf hinweg, wer mit wem zusammentrifft.

Da nun allerdings, wie erwähnt, diese Zugehörigkeiten ständigen Veränderungen ausgesetzt sind, gibt es ständig Umgruppierungen. Man hat es so nicht mit einer festen Struktur über die Zeit zu tun, sondern mit einem Kaleidoskop, in dem sich Aggregate ständig neu zuordnen, neue Gruppen und Untergruppen bilden. Ständig aber werden die sozialen Situationen klar nach Gruppen gegliedert, denen man (und wenn auch nur vorübergehend) angehört und nicht angehört.

Vor diesem Hintergrund lassen sich nun die Unterschiede der kulturellen Organisation von Vielfalt in Europa und in der Türkei bestimmen: Die europäische urbane Kultur läßt sich mit den Metaphern des Theaters und des Marktes ziemlich genau beschreiben. Beide Metaphern sind eng verschränkt. Wenn Thackeray seinem Roman den Titel »Jahrmarkt der Eitelkeiten« gibt, so gießt er damit Schaustellen und Austausch in *ein* Bild. Parkanlagen, Straßen, Theater sind gleichsam die Bühne, auf der dieses Drama sich abspielt. Das Florieren urbaner Kultur ist nach *außen* gewandt – ein Feld symbolischer Kämpfe.

Die türkische urbane Kultur ist dagegen nach *innen* gewandt: Die Rivalität tritt zurück. Während in der zentraleuropäischen Kultur Prozesse des symbolischen Kampfes eine stärkere Rolle spielen, spielen in der türkischen Kultur die Prozesse der internen Weiterentwicklung eine wichtigere Rolle. Die türkische Stadt besteht aus exklusiven Untereinheiten – aber diese Exklusivität hat etwas Egalitäres. Eine größere Freiheit und Ungezwungenheit in Geschmacksfragen ist in der Türkei deutlich – eine größere Liberalität nach außen. Es herrscht ein Bewußtsein davon, daß verschiedene Gruppen unterschiedlichen Geschmack praktizieren.

Dies bestimmt offenbar auch den Modus der Rezeption von kulturellen Elementen aus anderen Kulturen. Sie werden in jeder Zahl übernommen – vielleicht schneller und unkomplizierter als in Europa, wo man sich ständig bewußt ist, daß man auch immer einer gewissen symbolischen Kontrolle ausgesetzt ist. Von Klaus Kreiser stammt der Hinweis auf eine Anzeige aus dem Jahre 1989, in der für alle Beileidskundgebungen mit Telefon, Brief, Telegramm und Telefax (!) gedankt wird. Wenn man daher die türkische urbane Kultur aus europäischer Perspektive wahrnimmt, so registriert man – wohlbemerkt von einem ethnozentrischen Standpunkt aus – eine fragmentierte und partielle Rezeption europäischer Kulturgüter, und als Folge eine bemerkenswerte Gleichzeitigkeit des Ungleichzeitigen.

Zur Soziogenese des urbanen Ideals der Segregation

Schließen wir mit einer Überlegung zu den Ursachen dieser unterschiedlichen Entwicklung. Max Weber (1921/1972) skizzierte in seiner Stadtsoziologie die Sonderentwicklung, die die nordeuropäische Stadt nahm: Seine Grundthese ist, daß es in Nordeuropa aus verschiedenen Gründen (wobei die Tatsache der ethnisch-religiösen Homogenität besonders wichtig war[10]) zu einer Emanzipation der Gesellschaft (des Marktes) vom Staat (der Burg) kam. Die produzierenden Schichten waren dadurch in der Lage, Stadtverfassungen mitzugestalten, die ihren Bedürfnissen entsprachen, Stadtverfassungen, die zunächst freilich stark ständisch geprägt waren. Dies war der Boden, auf dem sich das Spezifikum der europäischen Kultur, die Berufsidee, entfalten konnte. Im 17. und 18. Jahrhundert, einem Zeitraum, den Weber nicht mehr analysierte, kam es im Zusammenhang mit wachsender internationaler Verflechtung und Erweiterung des Marktes zum Aufbrechen der ständischen Gliederung, zur Genese von politischer Öffentlichkeit und ihrem kulturellen Ausdruck, den uns in diesem Zusammenhang interessierenden öffentlichen Institutionen (Sennett 1977/1983).

Damit hängt ein spezifisches Ideal von Vergesellschaftung zusammen: Teil und Ganzes sollen sich zueinander in einer Dialektik von Individuellem und Allgemeinem verhalten – wobei das Allgemeine sich in dem freien Austausch der Individuen bildet, und zwar auf der ökonomischen, politischen wie auch der kulturellen Ebene. Jede Grenzziehung und jedes Privileg stören die reine und zwanglose Logik.

Historisch blieb es in Europa bei der Formulierung eines *Ideals*. Faktisch war der ökonomische wie der politische Austausch immer überlagert von klassengebundenen Machtstrukturen. Dies gilt auch für die kulturelle Öffentlichkeit. Sie war immer, was Sennett in seiner Analyse völlig übersieht, nur die Öffentlichkeit *einer* Klasse. Dem Kosmopoliten, der sich mit Behagen unter Fremden bewegte, machte das nur bei den Fremden seiner eigenen Klasse Vergnügen.[11] Heute wie damals sind die einschlägigen Institutionen streng klassenmäßig sortiert.[12]

Die osmanische Stadt nahm dagegen eine andere Entwicklung.

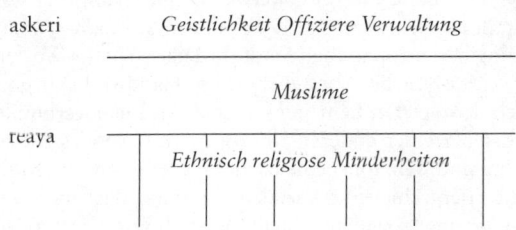

Wir haben hier den Typus der Herrschaftsstadt. Sie zeichnet sich erstens aus durch eine scharfe Zweiteilung der Gesellschaft in Herrschaftsklasse *(askeri)* und Untertanen *(reaya,* wörtlich »Herde«) und zweitens durch die sehr starke Heterogenität der Untertanenklasse. Diese war zunächst in verschiedene ethnisch-religiöse Gruppen geteilt, wobei die islamischen Untertanen bestimmte steuerliche Privilegien genossen; jede einzelne Gruppe war dann wieder nach Landsmannschaften, Berufsgruppen usw. gegliedert.

Der *çarşı,* der Markt, war zwar ein Ort, an dem die verschiedenen Gruppierungen zusammenkamen – aber doch nur zweckorientiert und ökonomisch. Hier bildete sich durchaus eine öffentliche Meinung, aber sie artikulierte sich bezeichnenderweise nur *negativ,* nämlich als Protest (der die Form des Schließens der Läden annahm), der dann stattfand, wenn die herrschende Klasse bestimmte Grenzen überschritt, wie es bei Ibrahim Paşa der Fall gewesen war. Es dürfte vor allem die ethnisch-religiöse Differenzierung der produzierenden Schichten gewesen sein, die verhindert hat, daß es trotz vorhandener Kristallisationskerne nirgends zur Bildung eines bürgerlich städtischen Selbstbewußtseins kam, daß nirgendwo im osmanischen Reich die Bürger eine an den Interessen der produzierenden Schichten (und des Marktes) orientierte Stadtverfassung erkämpften.[13]

Dies bedeutete, daß Staat und Gesellschaft ineinander verzahnt blieben: Der Staatsapparat dominierte den Markt, was faktisch hieß, daß die Wirtschaftspolitik an den politischen Erfordernissen des Hofes orientiert war.[14] Die Folge war, daß der Staatsapparat immer wieder bei Fragen als Instanz angerufen wurde, die in der europäischen Stadt dem freien Spiel der Kräfte überlassen blieben.

Positiv bedeutete dies eine vertikale Gliederung der osmanischen Stadt im Gegensatz zur horizontalen, d. h. klassenmäßigen Gliederung der europäischen Stadt. In Eugen Wirths Worten:

»Der einflußreiche Vorsteher einer Handwerkskorporation fühlt sich dem letzten Lehrling seiner Zunft mehr verbunden als dem Vorsteher einer anderen Korporation; Analoges gilt für die ›Nationen‹ und Religionsgemeinschaften der orientalischen Stadt. Nicht die Hierarchie einer sozialen Pyramide, das Über- und Untereinander einer sozialen Schichtung sind für die Sozialstruktur einer orientalischen Stadt charakteristisch, sondern das gleichberechtigte bzw. gleich unberechtigte Neben- und Gegeneinander von auch räumlich getrennten Nationen, Religionen, Konfessionen, Zünften, Berufsbranchen und Sippen« (Wirth 1966: 413).

Dies ist der Boden, auf dem sich ein anderes Ideal von Vergesellschaftung bildet, nämlich eine Dialektik von Innen und Außen.[15] Eine Integration der Gesellschaft wird durch die Verschalung von Innen- und Außenbeziehungen erreicht. Diesem Ideal erscheint das Aufheben von Grenzen als problematisch.[16] Die Folge wäre ein unstrukturiertes und ungeregeltes Zusammentreffen von Individuen. Tatsächlich scheint die Krise dieses Systems im 19. Jahrhundert gekommen zu sein, als durch von Europa unterstützte nationalistische Emanzipationsbewegungen die klare gesellschaftliche Gliederung in Frage gestellt wurde.

Die türkische urbane Gesellschaft hat seit dieser Zeit drastische Veränderungen erlebt. Dennoch prägt das auf dem Boden der osmanischen Stadt entstandene Ideal des Zusammenlebens nach wie vor die urbane türkische Kultur.

Anmerkungen

1 Das Material, auf das ich in diesem Aufsatz zurückgreife, wurde in dem von mir geleiteten Projekt: »Verstädterungsprozeß und Alltagskultur in der Türkei« am Institut für Kulturanthropologie und Europäische Ethnologie der Universität Frankfurt gesammelt. Vieles verdanke ich außerdem einem intensiven Austausch mit Klaus Kreiser, in dem sich mehrere der hier vorgetragenen Thesen präzisiert haben.

2 Das Zitat ist eine Definition des Kosmopoliten (nach Sennett 1983: 30, der allerdings die Belegstelle nicht angibt).

3 Man vergegenwärtige sich etwa die französischen Straßencafés: Diese gehorchen in ihrer räumlichen Anordnung einer genau inversen Logik, denn sie blicken zur Straße. Dies drückt sich in der Anordnung der Stühle aus, die in mehrere Reihen gestaffelt zur Straße hin ausgerichtet sind, in den großen Fenstern und schließlich in der Kultur der Spiegel, die den Außenraum nach innen holen.

4 Ich zählte zur Zeit meines Aufenthalts vier Kinos: Eines zeigte ausschließlich Pornofilme, zwei zeigten vor allem amerikanische Abschreibungsfilme und eines bessere amerikanische Filme (damals etwa Stephen Frears' *Gefährliche Liebschaften*).

5 Eine andere mit europäischer Öffentlichkeit assoziierte Institution, der Salon, hatte ein entgegengesetztes Schicksal: Er wurde offenbar zum *kabul günü*, zum Empfangstag der Frauen, zu dem Männer keinen Zugang haben.

6 Dies ist in der Symbolik der Ehre *(namus)* festgelegt: Sie besagt, daß man einen Mann respektiert, indem man seine Frau respektiert; umgekehrt kann man durch nichts einen Mann so demütigen wie durch einen Angriff auf seine Frau (s. Schiffauer 1983). Diese Symbolik ist im Alltag sehr verbreitet (s. etwa den faszinierenden Aufsatz von Dundes et al. 1970 über Beschimpfungsrituale türkischer Jugendlicher). Ausgiebiger Gebrauch wird von dieser Symbolik auch in türkischen Trivialfilmen gemacht: Wenn das Demütigende an Abhängigkeitsverhältnissen (etwa ökonomischer Art) zum Ausdruck gebracht werden soll, dann wird immer wieder auf den Code der sexuellen Demütigung zurückgegriffen.

7 Zum Konzept der *fitne* s. vor allem die Analyse von Mernissi (1975).

8 Zu den historischen *mahalleler* s. vor allem Kreiser (1974).

9 Anzumerken ist, daß gerade diese Beziehungskultur für unsere Studenten einen erheblichen Kulturschock bedeutet. Sie fühlten sich als Individuen nicht ernstgenommen und empfanden die Betonung der Beziehungsebene als stereotyp.

10 Durch die ethnisch-religiöse Homogenität konnte die Stadt ein Selbstbewußtsein entfalten – und zwar als Kultgemeinschaft. Die bedeutende Ausnahme war die jüdische Minderheit. Der prekäre Status dieser Gruppe, ihr ständiges Bedrohtsein von Verfolgung, war gerade dadurch bedingt, daß die Stadt kultisch homogen konzipiert war. In der ethnisch-religiös heterogenen osmanischen Stadt hatte sie eine erheblich größere Rechtssicherheit.

11 Damit war auch ein Element der Kontrolle verbunden. Die Freiheit, die mit Öffentlichkeit verbunden war, war immer auch ermöglicht durch die Ausgrenzung der unteren Klassen.

12 Zum Zusammenhang zwischen öffentlicher Kultur und Klassenstruktur siehe vor allem Bourdieu (1970, 1982).

13 Eine zentrale Institution, die einen Kristallisationskern für die Genese eines bürgerlichen Selbstbewußtseins hätte bilden können, ist der *bedesten*, der Teil des *bazars*, in dem die kostbarsten Güter vertrieben wurden (und der gleichzeitig eine Art Tresor der Stadt war). Hier trafen die ökonomisch potentesten Personen der Stadt zusammen; Personen, die ebenfalls in Krisenzeiten konsultiert wurden (mündliche Mitteilung von Klaus Kreiser).

14 Şerif Mardin hat die Implikationen beschrieben: Die Strategie, in einem derartig strukturierten System zu Macht und Einfluß zu kommen, besteht nicht in der Investition in Handelskapital (oder in Investition für den Markt), sondern in dem Wettbewerb um Privilegien: »To a considerable extent the mechanism of the market became to be replaced by competition for influential connections that would bring state privileges« (Mardin 1969: 263).

15 In der politischen Kultur würde diesem Ideal die Betonung von Netzwerken bei Entscheidungsfindungen entsprechen. Für den Bereich der
Türkei liegt in diesem Zusammenhang leider keine Darstellung vor.
Eine sehr plastische Darstellung von Entscheidungsstrukturen, die In-
nen- und Außenbeziehungen von Gruppen maßgeblich berücksichtigen, findet sich in der Beschreibung der syrischen Stadt Dair az Zôr
von Annegret Nippa (1982).

16 Zur Betonung von Grenzen im osmanischen System s. Mardin
(1969).

Kulturalismus vs. Universalismus

Ethnologische Anmerkungen zu einer Debatte

Die Debatte um die Ausgestaltung der multikulturellen Gesellschaft ist gekennzeichnet durch die Frontstellung von Kulturalisten und Universalisten. Besteht die eine Seite auf dem Recht kultureller Selbstverwirklichung, auf dem Recht, anders zu sein, so sieht die andere Seite in dieser Forderung eine gefährliche Sackgasse, die letztlich in Ausgrenzung und Unterdrückung endet.

Die universalistische Position, wie sie zuvorderst von Finkielkraut (1987/1989) und in Deutschland unter anderem von Wolfgang Pohrt (1992) vertreten wird, kritisiert massiv das Konzept der »multikulturellen Gesellschaft«. Der Begriff suggeriere, so die Kritik, daß unsere Gesellschaft aus verschiedenen Kulturen (und nicht etwa Klassen) zusammengesetzt sei. Damit werde unter anderem nahegelegt, daß die Schwierigkeiten von Migranten in der hiesigen Gesellschaft im Bereich der Kultur – und nicht etwa in dem der Gesellschaft – zu lokalisieren wären. Das, was im Grunde ökonomische oder politische Konflikte seien, werde als Kulturkonflikt beschrieben. Dies sei bestenfalls eine Ablenkungsstrategie, da es billiger sei, für Verständnis zwischen Deutschen und Ausländern zu werben als den sozialen Wohnungsbau zu fördern (Pohrt 1992: 16). Schlimmstenfalls sei diese Haltung schlicht diskriminierend, da die Begriffsbildung der Ausgrenzung Vorschub leiste. Wenn das Thema Kultur ins Zentrum rücke, werde der andere auf seine *Andersartigkeit* festgelegt. Wie groß die damit verbundenen Gefahren seien, sehe man unter anderem an der Leichtigkeit, mit der die Rechte den kulturalistischen Diskurs aufgreife – Le Pen etwa fordere unter Berufung auf kulturelle Identität (nämlich die der Franzosen), den Zustrom von Fremden zu stoppen. Der neue Rassismus argumentiere durchweg kulturalistisch: An die Stelle der Reinheit der Rasse trete die Reinheit der Kultur.

Ein entscheidender Denkfehler, so die universalistische Position, sei die Übertragung des Begriffs der Kultur von dem Ort, an dem ihre Existenz berechtigt sei, nämlich dem Bereich der Hochkultur, auf den der Alltagskultur, der ethnischen Kultur oder der Sub- und Partialkultur. Damit werde der schlichten Alltagspraxis der Nimbus von Kultur umgehängt und so getan, als sei sie etwas Schützenswertes. Spätestens seit der Durchsetzung einer universalen kapitalistischen Massenkultur sei dies nicht mehr statthaft. Letztendlich führe dies nur zu einem Narzißmus der kleinen Differenz, zu einer Überbewertung unterschiedlicher Konsumstile.

Die kulturalistische Gegenposition wurde in ihrer elaboriertesten Form von Charles Taylor (1992/1993) formuliert. Sein Ausgangspunkt ist das menschliche Grundbedürfnis nach Anerkennung, das er mit guten Gründen als universal ansieht. Dieses Bedürfnis nach Anerkennung erschöpfe sich nicht – wie die Universalisten meinten – in der Anerkennung der allgemeinen Menschenwürde. Vielmehr gebe es darüber hinaus auch das, nicht weniger grundlegende, Bedürfnis des Individuums, *in seiner Besonderheit* anerkannt zu werden. Denn, so Taylor, woraus leiten wir denn den Anspruch eines jeden Menschen auf Anerkennung seiner Würde ab? Doch wohl aus seiner Fähigkeit zu vernünftigem, selbstbestimmtem Handeln – zu einem individuellen Selbstentwurf, zu einer eigenen und unverwechselbaren Identität. Kurz: man will nicht nur als Mensch anerkannt werden, sondern auch als je besonderes Individuum – so wie man ist. Und weil der eigene Entwurf immer auf der Herkunft des Einzelnen aufbaut, heißt dies auch: so wie man geworden ist. Man formuliert mit diesem Anliegen das Recht, sich selbst treu bleiben zu dürfen. Damit wird die Anerkennung von etwas gefordert, was zwar allen zukommt, was inhaltlich jedoch sehr verschieden ist. Oder um es mit einem Schlagwort zu sagen: es wird das Recht auf Differenz eingefordert.

Dieses Recht auf Differenz kann, so fährt Taylor fort, nicht auf Individuen beschränkt werden. Und zwar deshalb nicht, weil es unter bestimmten Umständen nur dann nicht ausgehöhlt und illusorisch wird, wenn es kollektiv vertreten wird. Dies ist etwa bei der Sprache der Fall. Das Beispiel, das Taylor im Auge hat, ist das der Franko-Kanadier der Provinz Quebec. Hier wurde der Erhalt der durch das Englische in Bedrängnis geratenen französischen Sprache – analog zur Umwelt – zu einem kollektiven Gut erklärt, das es nicht nur zu erhalten, sondern auch zu mehren gilt. Weitreichende Konsequenzen werden aus diesem Prinzip abgeleitet. Neben dem Verbot von Werbung in einer anderen als der französischen Sprache und der Pflicht, in größeren Unternehmen französisch zu sprechen, wird es den frankophonen Familien und Einwanderern auferlegt, ihre Kinder auf französische Schulen zu schicken. Wenn, wie hier, *kollektive Rechte* eingefordert bzw. Pflichten angemahnt werden, gerät diese Position in Konflikt mit der universalistischen Position: Denn nun werden Verpflichtungen für den Einzelnen aus seiner Herkunft abgeleitet.[1]

Die Differenz der beiden Positionen liegt in ihrer Bewertung der Alltagskultur – der ethnischen Kultur, der religiösen oder sozialen Subkultur. Die universalistische Position sieht in der Alltagskultur nur Alltagspraktiken, Konsumstile, deren Bedeutung man nicht übertreiben sollte. Die andere Position mißt der Alltagskultur eine entscheidende Rolle zu: Sie ist sozusagen das Wasser, in dem der Einzelne schwimmt, die Luft, die er atmet. Eine Mißachtung der Bedeutung von Kultur ist schlimm, wenn nicht katastrophal. Sie bedeutet die Mißachtung des Rechtes auf Anerkennung und kann Leiden nach sich ziehen.

Soweit die beiden Positionen. Bevor ich inhaltlich zu ihnen Stellung beziehe, möchte ich zunächst anmerken, wie die Diskussion meines Erachtens nach *nicht* entschieden werden kann. Anders als Finkielkraut (1987/1989: 80) suggeriert, ist keines der beiden Modelle in sich besser oder schlechter – zumindest was die Bilanz an Gewalt oder Unterdrückung betrifft, die im Namen der jeweiligen Modelle ausgeübt wurde.

Es scheint mir dafür einen systematischen Grund zu geben: Wenn es um die Umsetzung des universalistischen Gedankens in Institutionen geht – um seine Konkretisierung also –, dann ist es schwer vorstellbar, wie dies unabhängig von einer gewachsenen politischen Kultur geschehen kann. Zumindest hat die Ausgestaltung einer sich universalistisch verstehenden Kultur immer an einem bestimmten Ort stattgefunden – und sei es in Negation der bis dahin an diesem Ort geltenden Normen. Es ist eine Binsenweisheit, daß jede Negation Züge dessen trägt, was sie ablehnt. Der bezeichnende Fall ist natürlich Frankreich. Die Französische Revolution ist im Namen der Menschenrechte gegen die selbstverschuldete Unmündigkeit des Menschen aufgetreten und hat damit universale Forderungen gestellt. Die Art und Weise, in der sie dies allerdings formuliert hat – mit der sie bezeichnenden Betonung von Gleichheit und Vernunft –, ist durch und durch geprägt von der französischen Geschichte, der religiösen Homogenität, dem Absolutismus etc. Die amerikanische Kultur kam zu anderen – nicht weniger universalistischen – Lösungen. Wenn diese Lösungen exportiert werden (wie etwa im Kolonialismus), dann werden sie, wenig überraschend, leicht als fremdkulturelle Überlagerung empfunden. Dies wurde dann als besonders beklemmend wahrgenommen, wenn Vertreter der universalistischen Position sich der Sünde schuldig machten, im Namen der Menschheit ihre eigenen Ziele zu verfolgen[2] – was eher die Regel als die Ausnahme war.

Die kulturalistische Position ist oft eine fast notwendige Folge des als Universalismus verkleideten Partikularismus. Sie ist zunächst und praktisch überall eine *Defensivposition* – und zwar von Herder bis Fanon. Sie erwuchs immer wieder aus dem Unbehagen an einer stärkeren, dominanten Kultur, die sich universalistisch gab. Fast trotzig wurde behauptet, daß die eigene Kultur *doch* gleichwertig sei. Fanon (1961/1966) verknüpfte diese Einsicht mit der Aufforderung zum antikolonialen Widerstand: Der Widerstand gegen eine sich universalistisch gebärdende Fremdbestimmung verlangt den Rekurs auf die eigene Kultur, weil er nur kollektiv möglich ist – als Einzelner ist man notwendigerweise zum Scheitern verurteilt: »Der kolonisierte Intellektuelle hatte von seinen Lehrern gelernt, daß das Individuum sich behaupten müsse. Die kolonialistische Bourgeoisie hatte dem Kolonisierten die Idee einer Gesellschaft von Individuen eingehämmert, wo jeder sich in seine Subjektivität einschließt, wo der Reichtum ein Reichtum des Geistes ist. Der Kolonisierte, der das Glück hat, sich während des Befreiungskampfes unter das Volk zu mischen, wird die Falschheit dieser Theorie entdecken.« (Fanon 1961/1966: 36) Es war nicht Verblendung, wie Finkielkraut (1987/1989: 77) meint, die hinter der Entscheidung der Kolonisierten für die ethnische Theorie der Nation stand, sondern vielmehr ein soziostruktureller Imperativ – die Notwendigkeit, sich für den Befreiungskampf zu organisieren. Dennoch ist Finkielkraut recht zu geben, wenn er auf die katastrophalen Konsequenzen hinweist, die es hatte, sobald eine kulturalistische Position an die Macht kam. Die Folge war in der Regel gewaltsame Homogenisierung und Unterdrückung jeder Differenz. »Die Einparteienregierung ist die angemessenste politische Umsetzung des Begriffs ›kulturelle Identität‹.« (Finkielkraut 1987/1989: 75)

Kurzum: Keines der Modelle ist gegen den Mißbrauch der Macht gefeit. Ein bilanzierendes Abwägen ist daher ziemlich steril. Ich möchte hier nun einen neuen Zugang suchen, indem ich mich auf den Begriff konzentriere, um den es in der Debatte ei gentlich geht – nämlich den der Kultur. Und hier habe ich den Eindruck, daß sowohl die Befürworter wie die Gegner in dieser Debatte eine sehr reduzierte Vorstellung von Kultur haben.

Die Kulturanthropologie ist in den letzten Jahren radikal von der Herderschen Definition von ethnischer Gruppe (Volk) als Kollektiv mit geteilter Sprache, Geschichte und Kultur abgerückt. Kultur wird immer häufiger als »Diskursfeld« (vgl. etwa Lutz und Abu Lughod 1990: 7) konzipiert, als eine Arena, in der Werte, Normen, Deutungsmuster von kulturellen Akteuren ständig neu »verhandelt« werden – »verhandelt« in Anführungszeichen, weil kulturelles Handeln zwar immer zeichenhaft, aber nicht immer sprachlich ist: Kulturelle Rebellionen finden oft im Bereich der Moden, der Musik oder der bildenden Künste statt. Mit dieser Konzeption wird nun jeder Bestimmung von Kultur als Substanz, als Wesen oder als Struktur eine Absage erteilt – statt dessen wird sie primär als Prozeß konzipiert.

Ein Diskursfeld kann und muß unter zwei Aspekten beschrieben werden. Der erste Aspekt ist der der Stabilisierung der geltenden Regeln und Prämissen. Wenn man in einem Diskursfeld seine Deutungen der Welt durchsetzen will, dann muß man sich auf andere Akteure beziehen – auf ihre Standards der Gerechtigkeit, auf ihre Standards der Argumentation, auf ihren Stil oder auf ihre Erinnerungen und Vorstellungen. Nolens volens bekräftigt und bestätigt man in diesem Akt zumindest den einen oder anderen Standard – man baut an dem weiter, was man als kulturelle Gemeinsamkeiten bestimmen könnte. Aus diesem Grund kann man, auch wenn man eine offene und prozessuale Auffassung von Kultur vertritt, von den Normen, Werten und Deutungen sprechen, die die Angehörigen einer Kultur (für eine gewisse Zeit) teilen. Man muß es sogar, wenn man zwei wichtige Aspekte des Verhältnisses von Macht und Kultur nicht aus den Augen verlieren will: Dies ist zum einen die Frage nach den kulturellen Aus- und Abgrenzungsmechanismen, von denen diejenigen betroffen sind, die die in einem gegebenen Feld geforderten kulturellen Techniken nicht beherrschen. Pierre Bourdieu hat eindringlich klargemacht, wie ein Mangel an kultureller Kompetenz, also an Fähigkeiten, souverän in einem Diskursfeld zu partizipieren, die Chancen verringert, seine Deutungen durchzusetzen, also Machtlosigkeit bedeutet. Nicht weniger wichtig ist die Frage nach kultureller Entfremdung. Sie tritt auf, wenn die Regeln eines Diskursfeldes auf Grund von Machtverschiebungen verändert werden. Den Ostdeutschen wurde etwa mit der Wiedervereinigung ein ganzes Arsenal an kulturellen Strategien genommen, mit denen man im Diskursfeld »DDR« Punkte sammeln konnte. Mit kultureller Entfremdung geht die Erfahrung einher, sprachlos gemacht zu werden, das Gefühl, den Boden unter den Füßen zu verlieren.

Nicht weniger zentral ist es jedoch, ein Diskursfeld auch aus einer anderen Perspektive zu betrachten, nämlich der der ständigen Veränderung der Standards und Regeln. Sie hängt zum einen mit der Tatsache zusammen, daß man zwar Bezüge zu den Positionen anderer herstellen muß, wenn man sich durchsetzen will, dies aber in der Regel nur partiell macht. Nicht selten wird etwa auf geteilte Erfahrungen Bezug genommen, um andere, bisher geltende Normen und Werte in Frage zu stellen oder gar anzugreifen. Neue Positionen drücken also nicht nur kulturelle Standards und Regeln aus, sondern modifizieren sie ständig. Hinzu tritt, daß Kulturen – Diskursfelder – vielfach geschichtet sind. In jedem Diskursfeld gibt es Gegendiskurse, latente und unterdrückte Diskurse, Partialdiskurse, jeder mit eigenen Standards von Gerechtigkeit, Wahrheit usw. Schließlich sind Diskursfelder prinzipiell offen: Sie haben keine klaren Grenzen nach außen, sondern sind vielfach miteinander vernetzt. Es gilt, diesen dynamischen Aspekt von Kultur im Auge zu behalten, um andere, ebenfalls sehr wichtige Zusammenhänge von Kultur und Gewalt nicht aus dem Auge zu verlieren. Dies sind etwa die Fragen, die gegenwärtig unter dem Schlagwort des »kulturellen Rassismus« diskutiert werden – nämlich das Problem der Festlegung des Anderen auf seine Kultur und Herkunft, was nicht selten mit dem Zu- oder Absprechen von Kompetenz verbunden wird.

»Kultur« muß also immer unter einem doppelten Aspekt betrachtet werden, wenn man die vielfältigen Machtmechanismen analysieren will, die mit ihr verbunden sind: Sie muß einmal betrachtet werden, *als ob* sie ein vergleichsweise geschlossenes System von Standards und Regeln darstellte, und zum anderen, *als ob* sie ständig im Fluß wäre. In gewissem Sinn muß die Kulturanalyse deshalb verfahren wie die Physik, die einmal die Teilchen- und ein andermal die Wellennatur des Lichtes ins Auge faßt.

Es läßt sich zeigen, daß die kulturalistische und universalistische Position jeweils einen der beiden Aspekte von Kultur verabsolutieren und damit die Komplexität des Phänomens reduzieren.

Die kulturalistische Position bezieht sich auf die Tatsache, daß Normen und Werte, Standards von Gerechtigkeit usw. geteilt werden, und hypostasiert sie. Sie konstruiert aus dieser Tatsache die Idee einer Kultur mit einem Zentrum und einer Grenze, mit einem Ursprung und (nicht selten) einer Mission und leugnet damit die prinzipielle Offenheit und Lebendigkeit einer jeden Kultur. Eine derartige Position wird oft in der Defensive eingenommen: Eine Kultur, die es vorgeblich zu schützen gilt, wird festgeschrieben und mit eindeutigen Grenzen versehen. In diesem Akt werden eine Kultur, eine Tradition und eine Geschichte konstruiert und mit dem Hinweis auf Authentizität eingeklagt. Das Dilemma der kulturalistischen Position liegt demnach darin, daß die Akteure eines Diskursfeldes ihre »Kultur«, um sie zu verteidigen, stilisieren, reduzieren und standardisieren (vgl. Rothschild 1981: 3). Es handelt sich um einen Prozeß, der tendenziell zur Selbstverkapselung führt. Ein kulturelles Milieu, das sich der ethnischen Politik verschreibt, wird rigide und fundamentalistisch, damit seine Angehörigen sich selbst treu bleiben können.

Die universalistische Position betont dagegen die Tatsache des ständigen Neuverhandelns und radikalisiert sie dahingehend, daß man nicht mehr von »Kulturen« sprechen sollte, sondern nur von Individuen – also nicht mehr von »deutscher« oder »islamischer« Kultur, sondern nur von »Deutschen« oder »Muslimen«. Sie leugnet damit die ebenso evidente Tatsache, daß es kulturelle Kompetenz gibt, und damit, daß Kultur in gewissem Ausmaß im Sozialisationsprozeß internalisiert wird. Was dieser Analyse entgeht, ist die Einsicht in Prozesse wie kulturelle Entfremdung, kulturelle Diskriminierung oder kulturellen Imperialismus. Damit verbaut sich diese Position die Einsicht in die Mechanismen, die zu den mächtigsten Triebfedern unserer Zeit gehören: nämlich die allgegenwärtige Renaissance von Fundamentalismen und Kulturalismen. Da diese Position letztendlich nicht mehr von Kultur spricht, muß sie all denen, die für ihre Kultur Anerkennung fordern, ein falsches Bewußtsein unterstellen.

Damit soll nicht der Anschein erweckt werden, als würde hier für ein bläßliches »sowohl als auch« plädiert. Ich möchte deshalb in einem letzten Schritt die Konsequenzen der hier entwickelten Position für die Situation der türkischen Migranten in Deutschland skizzieren.

Die Gruppe der Migranten ist zunächst religiös in sich äußerst differenziert. Aleviten, surianische Christen, Yeziden und Sunniten bilden die großen Fraktionen. Diese Gruppen setzen sich gegeneinander ab – zum Teil bekämpfen sie einander. In jeder dieser Gruppen kommt es zu Prozessen der Bewußtseinsbildung: in der surianischen und alevitischen Gemeinde finden Diskussionen statt, ob man sich als ethnische Gruppe oder als religiöse Gruppe verstehen sollte. In den sunnitischen Gemeinden gibt es eine wichtige Diskussion über den politischen Charakter, den der Islam haben sollte oder nicht. Hierüber spalten sich die Gruppen in mindestens fünf Gemeinden.

Gleichzeitig artikulieren sich die unterschiedlichen sprachlichen Gruppen zum Teil stärker und selbstbewußter als in der Türkei – hier sind vor allem die drei kurdischsprachigen Gruppen zu nennen. Die Sprachgrenze zwischen Kurden und Türken steht im übrigen quer zu der Scheidung von Sunniten und Aleviten. Quer zu den sprachlichen Gruppen differenzieren weiterhin Klassenzugehörigkeiten die Bevölkerung: Die türkische Mittelschicht hat deutlich andere Vorstellungen von Geschmack, von Wert- und Wahrheitsfragen als die Arbeiterklasse.

Schließlich ist die Kultur der türkischen Arbeitsmigranten in der Bundesrepublik ein Feld symbolischer Auseinandersetzungen, die für Dynamik und interne Weiterentwicklung sorgen. Eine starke kämpferische republikanische Tradition steht gegen verschiedene islamische Gruppen und ethnische Gruppen. Für Dynamik sorgt aber auch die Auseinandersetzung vor allem der zweiten Migrantengeneration mit der bundesrepublikanischen Gesellschaft.

All dies zeigt, daß von der »Türkischen Kultur« in der Bundesrepublik nur im Sinne eines lebendigen und offenen Diskursfeldes gesprochen werden kann. Die Heterogenität der Positionen, die eingenommen werden, bedeutet indes nicht, daß sich nicht allgemein die Frage nach Anerkennung stellen würde. Es gibt ein Bedürfnis danach, allerdings nicht in der statischen Form, in der Taylor es einführt. Was nach Anerkennung heischt und der Anerkennung bitter bedarf, ist nicht die Nation oder auch Religion, sondern die besondere Lage, als *Türke in Deutschland* zu leben. Es geht um die Anerkennung der Prozeßhaftigkeit, der Komplexität und der Dynamik der Situation: Es geht darum, daß man in einer der türkischen Kulturen aufwächst, dort eine bestimmte Kompetenz erwirbt und sich sodann in einer Gesellschaft bewegt, deren Diskurs sich auf zum Teil diametral entgegengesetzte Werte bezieht. Diesem Prozeß möchte ich mich nun zuwenden, indem ich ein Feld, in dem die Auseinandersetzung mit der deutschen Gesellschaft stattfindet, betrachte, nämlich die Schule.

Der schulischen Ausbildung wird von praktisch allen türkischen Migranten der ersten Generation, mit denen ich gesprochen habe, ein erheblicher Wert zugemessen. Die Notwendigkeit einer soliden Ausbildung für einen gesellschaftlichen Aufstieg ist ihnen bewußt. Gleichzeitig werden sie mit der Tatsache konfrontiert, daß in der Schule Normen und Werte vertreten werden, die von denjenigen des Elternhauses massiv abweichen – wobei allerdings weniger die von der Institution vertretenen Normen Ängste machen als diejenigen, die sich subinstitutional etwa in den *Peer*-Gruppen der jungen Deutschen entfalten. Die Eltern sehen sich somit vor einen Zielkonflikt gestellt. Sie müssen abwägen zwischen der Notwendigkeit, die Kinder auf die Gesellschaft vorzubereiten, und der Angst, daß die Kinder ihnen durch ein anderes Wertefeld fremd werden könnten. Diese Angst kam auch auf diejenigen zu, die am offensivsten auf die Gesellschaft zugingen; hier ein Beispiel:

»(Mein Sohn) sollte, wenn er heranwächst, Deutsch lernen. Das ist gut, aber dennoch ... er soll sich nicht von mir entfernen, er soll sein Türkisch-Sein, seine Persönlichkeit nicht verlieren. Deswegen bin ich der Meinung, daß er bis in die fünfte Klasse Türkisch lernen sollte ... Wenn ein Kind bis zur fünften Klasse Türkisch gelernt hat ..., dann wird es nicht mehr mit dem Türkischen brechen, und *es wird nicht mehr mit mir brechen.* Auch wenn er dann fünfzig Jahre alt sein sollte, ein großer Deutscher sein sollte ..., *so wird er doch seine Persönlichkeit nicht mehr verlieren.* Also ich möchte eigentlich nicht, daß sich mein Kind in Zukunft ganz an die deutschen Sitten und Bräuche anpaßt.« (Aziz Subayoğlu in: Schiffauer 1991: 241/242)

Es ist deutlich, daß sich die Sorge um kulturelle Identität bei meinem Gesprächspartner aus zwei Quellen speist: Erstens aus dem Wunsch, daß sich das Kind in seinen Orientierungen und Werten nicht den Eltern entfremdet, und zweitens aus dem Bedürfnis, es in seinem Türkisch-Sein so zu stärken, daß es, wie er sagt, ein großer Deutscher werden kann.

Während sich dieses Problem in allen Familien sehr ähnlich stellt, gibt es eine ganze Bandbreite von Möglichkeiten, damit umzugehen. Der soeben zitierte Aziz Subayoğlu tendiert offensichtlich zu einer Haltung, den Sohn offensiv auf die deutsche Gesellschaft vorzubereiten, sozusagen den Stier bei den Hörnern zu packen. Er neigt dazu, der Vorbereitung auf die Gesellschaft eine größere Bedeutung beizumessen als dem Schutz vor ihr. Andere – eher religiöse – Familien, denen die Vermittlung von Werthaltungen stärker am Herzen lag, tendieren dazu, die Kinder vor den anderen Einflüssen schützen zu wollen. So werden Korankurse damit begründet, daß man damit die Kinder gegen problematische Einflüsse wappnen könne. In Extremfällen werden Institutionen wie Kindergärten gemieden. Besonders ernst und zugespitzt wird der Zielkonflikt dann erlebt, wenn die Kinder in die Pubertät kommen. Hier tritt zu der Angst vor der Entfremdung das Gefühl der Gefährdung der Kinder in der deutschen Umwelt. Dies ist für Mädchen auf Grund des Ehrenkodexes stärker ausgeprägt als für Jungen. Gerade religiöse Familien sehen sich aus dieser Angst heraus nicht selten genötigt, die Mädchen nach der fünften Klasse in islamische Internate in der Türkei einzuschulen – was von allen Familien, die sich dazu entschieden haben, als problematisch empfunden wurde. Wie immer man sich auch zu dem Zielkonflikt im einzelnen verhielt: Er selbst wurde von allen und gerade auch von den fundamentalistischen Familien als problematisch erlebt. In der einen oder anderen Hinsicht forderte er Abstriche vom Wünschbaren. *Diese Problematik ist es, deren Anerkennung die türkischen Familien wünschen.*

Das Problem, die Angst vor dem »Verlust« der Kinder, wird durch einen weiteren Faktor verstärkt. In Europa sind die Druckmittel der Eltern schwächer geworden. Nicht nur vertritt das weitere gesellschaftliche Umfeld abweichende Normen und Werte, es wird auch nicht mehr – wie noch in der städtischen Türkei – sanktionierend im Sinn der Eltern tätig, bietet sogar in Grenzfällen Rückhalt gegen die eigene Familie.

Bisher habe ich die Situation aus der Perspektive der ersten Generation geschildert; für die zweite Generation stellt sie sich etwas anders dar. Das Problem konkurrierender und zum Teil sich widersprechender Normen- und Wertsysteme wird bei den hier geborenen und aufgewachsenen Deutsch-Türken (bzw. Turko-Deutschen) durch einen zweiten Aspekt überlagert: Sie wurden heimisch in einer Gesellschaft, die ihnen den Status der Zugehörigkeit verweigert, sie weiterhin als Fremde behandelt und durch Gewaltakte ausgrenzt.

Auf diesem Hintergrund haben die meisten Angehörigen der zweiten Generation versucht, eine Perspektive für sich zu entwickeln, die man als Individuierung aus der Negation charakterisieren könnte. Damit meine ich eine tentative, vorsichtige Art der Selbstverortung, die eher ausdrückt, was man *nicht* ist, als das, was man *ist*. Damit einher geht ein Insistieren auf einem individuellen Weg zwischen diesen Widersprüchen. In diesem Feld wurde (und wird) jede positive Zuschreibung als eine unzumutbare Festlegung empfunden. Gleich empfindlich reagieren daher etwa viele Türken der zweiten Generation in Deutschland bzw. Deutsche türkischer Herkunft, wenn man sie auf eine der Dimensionen festlegt, sie entweder unter »Türken« subsumiert (»Du als Türke«) oder ihnen das »Türkisch-Sein« abspricht (»Du bist doch schon kein Türke mehr«): Sie sind beides, und sie sind keines; und sowohl die Zuschreibung als auch das Absprechen einer nationalen Identität wirken daher gewaltsam – wie ein ungeduldiges Auflösen von Widersprüchen, die zwar nicht angenehm sind, aber ausgehalten werden müssen, weil die Alternative nur die Verdrängung und Abspaltung des einen oder des anderen Teils wäre.

Dies ist der Kontext, in dem der Wunsch nach Anerkennung situiert ist. Es ist das Anliegen, in einer widersprüchlichen, manchmal zerrissenen Lebenssituation nicht noch zusätzlich Steine in den Weg gelegt zu bekommen. So ist die Forderung nach dem Kopftuch nicht der Wunsch, eine ethnische Kolonie zu gründen, sondern der Wunsch, die Töchter in Deutschland ausbilden zu können und sie nicht in die Türkei zurückschicken zu müssen. Es verhält sich damit wie mit der Forderung nach doppelter Staatsangehörigkeit, die vor allem für die zweite Generation relevant ist. Hinter ihr steht der Wunsch, in einer sehr schwierigen Gesellschaft Fuß zu fassen, ohne sich ihr auszuliefern, der Wunsch, heimisch zu werden – *trotz* Ausländerfeindlichkeit. Diese Forderungen sind Forderungen nach Anerkennung eines kulturellen Hintergrunds, ohne daß sie kulturalistische Forderungen wären, es geht nicht um die Verewigung einer Kultur in einer abgeschotteten Kolonie, sondern es geht ganz konkret um die Bewältigung einer schwierigen Situation, die *auch* kulturell bedingt ist.

Wenn man die Gegebenheiten unter dieser Perspektive betrachtet, läßt sich die anfängliche Fragestellung einfach durchspielen: Jede republikanisch-universalistische Prinzipienreiterei – ob sie nun nach französischem Muster säuberlich säkular von sakral

scheidet oder ob sie, nach dem deutschen Muster, auf einer pater-
nalistisch-grundsätzlichen Haltung besteht (»eine Sonderbehand-
lung wird nicht eingeräumt«, »die Migranten müssen sich zwischen hier und dort entscheiden«) – erhöht den Druck auf die
Migrantenfamilien und spitzt deren Handlungsdilemmata zu. Sie
führt fast unweigerlich zu einer Verhärtung. Ein türkischer Jugendlicher in Berlin hat dies in einem bemerkenswerten Satz auf
den Punkt gebracht:

»Hör mal, was soll denn das? Wir sind doch keene, daß wir uns
zwingen lassen, irgend etwas zu machen. Wer sind wir denn überhaupt? Außerdem: Wo leben wir denn? Wie ich vorhin gesagt
habe: Wir sind Muselmanen und dabei bleibt es. Hier kann jeder
machen, was er will. Und wenn die noch weiter gackern, dann laß
ich meine Frau auch Schleier anziehen, obwohl sie Hosen anhat.
Dann soll sie Schleier anziehen. O.K., das mach ich, wie es mir
paßt. Da kann mir keiner sagen, das werden wir nach und nach
ändern. Wer sind wir denn?« (Zitiert in Schiffauer 1985: 171)

Aus dem Zitat blitzt auf, was aus der Verweigerung der Anerkennung resultieren kann: legitime Wut und ethnische Verhärtung, die sich selbst Gewalt antut, um sich zu behaupten.

Die Forderung, die sich aus all dem ergibt, lautet: Es ist notwendig, die schwierige Situation anzuerkennen, vor die ein Angehöriger einer der türkischen Kulturen in Deutschland gestellt ist – und
zwar gerade um zu vermeiden, daß kulturalistische Positionen
entstehen. Die Befreiung der Mädchen vom Turnunterricht, unter
Umständen vom Sexualkundeunterricht; die Einrichtung von
Curricula (und zwar für Deutsche und Migranten) mit Berücksichtigung der Herkunftsländer und der Geschichte derjenigen
Staaten, die Migranten entsenden, Flexibilität in bezug auf die
Errichtung konfessioneller Schulen – all dies hilft den Migranten,
die schwierigen und in sich widersprüchlichen Ansprüche von fa-
miliarer Bindung, gesellschaftlicher Integration und der Genese
von sinnvollen Lebensentwürfen zu ermöglichen. Sie erlaubt es
ihnen, sich tatsächlich hier zu integrieren, nämlich in der Anerkennung ihrer besonderen Lage, ein Teil dieser Gesellschaft zu
werden.

Lassen Sie mich zum Schluß etwas zu dem Argument sagen, das
sich nun mit Sicherheit zu Worte melden wird. Es lautet: Wenn wir
so viele Sonderrechte einräumen, dann zerfällt die Gesellschaft.
Zwei ziemlich verbreitete Ansichten stehen hinter dieser Furcht;

Erstens, wenn wir ihnen den kleinen Finger reichen, nehmen sie gleich die ganze Hand. Und zweitens, wenn wir dies den einen gewähren, kommen sie alle. Beide Argumente entsprechen nicht der sozialen Logik. Sie berücksichtigen nicht die Tatsache, daß Kultur ein prozessuales Phänomen ist. Tatsächlich erlaubt die Flexibilität seitens der Mehrheitsgesellschaft, daß sich die kulturelle Dynamik entfalten kann – und es gerade nicht zu Verhärtungen und Festschreibungen kommt. Eine liberale und offene Politik gegenüber kulturellen Forderungen führt gerade nicht zu Ghettos und Grenzziehungen, sondern zu offenen und fruchtbaren Auseinandersetzungen.

Anmerkungen

1 Aus dieser Position ließen sich sehr weitgehende Forderungen ableiten: So könnte man in bezug auf familiale Werte ähnlich argumentieren. Eine Familienethik, die etwa – wie die traditional islamische – Wert auf Ehre und Achtung legt, läßt sich nur dann mit einiger Aussicht auf Erfolg aufrechterhalten, wenn sie nicht im öffentlichen, also schulischen Raum direkt in Frage gestellt wird.

2 Dies fällt naturgemäß Mitgliedern aus anderen Kulturen immer besonders schmerzhaft auf: In jüngerer Zeit wurden Erfahrungen dieser Art von arabischen Intellektuellen während des Golfkriegs gemacht. Siehe hierzu: Mernissi (1992).

Die Angst vor der Differenz

*Zu neuen Strömungen in der
Kultur- und Sozialanthropologie*[1]

Wir stehen an einem Wendepunkt der Wissenschaftskultur im Fach Kulturanthropologie – einem Wendepunkt, der die Episteme, die Fragestellungen, die Forschungsrelevanzen und vor allem die Forschungsethik betrifft. Ich möchte in diesem Text diesen Veränderungsprozeß mit den Werkzeugen der Disziplin selbst beschreiben, also eine Kulturanthropologie der Kulturanthropologie versuchen. Ich werde, ganz dem Geist der Disziplin folgend, das Augenmerk weniger auf die wissenschaftliche »Hochkultur« richten – die repräsentativen Texte, die großen Theorien – als auf die »Alltagskultur« – auf die Stimmung bei Tagungen, auf die Diskussionen unter Doktoranden, auf die Kommentierungen am Rand. Veränderungen sind dann – und nur dann – fundamental, wenn sie sich in der Banalität des Alltags niederschlagen.

Ich wähle als Ausgangspunkt eine Rezension, die im »Times Literary Supplement« zur englischen Ausgabe von Fritz Kramers »Der Rote Fes« (1987) erschienen ist. In diesem Buch geht es Kramer darum, die Logik der Rezeption des Fremden in afrikanischen Kulturen mit dem Begriff der Mimesis zu fassen. Er versucht zu zeigen, daß man sich dem Anderen in afrikanischen Kulturen auf eine grundsätzlich andere Weise nähert als in den europäischen Kulturen – der Andere wird nicht »begriffen«, sondern man erfährt ihn im Modus des »Ergriffenseins« und damit in einer reziproken und reversiblen Beziehung. Kramer zeigt, wie dieser Modus die verschiedenen Ausdrucksformen afrikanischer Kulturen – Kunst, Geistbesessenheit und *popular culture* – durchdringt und sich in ihnen in unterschiedlicher Weise ausdifferenziert.

Janice Boddy nun, die dieses Buch rezensiert, kommt nach einer anfangs sehr positiven Würdigung, in der insbesondere hervorgehoben wird, daß Kramers Versuch der Komplexität der afrikanischen Kulturen gerecht wird, zu folgender Gesamteinschätzung:

»Dennoch ist der ›Rote Fes‹ nicht uneingeschränkt zu loben. Indem Kramer Mimesis als eine andere Erkenntnisform zum

Westlichen Rationalismus einführt, beschwört er eine Vielzahl von Problemen herauf, und allzuvertraute Bilder vom afrikanischen Anderen scheinen immer wieder in unvorsichtigen Formulierungen durch... Wie positiv seine Absicht auch war, so bleibt doch das Paradox, daß Afrika und die Afrikaner in diesem Prozeß erneut zu Anderen gemacht werden.« (Boddy 1994: 8)

Das Wort, das Boddy hier benutzt, lautet »to other«, ein Amerikanismus, den man auf Deutsch unter Umständen mit »Ver-Anderung« wiedergeben könnte. Der hier erhobene Vorwurf des »othering« hat gegenwärtig Konjunktur. Auf kulturanthropologischen Tagungen wird er in schöner Regelmäßigkeit immer dann formuliert, wenn ein Vortrag darauf abzielt, eine andere »Kultur« darzustellen, also zu zeigen, daß das Handeln oder Denken von Angehörigen einer anderen ethnischen Gruppe oder Religion einer anderen »Logik« folgt als derjenigen, die uns vertraut ist. Es heißt dann etwa, der Vortrag »dichotomisiere«, er stelle »uns« den Anderen gegenüber – *the West to the rest* (bzw. dem Orient den Okzident, dem Islam das Christentum, dem Mittelmeerraum Nordeuropa).

Halten wir zunächst fest, daß dieser Vorwurf auch dann aufrechterhalten wird, wenn, wie oben von Janice Boddy, konzediert wird, daß die Beschreibung positiv ist (d. h. wenn sie nicht im Gestus der Reaffirmation des Eigenen, sondern im Gestus seiner kritischen Infragestellung erfolgt). Auch das als positiv repräsentierte Andere ist problematisch – und zwar deshalb, weil die Vermutung existiert, daß jede Konstatierung von Differenz (und sei sie noch so positiv gemeint) Hierarchie, also Macht, Unterordnung, Ausgrenzung – wenn nicht gar Vernichtung – impliziert oder nach sich zieht. Der Vorwurf des »othering« wird deshalb nicht selten mit einem deutlich moralisierenden Unterton erhoben.

An dem Vorwurf ist die direkte Verkehrung der Bewertung von Differenz in den letzten zwanzig Jahren bemerkenswert. Anfang der siebziger Jahre stand die Betonung einer radikalen Differenz im Zusammenhang mit dem Einspruch gegen einen als unkritisch empfundenen Begriff der Moderne, wie er in Entwicklungstheorien (kapitalistischer oder marxistischer Provenienz) formuliert wurde. Die Berufung auf Kultur stand dabei nicht selten im Zusammenhang mit der Absicht, das Heterogene und Sperrige an sozialen Phänomenen zur Geltung zu bringen. Man begeisterte sich an Phänomenen wie Widerstandsbewegungen, Wilden Streiks, Ekstasekulten, chiliastischen Bewegungen und ähnlichem – Phänomenen, die sich nicht in das Fortschrittsschema marxistischer Theorie einpassen ließen: es gab eine weitverbreitete Lust an der kreativen Anarchie. Die Kulturanthropologie artikulierte eine radikale Kritik an »Herrschaftswissen« und »Verwertungslogik«. Das droit à la difference war die Formulierung des Rechtes auf Anderssein und der Anerkennung dieses Rechtes.

Wie konnte es dazu kommen, daß der Diskurs der Differenz, der mit Emanzipation und Subjekthaftigkeit verbunden war, heute, also zwanzig Jahre später, mit seinem direkten Gegenteil assoziiert wird? Ich möchte dazu drei Hypothesen formulieren.

1. Die Durchsetzung einer konstruktivistischen Auffassung vom kulturanthropologischen Wissen impliziert eine neue Sicht von kulturanthropologischer Verantwortung.

2. Die veränderte Auffassung von gesellschaftlichen Machtstrukturen führt zu einer neuen Bewertung von kulturanthropologischen Aussagen.

3. Die Globalisierung führt zu einer Verschachtelung der Diskurse und zur Herausbildung einer neuen Ethik.

1. Die Durchsetzung einer konstruktivistischen Auffassung vom sozial- und kulturanthropologischen Wissen führt zu einer neuen Auffassung von kulturanthropologischer Verantwortung

Seit der strukturalistischen Wende in den fünfziger Jahren hat sich Schritt für Schritt die Einsicht in den konstruktivistischen Charakter unseres Wissens durchgesetzt. Heute gibt es wohl kaum noch einen Ethnologen, der mit der Ungebrochenheit von Radcliffe Brown konstatieren würde, daß soziale Strukturen »real« sind.[2] Die vorherrschende Meinung heute lautet vielmehr, daß wir uns Bilder oder Modelle von der Realität konstruieren: Wir selektieren eine Reihe von Phänomenen und bringen sie in eine sinnvolle Ordnung zueinander. Nichts garantiert uns, daß diesem konstruktiven Akt etwas in der Welt der Phänomene tatsächlich entspricht, allenfalls bewähren sich unsere Modelle an der »Realität« – was diese auch immer sein mag. Wir registrieren also nicht die soziale Umwelt, sondern entwerfen sie erst. Dabei reflektieren unsere Bilder von der Ordnung der Phänomene unseren eigenen Ort in der Gesellschaft: sie sind situational, nicht mehr absolut. Diese Einsicht in den konstruktiven Charakter unserer Erkenntnis bedeutet nichts anderes, als daß die wissenschaftlichen Aussagen ihren privilegierten Standpunkt als schiedsrichterliche, gleichsam höchste Instanz verloren haben. Sie sind nur eine Partei unter anderen, in der Lage, einen bestimmten Typ von Aussagen zu produzieren. Dies betrifft nicht nur den Inhalt der Aussagen, sondern noch grundlegender die Kategorien, über die wir Aussagen machen. Die Selbstverständlichkeit, daß es ethnische Gruppen, Religionsgemeinschaften oder gar Kulturräume gibt, die wir dann untersuchen könnten, ist uns abhanden gekommen. Statt dessen ist die Frage in das Zentrum gerückt, *in welchem Sinn* es etwa überhaupt ethnische Gruppen gibt (sind beispielsweise die Hutus und Tutsis, wie Behrend und Meillassoux [1994] behaupten, »nur« Fiktionen der Kolonialzeit?), oder es wird gefragt, in welchem Sinn man von *dem* Islam sprechen kann (gibt es *den* Islam oder – wie die radikale Gegenposition lautet – nur eine Serie von Praktiken, die unendlich ausdifferenziert ist, bzw. Individuen, deren einzige tatsächliche Gemeinsamkeit in der Selbstzuschreibung »Muslim« besteht?). Der Verdacht existiert, daß in allen diesen Fällen bestimmte Phänomene mehr oder weniger gewaltsam unter einer Rubrik zusammengefaßt wurden, um dann analysiert zu werden, wobei jede weitere Aussage sozusagen den ontologischen Status verfestigte. Dabei ist es in gewissem Sinn eine Reduktion, wenn wir sagen, daß wir Modelle konstruieren. Tatsächlich haben wir es mit einer äußerst komplexen Aufschichtung von Konstruktionen zu tun. Es gibt die alltäglichen Konstruktionen der Handelnden von ihrem Tun (die oft von dem statistisch beobachtbaren Tun abweichen); es gibt darüber hinaus die Konstruktion lokaler Intellektueller (Prediger, Schriftgelehrter, Politiker), die ihre eigene Interpretation von dem Geschehenen liefern; und es gibt die Ethnologen, die wiederum diesen Konstruktionen ihren Sinn abgewinnen, wobei – um den Zirkel komplett zu machen – die kulturanthropologischen Konstruktionen oft wieder zurückfließen, so daß die Untersuchten beginnen, sich so wahrzunehmen, wie die Ethnologen sie wahrgenommen haben.

Nun kann man diese Einsicht in den konstruktiven Charakter des Wissens durchaus als Befreiung empfinden, als einen Aufruf, eine »fröhliche Wissenschaft« zu betreiben: mit anderen Worten als eine Wissenschaft, die Spaß an qualitativer Arbeit besitzt, die auf Originalität und Kreativität mehr Wert legt als auf enzyklopädische Vollständigkeit, eine Wissenschaft, die insofern ein spielerisches Verhältnis zur Wahrheit an den Tag legt, als sie Modelle errichtet im vollen Bewußtsein der Tatsache, daß sie temporär sind, und die Lust an der Konstruktion und der Dekonstruktion hat.

Dies läßt sich jedoch nicht durchhalten. Wenn ich mir nämlich klar werde, daß ich konstruiere und entwerfe, bin ich in einem weit elementareren Sinn verantwortlich für meine Erkenntnis, als wenn ich nur Strukturen ablese. Weil wir die Welt nicht nur registrieren, sondern auch schaffen, sind wir verantwortlich für das, was aus unseren Konstruktionen wird – wie sie gebraucht und vor allem mißbraucht werden.

Es liegt nahe, daß gerade die Erfahrung der zunehmenden Bedeutung von Differenzdiskursen (rassistischer oder ethnizistischer Provenienz) diese Verantwortungsfrage nach sich zieht. Sind wir nicht durch das »othering« an Ausgrenzungsdiskursen wirksam beteiligt und mithin mit schuld an Gewalt und Völkermord? Ohne dies in jedem Fall zurückzuweisen, glaube ich doch nicht, daß dies den eigentlichen Grund für das weit verbreitete Unbehagen am othering benennt. Und zwar aus zwei Gründen: Einmal sind wir nicht so wichtig – die Argumente für die Ausgrenzungsdiskurse brauchen nicht wir erst zu liefern. Zum zweiten läßt sich eine Kulturanthropologie, die die Eigenlogik des Anderen rekonstruiert, gerade für Ausgrenzungsdiskurse sehr schlecht gebrauchen, da sie ohnehin mit der Infragestellung des Eigenen Hand in Hand geht. Mit starken Argumenten könnte man begründen, daß die Kulturanthropologie gerade Waffen gegen den Rassismus in die Hand gibt.

Die eigentlichen Gründe sind, wie meistens, versteckter.

2. Die veränderte Auffassung von gesellschaftlichen Machtstrukturen führt zu einer neuen Bewertung von kulturanthropologischen Aussagen

Das neue Verantwortungsgefühl situiert sich in einer Wissenslandschaft, die, je nach Standpunkt, als »Postmoderne«, »posthistoire« oder »neue Unübersichtlichkeit« bestimmt wird. Diese Begriffe charakterisieren weniger eine objektive Situation als eine Bewußtseinslage, der die Utopie einer grundlegend anderen und besseren Gesellschaft abhanden gekommen ist und damit der Glaube an die Gesellschaft als ein »Projekt« bzw. an die »Machbarkeit der Geschichte«. Was an die Stelle davon getreten zu sein scheint, ist das Gefühl, einer kaum noch steuerbaren gesellschaftlichen Eigendynamik gegenüberzustehen, sowie die Hoffnung, absehbare Katastrophen noch irgendwie abwenden, eindämmen oder wenigstens aufschieben zu können. Das Grundgefühl gegenüber der Gesellschaft ist defensiv geworden: es artikuliert sich in dem Bemühen, Verteidigenswertes nicht aufzugeben, Fehlentwicklungen zu »korrigieren« oder zu »reparieren«. Wie nichts anderes zeugt davon der Aufstieg der Ökologie zur kritischen Leitwissenschaft. Während die Geschwindigkeit der gesellschaftlichen Prozesse immer mehr zunimmt, scheinen sie zugleich immer zielloser vonstatten zu gehen. Was uns abhanden gekommen ist, ist die Vision von *dem Anderen* der real existierenden Gesellschaft und damit der Bezugspunkt, von dem aus sich Entwicklungen beurteilen, positive und negative Tendenzen unterscheiden, Ziele und Zwischenziele aufstellen lassen. Sowohl die Idee der Befreiung des Menschen durch technischen und wissenschaftlichen Fortschritt wie auch die Idee der Befreiung durch soziale Revolution sind uns ferne gerückt. Kurzum: Was das Bewußtsein heute von dem »modernen« Bewußtsein unterscheidet, ist das Fehlen einer Perspektive – mehr noch: der Zweifel an der grundsätzlichen Möglichkeit einer Perspektive. Dies bedeutet natürlich nicht, daß sich Gesellschaft nicht kritisieren ließe, und auch nicht, daß sie sich nicht verbessern ließe: sie läßt sich kritisieren in ökologischer Hinsicht, feministischer Hinsicht, kultureller Hinsicht. Da aber die »großen Erzählungen« ihre Glaubwürdigkeit eingebüßt haben, lassen sich diese Kritiken nicht mehr bündeln – und sich deshalb auch nicht mehr in eine Reihenfolge von Prioritäten bringen. Dies radikalisiert im übrigen eher die Kritik, als daß sie sie schwächt. Eine feministische Kritikerin braucht sich heute von keinem überzeugten Marxisten mehr sagen zu lassen, daß sie »nur« einen Nebenwiderspruch artikuliere. Indes wird die Kritik erratischer, sie flackert an unterschiedlichen Stellen auf und erlischt wieder – sie ist anarchischer, als sie es in den siebziger Jahren gewesen war.

In diesem Feld hat sich unsere Konzeption von Macht in doppelter Hinsicht verändert. 1. Das eigentliche und zentrale Machtgefälle wird heute weniger in einer Wert-Vertikalen, also in dem

Gegensatz von Oben – Unten gesehen als vielmehr primär in der Opposition von Innen – Außen. Der gesellschaftskritische Diskurs kreist nicht mehr so sehr um die Frage der *Ausbeutung*, sondern um die Frage der *Ausgrenzung*. Für entscheidender als die Tatsache, Proletarier oder Angehöriger der industriellen Reservearmee zu sein, wird heute die Tatsache gehalten, in einer Zweidrittel-Gesellschaft wie Großbritannien bzw. in einer Einfünftel-Gesellschaft wie Brasilien überhaupt nicht mehr zu dem in die Weltwirtschaft integrierten Sektor der Gesellschaft zu gehören. Dabei sind »innen« und »außen« oft kulturell unterschiedlich markiert – »innen« steht die Gruppe, die sich mit den Insignien der »Moderne« ausstattet, »außen« dagegen stehen die Gruppen, die in Asien, Afrika und Südamerika mit dem Signum »traditional« assoziiert werden, in Europa und den USA mit dem Signum »Ghettokultur«, »Unterschichtskultur«. 2. Korrespondierend mit dieser Rekonzeptualisierung von Macht erscheint uns heute Macht als polyzentrisch. Sie läßt sich nicht mehr lokalisieren, d. h. einer bestimmten Klasse oder bestimmten gesellschaftlichen Funktionsträgern zuordnen. Wir sind dafür sensibel geworden, daß Macht auf den unterschiedlichsten Ebenen ausgeübt wird und nicht zuletzt auch auf sehr perfide Weise von Gruppen, die sich als progressiv deklarieren, und im Namen von Ideologien, die vorgeblich eine bessere Gesellschaft wollen. Eine Macht, die polyzentrisch und diffus ist, kann auch nicht mehr »erobert« werden. Es erscheint deshalb zunehmend naiv zu glauben, durch die Übernahme von Macht könne man grundlegende Gesellschaftsveränderungen einleiten.[3]

Wie diese ineinander verzahnten Erscheinungen die Fragestellungen der Ethnologie bestimmen, läßt sich an einer Verschiebung des Erkenntnisinteresses von Außenseitern zu Etablierten ablesen.

In den siebziger Jahren waren Außenseiterstudien en vogue. Die Untersuchung von Randseitern war »progressiv«, weil durch sie Herrschaftskritik formuliert – und gegebenenfalls Widerstandskulturen beschrieben werden konnten. Umgekehrt erschien es als absurd, Angehörige der etablierten Schichten zu untersuchen: dies wäre schlimmstenfalls als systemstabilisierend eingeschätzt worden und bestenfalls als schlicht langweilig – welche Einblicke in das Heterogene und Sperrige hätte man solchen Untersuchungen denn auch abgewinnen können?

1994 scheint sich die Lage gründlich gewandelt zu haben. Auch

hier nur die Beschreibung einer Begegnung. Ein junger Harvard-Student stellte an der Humboldt-Universität in Berlin seinen Plan vor, Jugendliche in organisierten Gruppen (also innerhalb der vom Senat geförderten, von angestellten Sozialarbeitern getragenen Jugendarbeit) zu beschreiben. Auf die Frage, warum er denn die nichtorganisierten Jugendlichen nicht einbeziehen wolle, sagte er, er habe den Eindruck, daß in der Kulturanthropologie den nichtorganisierten Jugendlichen zuviel Gewicht beigemessen worden sei: dies laufe in der Regel auf die Beschreibung von Ghetto-Jugendlichen, *gangs*, *peer groups* etc. hinaus. Dadurch werde in der kulturanthropologischen Beschreibung die Mehrheit der türkischen Jugendlichen marginalisiert. Diejenigen, die keine Probleme mit dem Staat hätten, tauchten in der kulturanthropologischen Beschreibung einfach nicht auf. Impliziert war, daß man durch die Konzentration auf nichtorganisierte Jugendliche die türkischen Jugendlichen »ver-andere«, daß die Differenz größer gemacht werde, als sie ist, daß man, in anderen Worten, Differenz konstruiere.[4]

Der Unterschied ist bemerkenswert: solange man der Auffassung war, daß die Macht »oben« in einer bestimmten Klasse oder in bestimmten Organisationen lokalisiert war, war es emanzipativ, Außen- und Randseiter zu untersuchen. Indem man die Machtlosen untersuchte, konnte man die Macht decouvrieren – und sich solidarisieren. Dabei konnte man die Kritik nur noch zuspitzen, wenn man sich den »Ärmsten der Armen« zuwandte.

Wenn man jedoch der Auffassung ist, daß Macht wesentlich durch die Dynamik von innen und außen bestimmt ist, entsteht der Verdacht, daß die Konzentration auf Randseiter – und gar auf die Ärmsten der Armen – exotisiert und damit Ausgrenzungspraktiken Vorschub leistet. Da die Macht darüber hinaus als diffus vorgestellt wird, da alle Anteil an den Machtstrukturen haben, erscheint auch die Geste der »Solidarisierung« als naiv.

Die Situierung des eigenen Diskurses in der Landschaft der Wissensformen scheint mir wichtiger zu sein als der faktische Nutzen oder Schaden, der angerichtet werden kann. In der »modernen« Landschaft konnte man sich als »fortschrittlich« empfinden, wenn man Außenseiter untersuchte – und man mußte sich verteidigen, wenn man sich Etablierten zuwandte. In der »postmodernen« Landschaft haben sich die Vorzeichen vertauscht: hier fühlt man sich auf der »richtigen«, der »emanzipativen« Seite, wenn man die Etablierten untersucht – und gerät eher in eine Verteidigungsposition, wenn man sich Außenseitern zuwendet. Dies bedeutet natürlich nicht, daß nicht noch Studien über Randseiter erscheinen würden, es bedeutet aber, daß sich die Legitimierungszwänge verändert haben.

3. Die Globalisierung führt zu einer Verschachtelung der Diskurse und zur Herausbildung einer neuen Ethik

Zu den beiden bisher genannten Ursachen tritt als weitere eine Konsequenz des Prozesses, den man gemeinhin als »Globalisierung« beschreibt. Der Ethnologe schreibt nicht mehr über »andere«, die weit weg sind – sondern die anderen sind präsent. Sie (bzw. die Intellektuellen unter den von den Ethnologen Beschriebenen) lesen die Repräsentationen, die von den Kulturanthropologen verfaßt werden – sei es, weil sie als Intellektuelle in den Metropolen arbeiten, sei es, weil sie in ihren Heimatländern an dem Diskurs der Ethnologen partizipieren (als Universitätsangehörige, Journalisten o. ä.). Sie geben den Ethnologen unmittelbar ein feed-back und nehmen selbst an der Diskussion teil. Die Ethnologen werden gerade durch diese Gruppe – oft ihre Berufsgenossen – mit Nachdruck auf häufig nicht intendierte Implikationen ihrer Arbeit verwiesen.

Lila Abu-Lughod (1991) hat diese Gruppe (zu der sie sich selbst rechnet) mit dem Begriff »halfies« bezeichnet. Es ist diese Gruppe, die sozusagen die Dynamik der Grenzziehung und der Ausgrenzungen am eigenen Leib erfährt. Lila Abu-Lughod empfindet sich als Arabo-Amerikanerin einerseits als Mitglied einer »nicht selten angefeindeten Minderheit«, schreibt aber als Ethnologin für andere Ethnologen, »mostly Westerners« (1991: 142). »Da sie (die als Ethnologen tätigen halfies) ebenfalls mit Gemeinden außerhalb des Westens konfrontiert werden (oder mit Subgruppen in ihnen), werden sie von den Intellektuellen dieser Gemeinden zur Verantwortung gezogen. Noch wichtiger ist indes, daß sie ein sehr komplexes Bewußtsein von und über Rezeptionsmechanismen entwickeln, und zwar nicht nur, weil sie sich als Mitglieder von zwei Gruppen sehen, sondern auch und gerade, weil sie in der Beschreibung des anderen sich selbst repräsentieren.« (142) Mit anderen Worten: Es ist diese Gruppe, die die oben erwähnte Verschachtelung von Konstruktionen (von lokalen Alltagskonstruktionen, von Expertenkonstruktionen und schließlich von kultur-anthropologischen Konstruktionen) sozusagen in Personalunion erlebt – einschließlich der auf jedweder Ebene ausgeübten Macht. Es ist deshalb kaum verwunderlich, daß gerade sie eine besondere Sensibilität für Machtfragen entwickelten.[5]

Die komplexe Situation, in der sich die Mitglieder dieser Gruppe befinden, führt gerade bei ihren reflektiertesten Vertretern zu einem radikalen Individualismus und zur entschiedenen Zurückweisung des Kulturbegriffs, der als Zwangsjacke (wenn nicht gar als Gefängnis) empfunden wird, als Festlegung auf *eine* Dimension der Herkunft (Schmidt-Hornstein 1995). Es war kein Zufall, daß Mitglieder dieser Gruppe die anarchistischen und romantischen Konstruktionen von Kultur ganz anders auffaßten, als sie von einzelnen Vertretern ihrer Zunft gemeint waren. Ich erinnere mich an eine bittere Kritik, die 1978 am damaligen Institut für Ethnologie in Berlin von Ikenna Nzimiro, einem nigerianischen Kollegen, am Titelbild des von Kramer und Sigrist herausgegebenen Sammelbandes »Gesellschaften ohne Staat« formuliert wurde. Dargestellt waren zwei Ringer aus den Nuba-Bergen (Sudan), die einander nur mit Lendenschurz bekleidet gegenüberstanden. Was den Herausgebern als eine bildhafte Umsetzung von Gleichheit und Gegenseitigkeit erschienen war, erschien dem nigerianischen Kollegen als die Bedienung eines europäischen Stereotyps der afrikanischen Kultur – als eine Form der Ausgrenzung.

Es ist ebenfalls die Gruppe der »halfies«, die – als Meistbetroffene – in der ethnologischen Diskussion die Ethik der *political correctness* einfordert, die Ethik der postmodernen, globalisierten Gesellschaft. Dies ist eine Ethik, die sich von der »modernen« Ethik insofern unterscheidet, als sie sich nicht mehr durch das »Wahre« und »Gute« begründet, sondern durch das »Richtige«, durch die »Korrektheit«. Es ist eine Ethik, die ihren Angelpunkt in dem Zusammenhang von Macht und Diskurs – der Frage der Definitionsmacht – hat. Diese Ethik führt in ihren radikaleren Ausprägungen dazu, daß eine Aussage nicht unabhängig von demjenigen gesehen wird, der sie macht. So können kritische Äußerungen über, sagen wir, Konstruktion von ethnischem Bewußtsein *politically correct* sein, wenn sie von einem Angehörigen der Gruppe selbst stammen, *politically incorrect* jedoch, wenn sie von einem Mitglied der Mehrheitsgesellschaft stammen. Die »halfies« sind bestimmt nicht die Gruppe, die die Mehrheit in der Ethnologie darstellt – sie haben jedoch ein besonderes Gewicht, weil sie sozusagen der allgemeinen Verunsicherung Ausdruck verleihen.

Halten wir inne. Die Differenz zum Anderen ist aus drei Gründen zum Problem geworden: Die Einsicht in die Konstruktivität unseres Wissens konfrontiert uns mit unserer Verantwortung; die neue Konzeptualisierung von Machtbeziehungen verändert unsere Verortung des ethnographischen Diskurses, und die Präsenz derjenigen, über die wir schreiben (auf die uns insbesondere die Halfies hinweisen), führt zur Durchsetzung einer neuen Wissenschaftsethik.

Diese Problematisierung der Differenz trifft die Kulturanthropologie in ihrem Kern – und zwar deshalb, weil die Kulturanthropologie in der Auseinandersetzung mit dem Fremden, dem Anderen ihre Paradigmata, ihre Forschungsstrategien wie auch ihre heuristischen Techniken entwickelt hat. Die Verunsicherung hat nun sehr produktiv gewirkt: Sie führte zur Entwicklung einer Reihe von Lösungsstrategien, die das Bild ethnologischen Arbeitens grundsätzlich geändert haben. Um einen Eindruck von der neuen Ethnologie zu geben, die hier entsteht, seien hier – ohne Anspruch auf Vollständigkeit – einige Strategien vorgeschlagen.

1. Eine erste Konsequenz besteht in der Thematisierung und Konzeptualisierung des Raumes *zwischen* den Kulturen. Dies bedeutet die Zuwendung zu der Frage, wie sich interkulturelle Austausch- und Interaktionsprozesse beschreiben lassen. Damit geht ein neues Interesse an kultureller Diffusion einher – an Prozessen der Übernahme, Abwandlung und Übersetzung von kulturellen Modellen aller Art. In diesem Zusammenhang richtet sich das Augenmerk ebenfalls auf die Entwicklung neuer Synkretismen.

2. Eine zweite Konsequenz besteht in der Abkehr von dem Begriff von Kultur als einem System, mit anderen Worten in der Abkehr von der Idee, daß die kulturellen Elemente in einer Gesellschaft sich als eine in sich geschlossene Struktur beschreiben lassen. Dies korrespondiert mit der Betonung der Idee von kulturellen Prozessen als dynamischen Entwicklungen; zum anderen mit der Konzentration auf Brüche und Widersprüchlichkeiten in einer Kultur.

Auch hier gibt es verschiedene Begriffsstrategien. Eine Möglichkeit ist es, Kultur als »Collage« zu fassen, wie Greverus (1990) es vorgeschlagen hat. Eine andere Möglichkeit besteht darin, Kultur als eine Arena, ein Feld von Diskursen zu konzeptualisieren – ein Feld, in dem man sich aufeinander bezieht und voneinander absetzt und dabei versucht, seine Sicht der Dinge durchzusetzen. In einer radikalisierten Variante wird vorgeschlagen, den Begriff der Kultur vollends aufzugeben und ihn durch den des Diskurses zu ersetzen (Abu-Lughod 1991).

3. Eine dritte Konsequenz besteht in einer Hinwendung auf das Eigene: Untersuchungen zu Verwandtschafts- und Nachbarschaftsstrukturen in Nordeuropa zeigen, daß das Selbstbild einer »Gesellschaft der Individuen« die Illusion von Intellektuellen der Mittelschicht darstellt. In einer radikalisierten Variante bedeutet dies eine Hinwendung zu der Analyse der »Zitadellen« der modernen Industriegesellschaft: Die Anthropologie von Bürokratien, Unternehmen, Gerichten und wissenschaftlichen Laboren kann dazu beitragen, die (dichotomisierende) Differenz von Tradition und Rationalität zu entschleiern, insofern etwa gezeigt wird, wie Entscheidungsfindungen in sich selbst als »rational« verstehenden Organisationen »traditionalen« Mustern von Netzwerk und Patronage entsprechen.

4. Eine vierte Konsequenz besteht in der Konzipierung einer selbstreflexiven Kulturanthropologie: Dies wäre der Versuch, eine Wissenschaftsgeschichte zu schreiben, die sich nicht darauf beschränkt, die Abfolge von Paradigmen in der Kulturanthropologie wiederzugeben, sondern die – über den Weg von ethnologischen Feldforschungen – gerade die Interdependenz kulturanthropologischer Diskurse mit anderen gesellschaftlichen Diskursen analysiert und die Machtbeziehungen zwischen den Diskursen untersucht. Es wäre der Versuch, die ethnologische Begriffs- und Theoriebildung selber wieder auf Wissenschaftskultur zurückzubeziehen – auf die Art und Weise der Organisation des ethnologischen Wissenschaftsbetriebs, seiner Verzahnung mit anderen Institutionen etc. In diesem Zusammenhang wäre dann ebenfalls klärbar, welche Faktoren einen Differenz- und welche einen Gleichheitsdiskurs hervorbringen.

5. Eine fünfte Konsequenz besteht in der Wendung zum Individuum. Indem untersucht wird, wie das Individuum enkulturiert wird – wie Normen und Werte vermittelt werden –, läßt sich auch klären, was »Kultur« dem einzelnen bedeutet: In welcher Hinsicht (und wann) sie ein »Gefängnis« darstellt, in welcher Hinsicht sie aber auch Bastion des Selbstrespekts sein kann. Wenn die Aussage:

»A handelte auf die Weise x, weil er einer Ehr- und Schamkultur entstammt« nicht mehr statthaft ist, so heißt das nicht, daß diese Aussage absolut falsch ist. Vielmehr erlaubt es eine »Anthropologie des Selbst« zu prüfen, in *welcher Hinsicht* diese Aussage Gültigkeit besitzt, mit anderen Worten, welche Formen der Selbstkonzeption damit abgedeckt werden.

All dies sind spannende Forschungsstrategien, die aus dem Versuch der Bewältigung des Problems der Differenz erwachsen sind, dieses aber, wie mir scheint, nicht lösen. Man kann zeigen, daß sie tendenziell eine Erweiterung und eine Verfeinerung des Begriffs des Anderen darstellen, daß diese Strategien aber immer noch einen Begriff des Fremden und des Anderen brauchen (wie spielerisch gebrochen auch immer), wenn ansonsten Ethnologie nicht zu einer bläßlichen ethnomethodologisch orientierten Sozialwissenschaft werden soll. Ich möchte dies hier nur andeuten:
– Die Untersuchung der Dynamik, die sich zwischen den Kulturen entfaltet, setzt notwendigerweise einen Begriff der Kultur voraus. Wenn man »übersetzt«, muß man »in etwas« übersetzen; wenn kulturelle Elemente »konvergieren« sollen, müssen sie zunächst different sein usw.
– Die Konzeptualisierung von Kultur als einer Arena von Diskursen verlangt neben der Analyse der Aussagen auch die Analysen der Diskursregeln. Die Diskursregeln sind die Bedingung der Möglichkeit von Aussagen, der »Äther«, der erst Aussagen erlaubt. Während man auf der Ebene der Aussagen begründen kann, ist dies auf der Ebene der Diskursregeln selbst nicht möglich – man kann sich in die Regeln nur einweisen lassen, und zwar in einem sozialisatorischen Akt. Auch wenn man konzedieren kann, daß sich auch Diskursregeln verändern, so handelt es sich dabei doch um einen wesentlich längerfristigeren Prozeß als bei den Aussagen. Auf die Ebene der Kultur übertragen bedeutet dies: Diskursregeln können zwar manipuliert werden, man kann sie strategisch nutzen etc. – aber sie können nur begrenzt erschaffen werden. Die Kulturanthropologie muß gerade die Spannung zwischen den relativ konstanten Regeln und den manipulierbaren, für Strategien offenen Phänomenen diskutieren.
– Der Blick auf das Eigene ist zweifellos von zentraler Bedeutung für eine moderne Kulturanthropologie. Gleichwohl zeichnet sich der kulturanthropologische Blick auf das Eigene dadurch aus,

daß es ein rückgewandter Blick ist – ein Blick, der, am Fremden geschult, das Eigene verfremdet und dergestalt das ans Tageslicht hebt, was, im dominanten Diskurs der Sozialwissenschaften eingereiht, als selbstverständlich erachtet wird. Wenn man etwa zeigt, daß Patronage- und Klientelbeziehungen innerhalb der Industriegesellschaft genauso wirksam sind wie in der vermeintlich traditionalen Gesellschaft, dann lebt diese »ethnologische Geschichte« gerade vom Differenzdiskurs. Nur wenn in einem ersten Schritt das Fremde als »anders« konstruiert wird, kann man sich zurückwenden und nun wahrnehmen, daß das Eigene auch Aspekte des Fremden birgt.

– Gerade die »Anthropologie des Selbst« zeigt, daß Normen und Werte zwar immer ausgehandelt werden, daß man aber ebenfalls von einem Normen- und Wertesystem geprägt ist (so daß man seine Kultur sozusagen nicht mehr los wird – so sehr man sich das auch wünschen würde). Das bedeutet nicht, daß man darüber auf eine Basispersönlichkeit festgelegt wäre, sondern, daß man in den Diskurs des Aushandelns immer schon als kulturell geprägt eintritt.

Um es zusammenzufassen: Die Entwicklungen der letzten Jahre haben die Kulturanthropologie in ein Dilemma geführt: Die Konstruktion des Anderen ist problematisch geworden. Darauf kann die Ethnologie nun doppelt antworten. Sie kann sich selbst zurücknehmen und die Aufgabe der Ethnologie in der Applikation eines bestimmten Methodenkanons sehen. Mit dem Verzicht auf die Konstruktion des Anderen gibt sie allerdings auch die Möglichkeit einer radikalen Kritik des Eigenen auf. Die Alternative ist nicht weniger problematisch: Die Ethnologie kann am Begriff des Anderen festhalten, muß sich aber gewahr sein, daß dies immer problematisch und im Grenzfall gefährlich ist – und daß sie sich damit schuldig macht.

Es gibt, so meine ich, keinen Ausweg. Es hängt wohl an persönlichen Neigungen, für welche der Optionen man sich entscheidet. Ich selbst tendiere zu der Auffassung, daß wir weiter ethnologische Geschichten erzählen sollten – Geschichten von der Differenz der Kulturen, von der Unterschiedlichkeit der Menschen. Und zwar deshalb, weil ich die radikale Kritik am Eigenen vermissen würde, die nur durch das Aufscheinen des Anderen möglich ist. Die Konstruktion der Differenz scheint mir das einzige Mittel zu sein, der Hegemonie des europäisch-amerikanischen Denkens (das nun nicht mehr auf diese Kontinente beschränkt ist) etwas entgegenzusetzen. Nur wenn wir an der Bestimmung einer Differenzwissenschaft festhalten, bleibt die Kulturanthropologie eine, um mit Foucault zu sprechen, »Gegenwissenschaft«.

Anmerkungen

1 Antrittsvorlesung, gehalten an der Europa-Universität Viadrina am 25. 4. 1995. Der Vortrag hätte ohne zahlreiche Gespräche mit Richard Rottenburg nicht verfaßt werden können. Zahlreiche der hier vorgetragenen Thesen sind gemeinsam entwickelt worden, so daß ich ein geistiges Eigentum nur zum Teil beanspruchen kann – wenngleich ich für die Form, in der sie hier dargestellt sind, natürlich verantwortlich zeichne.

2 Radcliffe Brown in einem Brief an Lévi-Strauss. Der Brief ist abgedruckt in Kuper (1973: 70).

3 Die einflußreichste Ausformulierung dieses Gedankens findet sich natürlich bei Foucault – in seiner Arbeit über *Überwachen und Strafen* (1975/1976), vor allem aber in der programmatischen Schrift *Der Wille zum Wissen – Sexualität und Wahrheit I* (1977).

4 Er nahm damit eine Kritik auf, die Lila Abu-Lughod (1991: 139) formulierte: Wenn Anthropologen in den USA oder Europa arbeiten, hätten sie das Anliegen, die Gemeinden, die sie studieren, möglichst fremdartig (das Verb ist wieder »other«) erscheinen zu lassen: »Studying ethnic communities and the powerless assures this«, und in der Fußnote zu diesem Satz erwähnt sie das Feld, das angemessen ist: »It is still rare for anthropologists in this society or others to do what Laura Nader (1969) advocated many years ago – to ›study up‹.« (Ebd.)

5 Es ist allerdings auf eine Besonderheit dieser Gruppe von Ethnologen hinzuweisen. Dies ist ihre Präokkupation mit ihrer eigenen Kultur bzw. ihren »roots«. Emigranten waren immer schon zentral für die Ethnologie – Malinowski, Boas, Gellner, um nur drei Namen zu nennen. Sie wendeten sich allerdings nicht der Herkunftsgesellschaft zu – und entkamen damit dem Dilemma der »halfies«. Das Dilemma der »halfies« teilen auch die Ethnologen, die in ihren Heimatländern über die eigene Kultur forschen.

Islamischer Fundamentalismus

Zur Konstruktion des radikal Anderen

Der Islam war für das Christentum seit jeher das bedrohliche Andere, sein Gegenpol. Im Augenblick erleben wir – ausgelöst von der islamischen Renaissance seit Mitte der siebziger Jahre – eine Neuauflage dieser Beunruhigung. In einer Flut von Büchern wird versucht, das Phänomen zu begreifen, womit sich wohl die Hoffnung verbindet, es auch in den Griff zu bekommen, es zu meistern und zu beherrschen. Eine Durchsicht der Publikationen zeigt, daß die Konstruktion des Fundamentalismus zum größten Teil davon abhängt, wie das Eigene (um das gefürchtet wird) bestimmt wird. Je nachdem, ob man das Eigene als Moderne, als Aufklärung, als Zivilgesellschaft usw. deutet, wird der Fundamentalismus als Anti-Moderne, Anti-Aufklärung, Anti-Zivilgesellschaft gefaßt: Daraus leitet sich ab, welche sozialen Gruppen man als Träger sieht, welche Motive und Ursachen man konstruiert und welche Bewertungen man vornimmt.

Die Deutung, die *Gilles Kepel* in seinem Buch: »Die Rache Gottes« (1991) unternimmt, ist im Untertitel formuliert: »Radikale Moslems, Juden und Christen auf dem Vormarsch«. Die Fundamentalisten setzen zu einer Reconquista der Welt an, nachdem sie jahrzehntelang in der Defensive waren. Ihre Absicht ist es, die zivile Gesellschaft zu erobern und sie nach religiösen Prinzipien umzugestalten. In den Teilen, in denen Kepel den fundamentalistischen Islam referiert, kann er auf die Resultate seiner früheren Studien über islamistische Bewegungen in Ägypten (Le Prophète et Pharaon, 1984, dt. 1995) und über die Entwicklung des Islam in Frankreich (Les banlieues de l'Islam, 1987) zurückgreifen.

Seit Mitte der siebziger Jahre gewinnen Strömungen in den drei monotheistischen Religionen an Einfluß, die eine Neubestimmung des Verhältnisses von Religion zu Gesellschaft fordern. Es sei nicht mehr die Religion an die Moderne anzupassen, sondern umgekehrt die Moderne an die Religion. Am griffigsten wurde dies für den Islam formuliert: Ne moderniser pas l'Islam, islamiser la modernité – die gleiche Denkfigur sei jedoch bei zunehmend einflußreichen Gruppen im Katholizismus, im Protestantismus und im Judentum zu beobachten. Als Datum des Umschlags sieht

Kepel die beiden israelisch-arabischen Kriege von 1967 und 1973, die die »Ölkrise« auslösten und zu einer Umstrukturierung der Weltwirtschaft führten. Der gesellschaftliche Fortschritt – die legitimierende Ideologie der Moderne schlechthin – entpuppt sich seit den siebziger Jahren als brüchig. Aufgrund dieser Tatsache können Stimmen an Einfluß gewinnen, die das Unbehagen an der Moderne artikulieren und die Frage nach der gesellschaftlichen Identität neu aufwerfen. Der Boden für religiöse Bewegungen ist damit bereitet, die eine Umgestaltung der zivilen Gesellschaft nach religiösen Prinzipien intendieren, die also die Trennung von Religion und Staat zu überwinden versuchen.

Es ist eine der Thesen Kepels, daß die neuen radikalen religiösen Bewegungen keineswegs von ungebildeten oder traditionsverhafteten Bevölkerungsgruppen getragen werden. Vielmehr seien die Träger (und auch zahlreiche Anhänger) dieser neuen Bewegung geprägt von der Moderne, sie besäßen oft ein staatliches Diplom, meist in technischen oder medizinischen Ausbildungsgängen. In den arabischen Ländern und dem Iran rekrutieren sich die Träger dieser Bewegung oft aus einer zweiten Generation: Viele von ihnen sind Kinder von Stadtmigranten, die eine staatliche Ausbildung durchlaufen haben – und die sich dann um das mit einer Ausbildung verbundene Versprechen eines Aufstiegs geprellt sehen: Etwa weil die wirtschaftlichen Bedingungen keine Einstellung erlauben oder weil, wie im vorrevolutionären Iran, die Stellen innerhalb der bestehenden Eliten verschoben werden. Dabei haben die nordafrikanischen Staaten dieser Entwicklung selbst Vorschub geleistet: Durch das politisch motivierte Unterfangen, eine frankophone durch eine arabophone Ausbildung an der Universität zu ersetzen – ein Versuch, der sich insbesondere gegen die an Paris orientierte Linke wandte –, wurde faktisch die Position der ohnehin frankophonen Eliten stabilisiert. Die Zusammensetzung der Trägerschaft ist wichtig für den Charakter der Bewegung: Was die neuen radikalen Bewegungen auszeichnet, ist ein neues Selbstbewußtsein der Anhängerschaft: Sie lesen die Heiligen Schriften neu und anders – und zwar unter einer Perspektive, die sie im Durchlaufen eines westlich geprägten Ausbildungssystems erworben haben.

Damit hängt zusammen – und dies ist der wichtigste Beitrag des Buches –, daß es sich bei dem Fundamentalismus nicht um eine bloße Revitalisierung der Religion handelt, sondern daß sich die

Religionen in diesem Prozeß transformieren: Läßt man die von Kepel dargestellten Veränderungen Revue passieren, so gewinnt man den Eindruck (Kepel selbst führt es nicht explizit aus), daß sich, um es in Max Webers Terminologie zu formulieren, eine »rationale« Religiosität gegen eine traditionale durchsetzt – eine Religiosität mithin, die eine frühe Ausbildung in der protestantischen Sektenreligiosität hatte. Dies gilt in dreifacher Hinsicht: Der Gedanke der Beitrittsgemeinde gewinnt an Bedeutung gegenüber der Gemeinde, der man qua Geburt oder Wohnort zugehört; die Idee der Mittlerschaft durch autorisierte Interpreten tritt zurück; und eine innerweltliche Wendung wird vollzogen: die Welt wird zum Handlungsfeld, das eine Aufgabe für den Gläubigen darstellt.

Martin Riesebrodts Studie »Fundamentalismus als patriarchalische Protestbewegung« (1990) läßt sich als wichtiger Gegenentwurf zu Kepel lesen. Riesebrodt versucht, anhand des Vergleichs zwischen dem »klassischen« protestantischen Fundamentalismus in den USA (1910-1928) und dem schiitischen Fundamentalismus im Iran (1961-1979) die Grundlagen für eine soziologische Theorie fundamentalistischer Bewegungen zu erarbeiten. Der Fundamentalismus teilt mit anderen Formen religiöser Revitalisierung die Suche nach Authentizität, unterscheidet sich jedoch von ihnen durch die Art und Weise, wie der Bezug auf die offenbarte und in einer Urzeit verwirklichte ideale Ordnung herzustellen sei. Während die Bestrebungen sozialreformerischer und sozialrevolutionärer Kräfte dahin gehen, den »Geist« der Religion unter veränderten Umständen wiederzubeleben (utopischer Regreß), versuchen die Fundamentalisten, diese Ordnung in ihrer Reinheit und Ursprünglichkeit wieder zu realisieren (mythischer Regreß). Sie streben eine mit der Offenbarung identische (und nicht nur analoge) Ordnung an: diese könne eine rationale (skripturalistische) oder charismatische Ausprägung annehmen.

Das Interesse an einer derartig gefaßten Authentizität lokalisiert Riesebrodt nun im »traditionalen Milieu«. Mit dem Rekurs auf den Begriff des Milieus versucht er der Tatsache gerecht zu werden, daß der Fundamentalismus ein schichtenübergreifendes Phänomen ist und nicht etwa eine Religion der Armen darstellt. So sei etwa im Iran der Fundamentalismus in dem um den Basar zentrierten Milieu verankert, das aus »einem komplexen Geflechte sozialer Beziehungen: Händler, Handwerker und Stadt-

migranten, Prediger, Gelehrte und Studenten der Medresen«
besteht (1990: 195). Wenn dieses Milieu unter Druck gerate (im
Iran etwa durch die Schaffung eines modernen Sektors, durch
die damit verbundene Lockerung der Kontrolle über die näch-
ste Generation), dann (so Riesebrodts Formel) müsse es fundamentalistisch werden, um traditional bleiben zu können. »Der
Traditionalismus gerät unter Legitimationsdruck. Und dadurch
kommt es zu einer Reformulierung der Tradition, die notwendigerweise Neuerungen enthält, sei es durch Zuspitzungen der Ak-
zentverschiebungen, sei es durch tatsächliche Innovationen«
(1990: 207).

Dies klingt zunächst plausibel, wirft jedoch einige Probleme
auf:

Das erste ist der strukturfunktionalistische Charakter dieser Erklärung. Gleichsam mechanistisch wird postuliert, daß ein Milieu
sich erneuern wolle. Nun wird man konzedieren können, daß die
Träger fundamentalistischer Bewegungen tatsächlich oft dem
»traditionalen Milieu« entstammen. Allerdings haben nicht we-
nige von ihnen – etwa viele der Stadtmigranten oder auch die
Angehörigen der technischen Intelligenz, die Kepel erwähnt – das
traditionale Milieu gerade deshalb verlassen, um sich auf den modernen Sektor einzulassen. Ihnen liegt also – ursprünglich wenigstens – nichts an der Verteidigung des traditionalen Milieus. Sie
messen ihm, anders als es bei Riesebrodt anklingt, keinen Wert an
sich bei. Wenn sich diese Gruppen dem Fundamentalismus zuwenden, dann als Reaktion auf das Scheitern an der Moderne, wie der
Autor dieser Zeilen selbst in einer Fallstudie feststellen konnte
(Schiffauer 1991).

Damit hängt ein zweites Problem zusammen. Die Stärke des
Milieubegriffs ist auch seine analytische Schwäche. Ein Milieu ist
ein Kommunikationszusammenhang. Dies gilt aber auch für eine
fundamentalistische Gemeinde. Das heißt, daß man qua Beitritt
zu einer fundamentalistischen Gruppe Teil eines Milieus wird:
Der Stadtmigrant, der sich etwa einer fundamentalistischen Gemeinde anschließt, wird durch diesen Akt in Kontakt kommen zu
Basaris, islamischen Gelehrten. Mit anderen Worten: Die Argumentation könnte sich leicht als zirkulär erweisen.

Schließlich gibt es ein drittes Problem bei Riesebrodts Erklärung. Die Ablehnung des traditionalen Milieus durch große Teile
der fundamentalistischen Trägerschaft zeigt sich auch in einem

dezidiert antitraditionalen Impetus des fundamentalistischen Programms. Zumindest der islamische Fundamentalismus zeichnet sich durch einen methodischen und systematischen Zug aus, der sich oft als Kritik eines lebensweltlich verankerten, mithin traditionalen Islam versteht. Der bäuerliche Islam und der Islam der Frauen sehen sich durchaus einer massiven Kritik seitens der Fundamentalisten ausgesetzt.

Riesebrodt deutet den Fundamentalismus grundsätzlich anders als Kepel: Für Riesebrodt ist der Fundamentalismus eine Defensivideologie des traditionalen Milieus, das von der Moderne am liebsten nichts wissen will; für Kepel ist der Fundamentalismus dagegen eine Offensivideologie von Gruppen, die eine andere Moderne wollen. Für den einen ist Bewahrung das Motiv, für den anderen Gestaltung. Und während für Riesebrodt der fundamentalistische Diskurs dadurch ausgezeichnet ist, daß er das traditionale Milieu – notgedrungenermaßen – mit rationalen Argumenten verteidigen und damit eine innerlich widersprüchliche Haltung einnehmen muß, sieht Kepel den fundamentalistischen Diskurs dadurch ausgezeichnet, daß die Texte der Überlieferung nun mit den Blicken der westlichen Moderne neu gelesen werden und ihnen andere, und zwar politisch-aggressive Bedeutungen abgewonnen werden. Je nachdem welche Position man einnimmt, kann man etwa den Stadtmigranten oder den Aufsteiger unterschiedlich deuten – als jemanden, der sich der Moderne zuwendet oder als jemanden, der dem »traditionalen Milieu« entstammt (und ihm verhaftet bleibt).

Es bleibt indes, auf einen zentralen Beitrag von Riesebrodt hinzuweisen – nämlich seinen Versuch, den Begriff des Fundamentalismus aufzubrechen und – gestützt auf die Webersche Religionssoziologie – eine erste Typologie des Fundamentalismus zu entwickeln. Er unterscheidet einen weltflüchtigen Fundamentalismus (der wiederum die Formen der Subkultur oder der Kommune annehmen kann) von einem weltbeherrschenden Fundamentalismus (der die Formen einer religiösen Bewegung, einer sozialen bzw. Protestbewegung, einer Geheimgesellschaft oder einer Partei annehmen kann). Diese Klassifikation hätte nun die Chance geboten, das Feld zu öffnen, statt vom Fundamentalismus von den Fundamentalismen zu reden und dies nun als Ausdruck einer Suche zu konzipieren, als ein offenes Feld, das verschiedene Antworten auf die Frage erlaubt, wie denn nun der mythische Regreß herzustellen sei. Damit würde sich der Blick öffnen: der Fundamentalismus würde nicht mehr als das Andere zur Moderne gefaßt werden, sondern er könnte aus sich heraus verstanden werden: als ein Diskursfeld, in dem verschiedene Positionen eingenommen werden, die sich nicht mehr durch eine Formel auf einen Nenner bringen lassen. Leider verspielt Riesebrodt die Chance: Indem er versucht, den Fundamentalismus auf den Begriff zu bringen, schmilzt er die Vielfalt zu der Formel ein, die im Buchtitel ihren Niederschlag gefunden hat, nämlich der einer patriarchalischen Protestbewegung.

Emmanuel Sivan konstruiert in seinem Buch »Radical Islam – Medieval Theology and Modern Politics« (1985) den Fundamentalismus als Gegensatz zur westlichen Zivilisation. Er richtet dabei sein Augenmerk auf die Gruppe um Sayid Qutb, den ägyptischen Intellektuellen, von dem die Ausarbeitung islamistischer Theorien stammt. Dabei geht es Sivan um die Rekonstruktion von Erfahrungen, die zu einer radikal weltfeindlichen Position führten: Ausdruck fand diese Position in der Lehre, daß die moderne ägyptische Gesellschaft in die Cahiliya zurückgefallen sei, in die Periode der Unwissenheit und der Barbarei, die nach der islamischen Mythologie vor dem Kommen des Propheten Muhammad herrschte. Damit ist die Bestimmung verbunden, daß die existierende (ägyptische, algerische, marokkanische) Gesellschaft nicht mehr prinzipiell (wenn auch unvollkommen) islamisch, sondern prinzipiell unislamisch sei. Mit der dergestalt gefaßten Gesellschaft ist kein Kompromiß mehr möglich, sie ist eine Antiwelt, die nicht mehr reformierbar, sondern, weil prinzipiell böse, nur noch zu bekämpfen sei. Die Schriften von Sayid Qutb sind durchzogen von Gefühlen der Verzweiflung, Verlorenheit und Fremdheit und nicht zuletzt von einem Gefühl des Drängens: Noch nie war der Islam so gefährdet wie in der Gegenwart. Es ist wohl kaum ein Zufall, daß die Ausformulierung dieser in vielem gnostisch anmutenden Lehre im Gefängnis erfolgte – sie reflektiert die Erfahrung der Verfolgung, der Folter, der Suspendierung legitimer Spielregeln durch die jeweils herrschenden Regimes. Dieses Weltverhältnis sollte – wie Sivan in einem späteren Aufsatz ausführte – eine Tendenz zur Organisation in Sekten nach sich ziehen.

Es scheint jedoch eine andere Erfahrung zu sein, die diese Lehre über den engen Kreis der Verfolgten hinaus plausibel erscheinen läßt: In den Schriften wird die Erfahrung angesprochen, die man mit Habermas als Kolonialisierung der Lebenswelt charakterisieren könnte (Sivan selbst benützt den Begriff nicht). Es ist dies die Erfahrung des Verlustes der Kontrolle über Bereiche, die bis dahin islamisch waren: Die staatliche Erziehung folgt dem Paradigma der westlichen Wissenschaft, die Massenmedien tragen Starkult und Körperkult in die Wohnungen; Massenkonsum und Tourismus konfrontieren mit einem hedonistischen Lebensstil. Das Problem des schlechten Herrschers stellt sich in der Moderne grundsätzlich anders als in der Vormoderne: Während der vormoderne (und man könnte hinzufügen: selbst der koloniale) Staat einen abstrakten und leeren Rahmen darstellte, dringt der moderne Staat in alle Lebensbereiche ein – und stellt somit eine historisch nie dagewesene Bedrohung des Islam dar.

Sivan sieht nun weniger ein Milieu als eine Generation – nämlich die der islamisch geprägten Intellektuellen der postkolonialen Zeit – als Träger dieser Erfahrungen. Er arbeitet deshalb auch insbesondere den Gegensatz der heutigen radikalen Islamisten zu den »Muslimbrüdern« heraus. Die Biographie von Said Qutb ist bezeichnend. Er hatte einen Magister in Literatur und arbeitete als Literaturkritiker in den dreißiger und vierziger Jahren. Seine Wendung zum radikalen Islam vollzog sich während eines Aufenthaltes in den USA, in den Jahren 1948-1950. Es war ein Kulturschock, der entscheidend wurde. In den USA sah Qutb die Vision der Zukunft: absoluten Individualismus sowie moralischen und sozialen Niedergang. Die Biographie ist im übrigen ein deutlicher Hinweis darauf, daß es sich bei Fundamentalisten nicht notwendigerweise (nur) um Zukurzgekommene und Zurückgebliebene handelt, sondern auch um Sinnsucher.

Wie Riesebrodt bringt Sivan das Anliegen der Fundamentalisten auf den Begriff der Authentizität, faßt diese allerdings als Suche nach einem islamischen Weg in der Moderne. Bei aller Rückwendung auf die Tradition verbietet, so Sivan, die Komplexität der Moderne eine sklavische Imitation der offenbarten Ordnung ohnehin – man kann also nur in die Vergangenheit blicken, um sich zu vergewissern, was zentrale Werte und Handlungsregeln betrifft. Bemerkenswerterweise hatte selbst Sayid Qutb eine durchaus flexiblere Haltung als die traditionalistische Orthodoxie in bezug auf den Iğtihad (d.h. auf die selbständige Rechtsfindung aus Rechtsquellen). Anders als die Orthodoxie, die von dem »Schließen der Tore des Iğtihad« im 10. Jahrhundert ausgeht, tritt

Said Qutb durchaus für die flexible Anwendung islamischer Prinzipien und Normen auf die Gegenwart ein (1985: 69), möchte dies aber eingeschränkt und kontrolliert wissen: Zum einen dürfe eine Interpretation keine außerislamischen Kriterien einführen; zum anderen dürfe diese Interpretation nur von dem wahrhaft Wissenden vollzogen werden. Dies erlaubt eine differenziertere Betrachtung des von Riesebrodt eingeführten Gegensatzes von mythischem und analogem Regreß. Der Unterschied zwischen einer sozialreformerischen/sozialrevolutionären Grundhaltung und einer fundamentalistischen Grundhaltung wäre der zwischen einer offenen und einer geschlossenen Interpretation der Texte.

Eine besondere Stärke des Textes von Sivan ist die Rekonstruktion der Gefühle und Befindlichkeiten, die eine Hinwendung zum Fundamentalismus begründen können. Dies ist ebenfalls die Stärke des leidenschaftlichen Essays von *Fatma Mernissi*: »Die Angst vor der Moderne. Frauen und Männer zwischen Islam und Demokratie« (1992). Die Frage, der sie nachzugehen versucht, lautet, »weshalb die Muslime, und vor allem die jungen Leute der unteren Schichten, die ständig von der Arbeitslosigkeit bedroht sind, sich um den Antagonismus Islam–Demokratie scharen« (1992: 82). Sie sieht den Fundamentalismus als das Andere zur offenen Gesellschaft – zu einer Gesellschaft, die die Institutionalisierung von Konflikten anstrebt und damit Freiheit und Individualität erlaubt.

Der Versuch ist wohl nur zu würdigen, wenn man ihn in den Kontext ihres Werkes einreiht. Mernissi versucht in ihren verschiedenen Schriften eine Position jenseits der Opposition von Kulturalismus und Universalismus zu entwickeln. Wahrscheinlich könnte man ihre Position mit einer Paraphrasierung von Sartre auf den Punkt bringen: Eine Kultur ist, was sie ist, indem sie nicht das ist, was sie ist, und sie ist nicht, was sie ist, indem sie das ist, was sie ist. Mit anderen Worten: Eine Kultur ist nur dann lebendig, wenn sie sich selbst transzendiert – und zwar hin auf Universalisierbarkeit. Eine Kultur muß die Themen, die Lösungen, die Sichtweisen universalisieren, die in ihr angelegt sind – nicht um sie anderen Kulturen aufzudrängen, sondern um sie in einen globalen Diskurs einzubringen. Oder umgekehrt: Eine Kultur ist nur dann lebendig, wenn sie die aus ihr hervorgegangenen Lösungen nicht bedingungslos bejaht (mit dem Argument, sie seien nun mal das Eigene), sondern sie einer Kritik unterzieht – nur die Traditionen sind zu verteidigen, die universalisierbar sind; diese müssen allerdings dann auch verteidigt werden. Kurz, diese Haltung erfordert eine Auseinandersetzung mit den Stärken und Schwächen der eigenen Herkunft – und verfehlt ist sowohl ein Minderwertigkeits- wie ein Überlegenheitsgefühl. Von dieser Position her erscheint jedes rückwärtsgewandte Beharren auf Authentizität als Regression und letztendlich Verfehlung. Dieser falschen Authentizität ließe sich die falsche Universalität gegenüberstellen, die in der mechanischen Applikation von universalisierbaren Lösungen eines Kontextes auf andere Kontexte beruht.

Aus dieser Perspektive ist das zunächst Schillernde des Textes zu sehen: Fatma Mernissi erklärt den Fundamentalismus, wie der Titel andeutet, aus dem Gesellschaftsvertrag des Islam, mit anderen Worten: aus der Vision des Verhältnisses von Individuum, Gott und Gesellschaft, wie sie in den islamischen Erzählungen gefaßt ist. Die Metaphern, mit denen das Verhältnis von Individuum zu Gesellschaft gefaßt wird, bestimmen die kulturspezifischen Ängste und diktieren kulturspezifische Antworten. Das zentrale Bild des Islam sei das des Propheten, der es unternahm, das Unmögliche zu vollbringen, nämlich der in Konflikte zerfallenen Stadt, der Stadt der Cahiliya, der Barbarei, Frieden, Einheit und Geschlossenheit zu bringen. Dieser Frieden wurde gegen den »Individualismus« und die »Arroganz« einer aristokratischen Gesellschaft errichtet; er wurde ermöglicht, indem die Forderung nach der radikalen Unterwerfung unter Gott durchgesetzt wurde. Ausgehend von dieser Vision der Gesellschaft unternimmt Fatma Mernissi nun eine Archäologie der Ängste, die sich an die Moderne knüpfen und die die Hinwendung zum fundamentalistischen Islam erklären. Die Einheitsvision steht in Spannung und Widerspruch zur Institutionalisierung von Differenzen: Demokratie, Gedankenfreiheit, Individualismus, eine kritische Auseinandersetzung mit der Vergangenheit und der Gegenwart werden schnell mit Zwietracht und Gewalt assoziiert und rufen Ängste vor dem Zerfall des Gemeinwesens hervor. Mernissi benennt nun diese Ängste nicht in der Absicht, die Unvereinbarkeit von Islam und Moderne zu konstatieren und festzuschreiben, sondern umgekehrt in der Absicht, sie zu transzendieren. Indem die Ängste bewußt gemacht werden, können sie auch überwunden werden. Hier ist es allerdings die konkrete Erfahrung mit dem Westen, die immer wieder das Transzendieren sehr schwierig, wenn nicht unmöglich macht. Das Problem ist, daß der Westen unter dem Mantel der universalen Werte, die eine offene Gesellschaft begründen könnten (also etwa der Menschenrechte), partikulare Interessen durchsetzt. Die falsche Universalität des Westens läßt eine Intervention wie in Kuwait nur als Oktroi erleben; sie vermittelt sich in einem Lebensgefühl der Absurdität.

Wenn Fundamentalismus als Gegnerschaft zur offenen Gesellschaft konzipiert wird, ist damit ein weiter Fundamentalismusbegriff gesetzt: Es ist nur konsequent, daß Mernissi den Begriff sowohl auf den offiziellen Staatsfundamentalismus anwendet wie auch auf den reagierenden Fundamentalismus der islamistischen Opposition (1992: 103).

Auf diesen Sachverhalt verweist auch Udo Steinbach in dem von *Jürgen Schwarz* herausgegebenen Sammelband: »Der politische Islam – Intentionen und Wirkungen« (1993) und betont hier insbesondere die Machtfrage. Die Werte der Aufklärung sind deshalb im islamischen Raum so schwer zu vermitteln, weil die Aufklärung immer im Gewand des Kolonialismus auftrat. Von Anfang an sprach der Westen immer im Namen universalistischer Werte, verwendete diese aber machtstrategisch zu eigenem Nutzen. »Die Geschichte der islamischen Welt seit dem Beginn des 19. Jahrhunderts, die politische Geschichte wie die Geistesgeschichte, kann in weiten Teilen wesentlich unter dem Aspekt einer Suche nach einem Ausweg aus einer prinzipiell gegebenen Krise interpretiert werden.« (1993: 128)

Bassam Tibi nimmt in seinem Buch »Islamischer Fundamentalismus, moderne Wissenschaft und Technologie« (1992) wiederum einen anderen Ausgangspunkt: Er deutet den Fundamentalismus im wesentlichen als Antiaufklärung.

»Zentrale Voraussetzung für die Entfesselung der Subjektivität in Europa waren die ›Schlüsselereignisse‹ Reformation, Aufklärung und Französische Revolution. Der Eingang der Moderne in den Islam scheiterte am Fehlen ähnlicher kultureller Voraussetzungen und vor allem am Widerstand der Muslime, das Reflexiv-Werden des Religiösen im kulturellen System des Islams zuzulassen. Offenbarung und Tradition (Sunna) sind für Muslime Quellen absoluten und nicht hinterfragbaren Wissens; sie dürfen niemals dem Prinzip des Reflexiv-Werdens untergeordnet werden. In diesem Zusammenhang wird verständlich, warum sich im Islam keine textkritische Tradition des Koran etablieren konnte.

Ohne die Annahme des Reflexionsprinzips kann in keiner Kultur eine wie auch immer geartete Wissenschaftstradition gedeihen.« (1992: 22)

Fundamentalismus ist für ihn eine Haltung, die einerseits am »Skripturalismus« festhält, also an der Idee einer Wort für Wort offenbarten Wahrheit, und andererseits die technologische Moderne rezipieren will. Die Fundamentalisten verfolgen den »Traum von der halben Moderne«; ihr Ziel ist die »moderne Technologie ohne Verwestlichung« (1992: 66). Dies ist ein sehr weiter Fundamentalismusbegriff, und tatsächlich konzediert Tibi, daß »der Fundamentalismus als Weltsicht von der Mehrheit der Muslime geteilt (wird); er bildet damit die Hauptquelle ihrer Denkweise und auch der öffentlichen Meinung« (1992: 135).

Der weite Fundamentalismusbegriff macht eine weitere Differenzierung nötig: In dem lesenswertesten Teil seines Buches unterscheidet Tibi zwischen verschiedenen Fundamentalismen. Um eine Klassifikation zu entwickeln, geht er zunächst von dem genauen Verhältnis von Koran und Wissenschaft aus: Er unterscheidet zwischen einem konservativen Fundamentalismus (der Koran steht nicht im Widerspruch zur Wissenschaft), einem strengen Skripturalismus (der Koran enthält implizit die Wissenschaft) und einem puristischen Fundamentalismus (Wissenschaft muß sich durch den Koran legitimieren). Daneben führt er (nicht ganz konsistent mit den bis dahin benutzten Klassifikationskriterien) den revolutionären und den militanten Fundamentalismus ein. Leider wird diese Differenzierung eingeführt, aber nicht durchgehalten – mit Ausnahme des fünften Kapitels, in dem diese Unterscheidungen eingeführt werden, wird immer nur global vom Fundamentalismus gesprochen.

Ich finde Bassam Tibis Begriffsstrategie nicht sehr glücklich: Sie erlaubt kaum noch eine Differenzierung. Die eigentliche Fragestellung – wie kommen fundamentalistische Strömungen in einer Religion zum Tragen, warum gewinnen sie gegen andere Strömungen an Einfluß, welche Faszination geht von ihnen aus? – läßt sich nicht mehr formulieren, wenn man der Meinung ist, daß ohnehin alle Angehörigen einer Religion fundamentalistisch sind. Insgesamt gewinnt man den Eindruck, daß es Tibi eher um eine Abrechnung mit dem Islam geht als um die Auseinandersetzung mit einem konkreten Phänomen.

Eine weitere Konstruktion des Fundamentalismus stammt von

Arnold Hottinger (1993). Diskutierenswert an dem Buch sind allein die Einleitung und das erste Kapitel (Was ist Islamismus?); der daran anschließende Überblicksteil über die Rolle des Islamismus in verschiedenen Regionen beschränkt sich auf Ereignisgeschichte und ist analytisch wenig durchdrungen. Ein Problem mag sein, daß Hottinger wohl alles abdecken wollte – in seiner Darstellung des Islam der Türken in Deutschland wimmelt es von Fehlern.

Die Fragestellung, unter der Hottinger den Fundamentalismus betrachtet, ist schlicht, ob vom Fundamentalismus eine Gefahr für Europa ausgeht oder nicht. Für Hottinger ist nicht die Frage Islam–Moderne entscheidend, sondern die klassische Frage Orient–Okzident. Um die Antwort gleich vorwegzunehmen: Hottinger konstatiert fast erleichtert, daß der Fundamentalismus insgesamt die arabischen Nationen eher schwächt und deshalb ein innenpolitisches Problem sei (um das man sich – so ist impliziert – in Europa nicht zu kümmern brauche).

Hottinger bestimmt den Islamismus als Transformation des Islam in eine politische Ideologie. »Im Gegensatz zu einer Religion kann es eine Ideologie sich nicht leisten, Unstimmigkeiten und logische Widersprüche, vielfältige Meinungen und Meinungsverschiedenheiten in sich aufzunehmen. Die Ideologie ist eben nur ein Ideengebäude, das zusammenbricht, wenn es inneren Widersprüchen oder wirksamen Gegenargumenten von außen her ausgesetzt wird« (1993: 33). Dieser politische Islam stehe im Gegensatz zum Mehrheitsislam. Der klassische Islam habe eine Lehre entwickelt, in der die Gottesgelehrten sich von der Regierung fernhalten sollten; in der kein Muslim den anderen als ungläubig aburteilen dürfe und nach der jeder Muslim es letztlich vor seinem Gott zu verantworten habe, ob er seinem Gesetz folge und seinen Glauben richtig verstehe. Die Ursachen für den Erfolg des politischen Islam sieht er zunächst in der Verwestlichung, die zu einer »Verarmung der religiösen Sphäre und des islamischen Lebens geführt« habe (1993: 37). Einen zweiten Grund sieht er in der Sinnproblematik, die politische Schwäche für eine Religion bedeutet, die sich gerade in ihren Anfängen politisch definiert hat. »Das Erfolgsbedürfnis und die Erfolgshoffnungen … sind durch die lange Zeit schmerzlicher Mißerfolge so stark angewachsen, daß eine Art Überreizungszustand besteht. Viele einfache Muslime sprechen in diesem Zusammenhang von ihrer ›Ehre‹ … Diese, so sagen sie, müsse gerettet werden, koste es, was es wolle.« (1993: 18)

Zu dieser Bestimmung läßt sich zunächst anmerken, daß der Gegensatz Ideologie – Religion sich gerade für den Islam nicht durchhalten läßt. Es drängt sich der Verdacht auf, daß hinter dieser Unterscheidung die eurozentrische Differenzierung zwischen einem guten Mehrheitsislam (dem, weil er ein ähnliches Verhältnis zum Staat hat wie das Christentum, das Gütesiegel »Religion« verliehen wird) und einem schlechten politischen Islam (»Ideologie«) steht – jedenfalls deckt sich diese Differenzierung nicht mit der Binnensicht in muslimischen Gesellschaften.

Gegen die Bestimmung des Fundamentalismus als politische Religiosität wäre nichts einzuwenden – auch nicht gegen den Gedanken, daß die politische Akzentuierung eine besondere Art von Religiosität hervorbringt. Allerdings ergibt sich daraus nicht die Konsequenz, die Hottinger skizziert, nämlich die einer inneren Geschlossenheit des Weltbildes: Der Blick auf den Fundamentalismus enthüllt (wie im folgenden Essay gezeigt werden wird) gerade ein ganzes Spektrum von Positionen, Fraktionierungen und Spaltungen.

Es lohnt sich innezuhalten und die bisherigen Ergebnisse in einer Synopse zusammenzufassen (s. Tabelle).

Die Synopse zeigt die Beliebigkeit der Konstruktionen. Den hier aufgeführten lassen sich mit Leichtigkeit weitere hinzufügen.

Johannes Reissner, von dem eine hervorragende, leider viel zu wenig beachtete Studie zu den Islambrüdern in Syrien (1980) stammt, benennt in dem bereits erwähnten, von Jürgen Schwarz herausgegebenen Sammelband einige Probleme, die mit der Konstruktion des Fundamentalismus als des »Anderen« verbunden sind (1993): Das eine Problem ist eine (allerdings von Autor zu Autor unterschiedliche) Konstruktion des Fundamentalismus als in sich einheitliches und bedrohliches Phänomen. Der Begriff dient in der Regel dazu, »tatsächliche, potentielle oder vermeintliche Bedrohung anzuzeigen« (1993: 92). Dem ließe sich noch hinzufügen, daß es bei der Beliebigkeit des Begriffsumfangs »Fundamentalismus« möglich, wenn nicht wahrscheinlich ist, daß in die Definition des Begriffs bereits mit einfließt, was man empirisch zu belegen sucht; mit anderen Worten, daß die Argumentation zirkulär ist.

Reissner schlägt statt dessen vor, die Sicht der Muslime nachzuvollziehen, und zwar derjenigen, die eine »ursprungsmythische Haltung« einnehmen. Damit bezeichnet er eine Hinwendung zur

	Fundamentalismus ist Antithese zu:	Träger	Bestimmung des Fundamentalismus	Ursache	Motiv
Riesebrodt	Moderne	Traditionales Milieu	Patriarchalische Protestbewegung	Problemlage durch Modernisierung	Verteidigung des Milieus
Kepel	Zivilgesellschaft	Geprellte Generation	Bewegung, die die Trennung von Staat und Religion aufheben will	Ende der Fortschrittsideologie mit Ölkrise	Ungerechtigkeit
Sivan	Westl. Zivilisation	Generation islamischer Intellektueller des Postkolonialismus	Radikale Weltfeindlichkeit einer Sekte	Kulturschock	Verzweiflung
Mernissi	Offene Gesellschaft	Jugendliche der unteren Schichten	Totalitäre, antiwestliche Haltung	Falsche Universalität	Angst
Tibi	Aufklärung	Mehrzahl der Muslime	Traum von der halben Moderne	Nicht vollzogene reflexive Wendung	Unfähigkeit

islamischen Frühgeschichte, als »etwas Gültigem, nicht Vergangenem«. Dahinter steht das Streben nach islamischer Authentizität auch in Staat und Gesellschaft. »Das Ziel ist, ...mit der eigenen Religion an der Gegenwart teilzuhaben und unter Wahrung ihres Gültigkeitsanspruchs die eigenen Probleme der Gegenwart zu meistern.« (1993: 90) Damit ist nun weniger eine fixe Position gemeint als eine Suche markiert, die ein Diskursfeld eröffnet, in dem unterschiedliche Positionen angesiedelt sind:

»Der islamische Diskurs, der wesentlich von den Fundamentalisten mit geschaffen wurde, stellt ein eher vages Bezugssystem dar, das nur punktuell Elemente rigider Reglementierung enthält. Es ist ein redendes ›Hierhin-und-dorthin-Laufen‹ (discurrere), das allerdings nicht beliebig ist, sondern sich zwischen den verinnerlichten und interpretierbaren ›vielen kleinen apriorios‹ einer Kultur bewegt, die als Sinnkonstituanten wirken« (1993: 97).

Damit ist die Forderung verbunden: »Weg von den Ismen bei Umgang mit Muslimen, hinschauen und hinhören auf das, was Menschen in ihrem Selbstverständnis als Muslime wollen« (ebd.)

Das von *Richard Tapper* herausgegebene Buch »Islam in Modern Turkey – Religion, Politics and Literature in a Secular State« (1991) ließe sich als eine empirische Umsetzung dieser Position lesen. Sie enthält historische Abrisse, ethnologische Fallstudien und textkritische Analysen etwa von islamischen Zeitungen oder Kinderbüchern. Den Autoren ging es in ihren Beiträgen darum, die Vielschichtigkeit und innere Differenzierung des Phänomens zu begreifen. Das Buch erlaubt einen Blick auf einen komplexen Diskurs, in dem die verschiedensten Positionen eingenommen werden, in dem man sich voneinander abgrenzt und Allianzen sucht. Es ist ein Diskurs, der sich ebenfalls im Dialog mit den westlichen Paradigmen (und zwar sowohl der Natur- wie der Geisteswissenschaften) befindet. Es ließ sich bei einem Sammelband wohl nicht vermeiden, daß man in das andere Extrem verfiel: Die einzelnen Positionen stehen völlig unzusammenhängend nebeneinander. Was not täte, wäre der Versuch zu zeigen, wie sich die verschiedenen Positionen aufeinander beziehen und mit welchen Argumenten sie sich voneinander absetzen – und welcher Gruppe welche Position plausibel erscheint. Dann erst dürfte das Lebendige der Suche hervortreten.

Ähnliches gilt für *Gilles Kepels* Untersuchung: »Les Banlieues de l'Islam« (1987). Dieses Buch enthält eine Darstellung der Geschichte der islamischen Bewegung in Frankreich – wobei sich allgemeine Darstellung und Einzelfallanalyse ablösen. Das Buch ist in gewissem Sinn eine Pioniertat, mit allen Stärken, aber auch Unvollkommenheiten, die einem solchen Versuch anhaften. So wechseln sich im Buch – merkwürdig unentschlossen – große Überblickskapitel und Sondagen ab, die wenig aufeinander bezogen werden. So nimmt etwa die Darstellung der quietistischen Tablighi-Bruderschaft einen breiten Raum ein – man erfährt aber nichts über ihre Größe, über die Bedeutung, die andere islamische Gemeinden ihr beimessen, wie sie sich voneinander absetzen.

In Zusammenhang mit Versuchen, den Fundamentalismus als Diskursfeld zu konzipieren, bleibt schließlich der diskurstheoretische Vorschlag von *David J. Krieger* zu diskutieren. Er ist enthalten in dem zusammen mit *C. J. Jäggi* verfaßten Band »Fundamentalismus. Ein Phänomen der Gegenwart« (1991).

Ausgangspunkt von Kriegers Überlegungen ist die Durkheimsche These, nach der Religion die Selbstdarstellung einer Gemeinschaft, eines Volkes oder einer Kultur ist – und daß deshalb auch jedes Weltbild, jede Weltanschauung oder Ideologie eine Religion ist. »Die Diskursformen, Symbole, Riten und Handlungen, in denen diese Selbstdarstellung im alltäglichen Lebensvollzug konkretisiert wird, stiften theoretisch und praktisch die Grenzen einer sozialen Welt.« (1991: 190) An diese Bestimmung eines Diskursuniversums anschließend lassen sich drei Diskursformen unterscheiden: 1. Der argumentative Diskurs findet innerhalb eines Diskursuniversums statt: Er umfaßt die in diesem Universum sinnvollen Sätze; d. h. die Sätze, die zumindest potentiell wahr, richtig oder wahrhaftig sind. 2. Der Grenzdiskurs bezieht sich dagegen auf die Ebene der Regeln, die erst das Spiel konstituieren. Sprechhandlungen im Grenzdiskurs sind weder wahr noch falsch, weder richtig noch unrichtig, weder wahrhaftig noch unwahrhaftig. Sie sind in diesem Fall überhaupt nicht auf ihre Gültigkeit hin zu prüfen, wie lange man auch diskutiert: Die Mechanismen, mit denen ein Grenzdiskurs vermittelt wird, sind deshalb nicht argumentativ, sondern folgen der Logik von Sozialisation, Einweihung oder Bekehrung. Es ist ein Diskurs, in dem weniger gesagt als gezeigt wird. Er stiftet sozusagen die Kommunikationsgemeinschaft. Schließlich gibt es als drittes den Erschließungsdiskurs, d. h. den Diskurs, der sich vergleichend zwischen den Sprachebenen bewegt.

Der Diskurs des Fundamentalismus ist nun ein Grenzdiskurs – und zwar einer, der unter den Bedingungen der Postmoderne geführt wird: Die Erfahrung der Auflösung der großen Erzählungen bedeutet das Eingeständnis der Gleichzeitigkeit und Gleich-Gültigkeit von verschiedenen Weltbildern, Ideologien und Religionen. Die Folge ist, daß es keinen Diskurs der Vernunft gegenüber allen Irrationalismen mehr gibt, sondern nur noch einen Polylog von verschiedenen Grenzdiskursen oder Fundamentalismen. Da es keine privilegierte Diskursform mehr gibt – etwa die Wissenschaft –, entfällt auch das Forum, in dem zwischen wahr und falsch entschieden werden könnte. Es gibt nur noch das Machtspiel.

»Könnte es sein, daß die sogenannte kritische Rationalität selber in der Postmoderne notgedrungen fundamentalistisch geworden ist und somit genauso unfähig, universale Normen und objektive Wahrheit zu begründen wie der ausdrücklich religiöse Diskurs selbst, den er bekämpft. Wäre dies so, dann ist der Fundamentalismus weniger als Flucht vor der Moderne zu verstehen, sondern als ein Spiegel, worin wir unser eigenes, postmodernes Gesicht zu sehen bekommen.« (1991: 195)

Ein genauerer Blick scheint mir indes zu zeigen, daß die Position zu pointiert ist. Tatsächlich scheint mir die Unterscheidung von argumentativem Diskurs und Grenzdiskurs nicht so strikt, wie Krieger es andeutet. Die Idee, daß man sich vorab auf ein Spiel zu einigen hat, um dann spielen zu können, scheint mir an der Realität vorbeizugehen. In Wirklichkeit (und unter anderem im fundamentalistischen Diskursfeld) haben wir es nicht mit klar geschiedenen Spielen zu tun, sondern mit Spielen, die sich überlappen (die Ähnlichkeiten aufweisen). Tatsächlich muß man wahrscheinlich bei jedem Kommunikationsakt von einer erheblichen Grauzone von Mißverständnissen ausgehen: Man spielt mit, nicht weil man die Spielregeln teilt, sondern weil man glaubt, daß man die Spielregeln teilt. Jedes allzu genaue Untersuchen der Differenzen ist dagegen potentiell gefährlich für die Interaktion, weil sie genau das Mißverständnis zum Thema macht. Fundamentalismus wäre dann das Leiden an dieser Unklarheit (und vielleicht spielt deshalb die Reinheitsmetaphorik eine so wichtige Rolle im Fundamentalismus). Fundamentalistisch wäre dann nicht die Tatsache von Grenzdiskursen, sondern sozusagen die Sehnsucht nach Grenzdiskursen – nach klar geschiedenen Welten. Fundamentalistisch wäre dann eine Haltung, die sozusagen auf dem Prinzip beharrt und daher Differenz hervorkehrt, während nicht fundamentalistisch die Hoffnung auf den Konsens ist, der sich unter der Hand einspielt – aber nie formuliert werden darf.

Betrachtet man die Dinge aber so, dann wäre der Fundamentalismus das letzte Aufbegehren der Moderne gegen die Postmoderne – und wir könnten unserer Tabelle oben eine neue Spalte hinzufügen.

Der Weg zum Gottesstaat

Die fundamentalistischen Gemeinden türkischer Arbeitsmigranten in der Bundesrepublik

Der Diskurs über den islamischen Fundamentalismus ist ein Diskurs der Angst. Er operiert mit Bildern von Menschenfluten, Massen, Gewalt: er evoziert Ängste des Erstickens und des Überschwemmt-Werdens. Wenn ich im folgenden das Augenmerk gerade auf die innere Heterogenität, Vielschichtigkeit und Dynamik dieses Phänomens richte, dann nicht zuletzt in der Absicht, dieser Angst durch eine differenziertere Betrachtung entgegenzuwirken.

Ich stütze mich auf Material, das ich bei den islamischen Gemeinden in Augsburg gesammelt habe. In einem ersten Schritt werde ich die Geschichte des Islam in Augsburg beschreiben, in einem zweiten mich der Analyse der Konflikte und Spaltungen zwischen den verschiedenen Gemeinden widmen. Der leitende Gedanke dabei ist, daß die Analyse von Spannungen und Konflikten einen tiefen Einblick in die Natur der religiösen Suche erlaubt. Diese Konflikte lassen erkennen, wo die Probleme liegen, wenn der Gläubige versucht, die in Ritualen und Mythen formulierte ideale Beziehung von Gott, Mensch und Welt auf die faktische Gesellschaft zu beziehen. Sie zeigen ebenfalls, welche Spannbreite von Antworten auf diese Probleme auch bei gemeinsamen religiösen Grundüberzeugungen möglich sind; und sie weisen schließlich auf die sekundären Probleme, die aus jeder Antwort ihrerseits erwachsen.[1]

Die im folgenden am Fall von Augsburg beschriebenen Prozesse haben sich in den siebziger und achtziger Jahren im großen und ganzen auch in den anderen westdeutschen Städten zugetragen (Blaschke 1985, Mıhçıyazgan 1990) – wenn sich auch in den Konflikten von Stadt zu Stadt andere Gruppen durchgesetzt haben. Augsburg eignet sich hauptsächlich aufgrund seiner Größe besonders für eine qualitative Untersuchung der Hintergründe dieser Entwicklungen: Einerseits ist die türkische Bevölkerung so groß, daß alle in der Bundesrepublik existierenden islamischen Fraktionen auch in Augsburg zu finden sind. Andererseits ist die Situation immer noch so überschaubar, daß die in verschiedenen Gemeinden durchgeführten Interviews sich zwanglos aufeinander beziehen lassen: Die Gesprächspartner beziehen sich auf die gleichen Vorfälle und beleuchten sie aus verschiedenen Blickwinkeln.

Die Geschichte des Islam in Augsburg

Die Geschichte der islamischen Gemeinden in Augsburg läßt sich als fortgesetzter Spaltungsprozeß beschreiben; er kann in der Form einer Genealogie wiedergegeben werden.

Bei den türkischen Arbeitsmigranten, die seit dem Beginn der sechziger Jahre nach Augsburg kamen, handelte es sich um junge

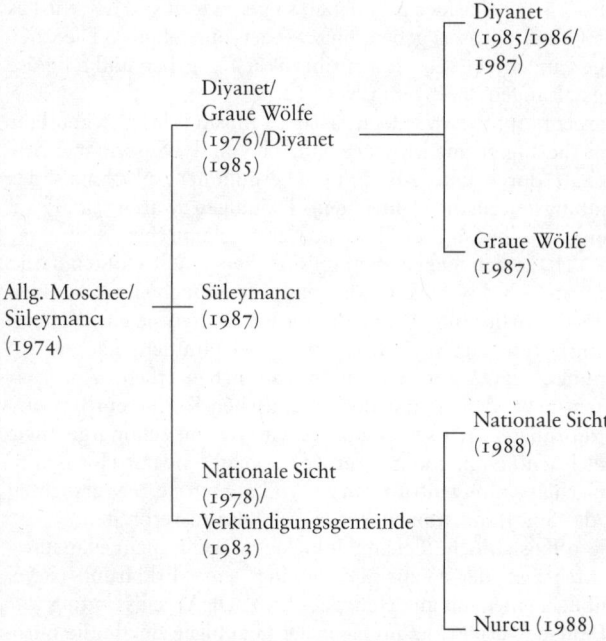

Angegeben sind die Fraktionen und in Klammern die Gründungsdaten der Moscheen. Der Schrägstrich (»/«) verweist auf den Prozeß der Übernahme einer existierenden Moschee durch eine andere Gruppe.

Männer, die mit der Absicht kamen, nur eine kurze Zeit in Deutschland zu bleiben. Die meisten von ihnen hatten keine ausgeprägten religiösen Interessen[2]: die von den wenigen Migranten mit religiösen Neigungen eingerichteten Gebetsstätten in Arbeiterwohnheimen wurden damals kaum frequentiert. Dies änderte sich Anfang der 70er Jahre: Der zu dieser Zeit einsetzende Familiennachwuchs bedeutete, daß man nun begann, sich auf eine längere Aufenthaltsdauer in Deutschland einzurichten; außerdem bedingte er ein wachsendes Interesse an religiöser Erziehung für die Kinder (Blaschke 1985). 1974 – etwas später als in anderen deutschen Großstädten – wurde dann in Augsburg die erste Moschee gegründet. Man wußte von Konflikten und Spaltungsprozessen in anderen Städten und hatte die feste Absicht, dies in Augsburg nach Möglichkeit zu vermeiden. Ein Gründungsmitglied: »Als wir das hier gründeten, sagten wir uns: ›Hier wird es keine Politik (siyaset) geben, hier werden nur religiöse Dienstleistungen angeboten. Es werden Korankurse gegeben und religiöse Veranstaltungen durchgeführt.‹«

Dies entpuppte sich jedoch rasch als Illusion. Im gleichen Jahr wurde die allgemeine Moschee nämlich von der Süleymancı-Bruderschaft durch eine Art Coup übernommen. Nochmals das Gründungsmitglied: »Unter den Gläubigen waren ein, zwei Freunde, die hatten Verbindungen zum Islamischen Kulturzentrum (d. h. zu den Süleymancı) in München... Wir wußten natürlich nichts von diesen Verbindungen... In München gab es einen Ali Hoca... Mit Hilfe dieses Ali Hocas brachten sie eine Vereinssatzung mit; sie sagten: ›Laßt es uns offiziell (amtlich) machen.‹ ›In Ordnung‹, sagten wir, ›laßt es uns amtlich machen.‹ Aber wir wußten nicht, daß sie uns dem Islamischen Kulturzentrum offiziell zuordneten. Wir sagten uns, es wird für uns schon irgendwie hilfreich sein. Nun, und mit der Zeit brachten sie nur Hocas vom Islamischen Kulturzentrum mit... Wir kannten sie. Sie versuchten hier, das Süleymancıtum zu entwickeln und zu verbreiten.«

Die offensichtliche Leichtgläubigkeit – wenn nicht Naivität – der Mehrheit der Gemeinde verlangt eine Erklärung. Zwei Gründe scheinen mir ausschlaggebend: 1. Die Vereinssatzung war auf Deutsch verfaßt; kaum einer der Gläubigen dürfte die bürokratische und juristische Diktion verstanden haben. 2. Die Idee, einer Gemeinde die Rechtsform einer Körperschaft zu geben, ist dem islamischen Verständnis völlig fremd: Den meisten Gläubigen dürften daher die Konsequenzen dieses Schrittes kaum bewußt gewesen sein. Die Haltung der Mehrheit dürfte deshalb mit dem Satz: »es wird für uns schon irgendwie hilfreich sein« tatsächlich sehr genau eingefangen sein.[3]

Die Tatsache, daß die allgemeine Moschee nun in der Hand einer bestimmten Gruppe war, setzte einen Segmentationsprozeß in Gang. 1978 wurde eine Moschee des Diyanet İşleri Başkanliği, des staatlichen Amtes für religiöse Angelegenheiten, gegründet, das den offiziellen Islam vertritt. Diese Moschee wurde wenig später durch eine kippende Mehrheit von den »Grauen Wölfen« übernommen, einer faschistischen Bewegung, die für eine Synthese von Islam und Turkismus eintritt; wurde aber dann auf gleiche Weise 1985 wieder vom Amt für Glaubensangelegenheiten »zurückerobert«. Dies wiederum führte zur Errichtung einer eigenen Moschee der »Grauen Wölfe« im Jahr 1987.

1978 wurde ebenfalls eine Moschee der Nationalen Sicht (Milli Görüş) gegründet, also des europäischen Zweiges der Religiösen Heilspartei bzw. heutigen Wohlfahrtspartei des Necmettin Erbakan. Unter dem Eindruck der Ereignisse im Iran radikalisierte sich ein Teil dieser Gruppe am Anfang der achtziger Jahre, was dann 1983 zur Spaltung führte: Die Verkündigungsgemeinde des Cemaleddin Kaplan, die eine Islamische Revolution nach iranischem Vorbild anstrebte, trennte sich von der Nationalen Sicht. In Augsburg gab es eine Mehrheit für diese Gruppe, die dann auch die Moschee übernahm. Die andere Fraktion, die der Nationalen Sicht verbunden blieb, gründete ihre eigene Moschee 1988. Im gleichen Jahr gründete eine kleine Gruppe von meist jungen Leuten – Angehörigen der zweiten Generation, oft Kinder von Vätern, die in der Verkündigungsgemeinde oder der Nationalen Sicht organisiert waren – eine kleine Nurcu-Loge. Dies war die einzige Gründung einer Gemeinde in Augsburg, die nicht konflikthaft war.

Wenn ich mich nun den strukturellen Gründen für diese Spaltungen zuwende, dann möchte ich mich auf die vier »fundamentalistischen« Gruppen beschränken, d. h. auf die Gruppen, die für die Einführung des şeriat, des islamischen Gesetzes in der Türkei eintreten: Auf die Nationale Sicht, die Süleymancı, die Nurcu und die Verkündigungsgemeinde.

Diese Gruppen, die sich selbst als »revolutionär« charakterisieren, unterscheiden sich von den beiden anderen durch die Art und

Weise, die islamische Vision einer gerechten Ordnung auf die real existierende Gesellschaft zu beziehen: Während das Amt für Glaubensangelegenheiten und die »Grauen Wölfe« dafür eintreten, den Islam »zeitgemäß« zu praktizieren, d. h. den Erfordernissen der Gesellschaft anzupassen, treten die vier »fundamentalistischen« Gruppen umgekehrt dafür ein, die Gesellschaft an den Islam anzupassen.[4] Dem korrespondiert eine spezifische Geschichtsphilosophie: Während das eine Lager Geschichte tendenziell unter der Idee des Fortschritts thematisiert, konzipiert das andere Geschichte primär als Verfallsprozeß.[5] Gott, so die Argumentation in diesem Lager, habe Muhammad ein »heiliges und universales Rechtssystem offenbart, das bis zum Weltuntergang allen Bedürfnissen der gesamten Menschheit gerecht wird« (Kaplan: Hicret Konuşması). Dieses Gesetz sei in den Jahren von Muhammad und den vier Kalifen praktiziert worden; dies sei die Zeit der inneren Geschlossenheit und der Stärke des Islam gewesen, die Zeit, in der »in der kürzesten Zeit der ganze Mittlere Osten erobert und die Herrschaft über drei Kontinente errichtet wurde« (Uçar: Itaat Üzerine). Probleme hätten sich dann ergeben, als man von dieser göttlichen Ordnung abgewichen sei. Dies sei der Anfang der Schwäche der islamischen Welt gewesen.

Diese Konstruktion wird nun von den Predigern sehr unverhüllt auf die gegenwärtige Türkei bezogen: Hier habe sich mit der türkischen Revolution, der Abschaffung des Kalifats und der Schaffung eines laizistischen Staates sozusagen der ursprüngliche Sündenfall verdoppelt, an die Stelle einer »dem Koran entsprechenden Staatsverwaltung« sei ein »menschliches System und eine menschliche Ordnung gesetzt worden, die einem menschlichen Kopf entsprungen seien«, führt Kaplan in einer Predigt aus (Kaplan a. a. O.). Die Antwort auf diese Probleme liege nun in der Wiedereinsetzung des Korans als Verfassung.

Angesichts all dieser Gemeinsamkeiten stellt sich die Frage nach den Ursachen für die Konflikte zwischen den fundamentalistischen Gemeinden (und der gegenseitigen Abneigung, die ja eine direkte Folge der mit den Spaltungen verbundenen Konflikte ist).

Die fundamentalistischen Gemeinden

Die Frage, wie die islamische Vision auf die gesellschaftliche Wirklichkeit zu beziehen sei, ist durch die Entscheidung für den »mythischen Regreß« und damit für den Kampf um das şeriat nur zum Teil beantwortet: Innerhalb des »revolutionären« Lagers stellt sie sich erneut, und zwar diesmal in der Form, wie für das şeriat gekämpft werden solle.

Es scheint mir in der Tradition des revolutionären Islam vier mögliche Antworten auf dieses Problem zu geben, die alle ihre eigene Plausibilität haben. Jede dieser Positionen ist rational; es gibt keine Kriterien dafür, welche der Positionen sinnvoller und erfolgversprechender ist. Die Entscheidung für die eine oder andere Position entspringt (wie zu zeigen sein wird) tiefsitzenden Überzeugungen über das (reale und ideale) Verhältnis von Individuum zu Gesellschaft. Dies ist im übrigen der Grund dafür, warum man sich so selten über Strategien einigen kann und warum strategische Fragen oft der Grund erbitterter Auseinandersetzungen sind. Dies ist ebenfalls der Grund dafür, warum nicht zu erwarten ist, daß die verschiedenen Fraktionen verschwinden würden, wenn das revolutionäre Ziel jemals erreicht werden sollte: Die Erfahrung lehrt, daß ein erbitterter Machtkampf zwischen diesen Fraktionen in dem Moment ausbricht, in dem die Revolution siegreich beendet ist.

Jede dieser Positionen hat ihre Stärken, aber auch ihre Schwächen: Letztere lassen sich als Folgeprobleme beschreiben. Der Versuch, diese Probleme zu beantworten, wird die weitere religiöse Suche bestimmen und prägen (und unter Umständen künftige Spaltungen nahelegen). In diesem Artikel möchte ich die je spezifischen Probleme der Gruppen aus den Kommentaren erschließen, die die Betroffenen übereinander machen. Dies hat den Vorteil, die Perspektive der Beteiligten hervortreten zu lassen.

Die Frage, wie für das şeriat gekämpft werden soll, läßt sich in zwei nachgeordnete Fragen aufspalten: 1. Wie soll man sich für den Kampf organisieren? Diese Frage thematisiert das Verhältnis des Individuums zur religiösen Gemeinde. Und 2. Wie soll man als Gemeinde politisch aktiv werden? Diese Frage thematisiert die Stellung der Gemeinde in der Gesellschaft. Die unterschiedlichen Positionen, die in bezug auf diese Fragen eingenommen werden, lassen sich in folgendem Schema darstellen:

		Gemeinde:		Gesellschaft:
		Gesinnungseth. Grundhaltung		Verantwortungseth. Grundhaltung
İndividuum	Reform-Mystik	Nurcu		Süleymancı
Gemeinde	Gemeinde-Religiosität	Verkündigungsgde.		Nationale Sicht

Das Verhältnis des Individuums zur Gemeinde.

Betrachten wir zunächst die vertikale Achse des Schemas und befragen das Verhältnis des Individuums zur Gemeinde.

Es gibt zwei Modelle religiöser Vergemeinschaftung im Islam: Auf der einen Seite finden wir die Tradition des gesetzes- und schriftorientierten asketischen Islam der Moscheegemeinden. In einem spannungsreichen Verhältnis zu diesem Islam steht der mystische, charismatische, esoterische Islam der Sufibruderschaften.[6] Das Spannungsverhältnis bedeutet nicht, daß beide Traditionen sich in der Form eines Entweder-Oder gegenseitig ausgeschlossen hätten. Vielmehr existierten sie in der Regel nebeneinander: Zu unterschiedlichen Phasen der islamischen Geschichte wurden şeriat (sakrales Gesetz) und tarikat (mystischer Weg) in je spezifische strukturelle Beziehung zueinander gesetzt.

Dies gilt auch für die Gruppen, die hier diskutiert werden. Auf der einen Seite sind die beiden Gruppen, die der mystischen Tradition entstammen, also die Süleymancı und die Nurcu, »Reformmystiker«. Said Nursi, der Begründer der Nurcu, und Süleyman Hilmi Tunalı, der Begründer der Süleymancı-Bewegung, versuchten beide, politisch auf die Herausforderung zu reagieren, die die Errichtung der laizistischen türkischen Republik für den Islam bedeutete: Sie lehnten die weltindifferente bzw. weltfeindliche Haltung der klassischen Sufibruderschaften ab und betonten die Notwendigkeit, für die Wiedererrichtung des şeriat zu kämpfen. Süleyman Hilmi Tunalı richtete Koran-Kurse ein, um die Ausbildung von Hocas sicherzustellen, nachdem das klassische religiöse Ausbildungssystem durch die Revolution zerschlagen worden war.[7] Sowohl in bezug auf Selbstverständnis (die Süleymancı betrachten sich selbst als Teil der Nakşıbendi-Bruderschaft) wie auch in bezug auf Organisationsstruktur stehen die Süleymanlı den klassischen mystischen Bruderschaften noch sehr nahe. Die Nurcu haben sich von dem Erbe weiter entfernt. Said Nursis Absicht war es, den Koran in einer zeitgemäßen Form zu vertreten und damit auf die Herausforderung der säkularen Erziehung zu antworten.[8] Der Einfluß des Islam sollte damit in einer veränderten Welt gesichert werden. Während seines Exils in Isparta (1925-1934) baute er eine Organisation zur Verbreitung seiner Schriften auf (Spuler 1973: 134). Er selbst bezeichnete diese Organisation als »Schule« und nicht als »Bruderschaft« (tarikat) und betrachtete sich selbst, anders als Süleyman Hilmi Tunalı, nie als şeyh, also als Haupt einer Bruderschaft. Dennoch gibt es so viele Parallelen zu den klassischen Bruderschaften, daß es mir gerechtfertigt zu sein scheint, die Nurcu als transformierte Bruderschaft zu bezeichnen[9]: Die innere Hierarchie mit den Stufen »Schüler«, »Bruder«, »Freund« und »Geliebter« (Spuler 1981: 428) korrespondiert eng der Struktur mystischer Gemeinschaften; das zentrale Ritual, der ayın (eine meditative Kontemplation der Schriften von Said Nursi) wurde mir von Mitgliedern der Berliner Nurcu-Gemeinde als strukturelles Korrelat zum zıkr der Sufi erklärt[10]; die Spiritualität der Bewegung schließlich hat eindeutige Wurzeln im Pantheismus des mystischen Islam, in dem Gedanken der Refraktionen, der spiegelnden Brechungen Gottes in allen Naturerscheinungen.[11]

Die von beiden Gruppen vollzogene innerweltliche Wendung der mystischen Tradition ist bedeutsam: Die mystischen Übungen werden nicht mehr als Ziel in sich gesehen, sondern werden eher als Quelle der Kraft oder als zusätzliche Quelle von Erkenntnis gesehen (Dinçer 1983: 20). Beide Gruppen beschreiben den mehr oder weniger transformierten mystischen Weg (tarikat) mit dem Ziel der Wiedererrichtung des şeriat.

Ebensowenig wie die beiden mystischen Gruppen sich dem Kampf um das şeriat entziehen, lehnen die beiden der Gemeindereligiosität verpflichteten Gruppen den mystischen Weg als solchen ab. Sie sind der Meinung, daß mystische Übungen ihren Wert haben können, wenn der Islam einmal etabliert ist. In der gegenwärtigen Situation jedoch würden die mystischen Übungen nur von der zentralen Aufgabe ablenken, nämlich vom Kampf für die islamische Ordnung. Diese Gruppen sehen die mystischen Exerzitien nicht als Quelle der Kraft, sondern vielmehr als Ursache von Schwäche. Das folgende Zitat aus einem Gespräch mit einem führenden Mitglied der Augsburger Verkündigungsgemeinde ist bezeichnend:

»Wenn nun heutzutage vom Familienvater angefangen bis zum Regierungschef die Gebote des Islam nicht umgesetzt werden, dann ist das Despotie. Eine der wichtigsten Hadith besagt nun, daß derjenige den stärksten Glauben besitzt, der gegen eine despotische Regierung das Recht verkündet und um des Rechtes willen unterdrückt, gefoltert, eingekerkert und getötet wird. Dieser ... ist ein Mann des Rechts, ein Mann Gottes. Nun, und wir denken, daß wir heute vor dieser Aufgabe stehen, daß ein alim (Schriftgelehrter) das heute machen muß, daß ein gläubiger Sklave das heute machen muß – und nun aufzutreten, diese Sache sein zu lassen, sich mit den tarikat abzumühen, ist etwas schwächlich ...«

Mit einem Wort, mystische Exerzitien stünden im Widerspruch zur Forderung des Tages. Wenn die beiden Positionen sich also auch nicht ausschließen, so hat der jeweilige Akzent auf mystischer Brudergemeinde bzw. gesetzesorientierter Moscheegemeinde doch weitreichende Konsequenzen.

Eine erste betrifft die soziale Organisation der Gemeinden: Während die beiden reformmystischen Gruppen verschiedene Grade der Initiation kennen und damit durch und durch hierarchisch strukturiert sind, tendieren die beiden gesetzesorientierten Gruppen zu Egalität. Bei letzteren findet man eine Idee, die man als »hocalık aller Gläubigen« beschreiben könnte – bzw., um es in ihrer eigenen Sprache zu fassen: Jeder ist ein hoca nach Maßgabe seiner Kenntnisse.

Ein zweiter Unterschied hängt eng damit zusammen. Während die Führerschaft in den mystischen Gruppen charismatisch oder traditional ist, ist sie bei den gemeindereligiösen Gruppen rational. Während bei der ersten Gruppe die Führerschaft kaum in Frage gestellt wird, sieht sie sich in der zweiten Gruppe oft harter Kritik ausgesetzt. Die Ereignisse, die zur Spaltung der Gemeinde der Nationalen Sicht in den frühen achtziger Jahren führten, sind bezeichnend. Wie oben erwähnt, kam es in diesen Jahren zu einer wachsenden Radikalisierung bei Fraktionen der Nationalen Sicht. Zur gleichen Zeit (und aus den gleichen Gründen) sah sich die Parteiführung in der Türkei einem erheblichen Druck seitens der

Militärregierung ausgesetzt. In dieser Situation versuchte die Parteispitze, die Parteiangehörigen zu disziplinieren. Besonders in Deutschland waren viele Mitglieder nicht bereit, sich der Führung zu beugen – es kam zu Ausschlüssen, die jedoch die Situation nicht beruhigten, sondern im Gegenteil weiter anheizten. In dieser Situation entschloß sich die Partei, den müftü von Adana, Cemaleddin Kaplan, einen anerkannten alim (Schriftgelehrten), nach Deutschland zu schicken. Das folgende Zitat schildert diese Zeit aus der Sicht eines Betroffenen.

»Also das war nicht nur ich persönlich (der zum radikalen Flügel gehörte), das waren etliche Personen, die innerhalb von Milli Görüş arbeiteten, auch etliche hocalar und alimlar waren dabei. Und damals hat die Führungsspitze von Milli Görüş... sie rausgeworfen, um ihren Einfluß zu brechen... Damals begann die Bewegung... Als sie es nicht schafften (die Bewegung zu unterdrücken), brachten sie – um die Bewegung einzudämmen – Cemaleddin Hoca aus der Türkei. Cemaleddin Hoca war als Gelehrter bekannt. Er ist ein Gelehrter, er wird sie überzeugen, er wird dieser Sache ein Ende machen [dachten sie]. Als sie ihn hierherbrachten, haben wir das genau verfolgt: Ist Cemaleddin Hoca ein wahrer Gelehrter, wird er seines Islam Herr sein; wird er ihrer Herr werden?«

Sie fuhren damals nach München, um ihn anzuhören:

»Wir haben ihm damals aufmerksam zugehört. Wir haben zu einigen Freunden aufgrund unserer Erfahrung gesagt, wir haben gesagt: ›Der ist nicht wie die anderen Gelehrten, der wird sich nicht anpassen, unmöglich, daß er sich anpaßt. Denn der räumt dem Islam den ersten Platz ein, der wird sich nicht mit ihnen verständigen.‹«

Aus diesem Zitat spricht ein bemerkenswertes Selbstvertrauen. Die Gläubigen in diesem Lager haben das Gefühl, daß sie prinzipiell in der Lage sind, ihre spirituellen Führer zu beurteilen. Sie entscheiden sich für hocas, die das ausdrücken, was sie sich selbst immer schon gedacht haben, ohne es selbst formulieren zu können. Der gleiche Geist spricht aus einer Äußerung, die ich von mehreren Angehörigen der Augsburger Verkündigungsgemeinde gehört habe: Sie würden Kaplan in dem Moment verlassen, in dem sie ihn bei einer Verfehlung ertappen würden.

Ein dritter Unterschied bezieht sich auf äußere Grenzziehungen. Die beiden reformmystischen Gruppen praktizieren eine weitgehende Informationskontrolle. In bezug auf die Nurcu merkt Spuler an, daß zwar ein erster Kontakt relativ einfach sei, ein näheres Kennenlernen dagegen sehr schwierig. Dies gilt noch mehr für die Süleymanlı. Es ist extrem schwierig, zuverlässige Informationen über sie zu erhalten: Wenn man Kontakt aufnimmt, wird man sofort an einen offiziellen Sprecher verwiesen, wenn nicht gar an einen versierten Experten für Öffentlichkeitsarbeit. Im Gegensatz dazu ist es relativ einfach, zu den beiden anderen Gruppen Zugang zu gewinnen: Bei ihnen wird sich zu einer prinzipiellen Transparenz bekannt. Geheimnisse, so die von ihnen vertretene Überzeugung, seien mit der islamischen Tradition unvereinbar.

Ein vierter Unterschied zwischen reformmystischem und gemeindereligiösem Lager bezieht sich auf die Ausrichtung der politischen Arbeit. Die Reformmystiker tendieren zu der Position, daß man zuerst consciousness raising betreiben und dann politische Institutionen erobern solle; die Angehörigen des anderen Lagers sind dagegen entweder der Meinung, daß der Kampf um die politischen Institutionen und consciousness raising untrennbar miteinander verbunden seien (Kaplan) oder daß man zuerst die Institutionen erobern müsse, um in und mit ihnen consciousness raising zu betreiben (Nationale Sicht). Sowohl die Reformmystiker wie auch die Gemeindereligiösen beziehen sich in ihrer Argumentation auf die sunna, die als heilig betrachtete Praxis des Propheten. Die Position der Süleymancı findet sich bei Dinçer:

»Als unser Prophet unter den Polytheisten in Mekka den Islam zu verbreiten begann, übten diese Kreise einen starken Druck auf ihn und seine Anhänger [aus]. Er beschloß, sich in einen bestimmten Teil der Stadt zurückzuziehen, wo er in Ruhe beten und... den Islam propagieren konnte. Der Auftrag aller Propheten besteht eigentlich darin, die ihnen mitgeteilte heilige ›Message‹ [sic] weiterzuleiten, die Anhänger zu schulen und Urteile zu kündigen. Unser Prophet wählte für Durchführung seines Auftrags die Wohnung von Erkam bin Ebü-l' Erkam bin Esed, einem der ersten Mohammedaner... Bis sich seine Heiligkeit Ömer für den Islam bekannte, lebte er in dieser Wohnung, führte seine Gebete dort aus, übermittelte den Islam seinen Besuchern und bildete die Moslems aus. In diesem Haus erlebten die Moslems seine geistige Führung.« (Dinçer 1983: 13)

Es geht also zunächst um Rückzug und Ausbildung. Die dahinterstehende Absicht wird sehr schön mit einem Bild gefaßt:

»Während vor den Toren der Festung der Ungläubigkeit ein heftiger Kampf stattfindet, stellen diese Kurse unterirdische Tunnel dar, die zum Herzen der Festung führen. [Die Kurse bzw. die Tunnel sind] eine außerordentlich große Erfindung..., vergleichbar mit Sultan Mehmeds Erfindung, mit deren Hilfe er seine Kriegsschiffe über Berge bis zum Goldenen Horn gleiten ließ.« (Ebd. S. 6)

Die Gegenposition wurde von Kaplan in einer Predigt formuliert, die auf Kassette unter dem Titel »Predigt in der Hedschra« verteilt wurde:

»Die Araber sagen: ›Wenn ihr nicht ins Meer geht, lernt ihr nicht schwimmen.‹ Ohne Prüfung werdet ihr keine Glaubenskämpfer. Es besteht keine Notwendigkeit, mit besonderen Methoden einen besonderen Kader aufzubauen. Denn das ist eine Frage des Glaubens, der Liebe, des Mutes und der Fähigkeiten. Sind denn die Verkünder, die unser Herr und Prophet ausgesandt hat, ausgebildet worden? Nein: Der islamische Glauben ist aus sich selbst heraus eine Schule. Er ist eine Institution, die erzieht. Er ist die vollkommenste Universität. Auf welcher Universität waren denn die Abu Bakrs, Omars, Alis und Musas? Deswegen machen diejenigen nur eine Einschläferungs- und Beschwichtigungspolitik, die sagen: ›Laßt uns zunächst Kader erziehen, sie dann im Staatsdienst unterbringen und dann von Staat, Verkündigung und Politik reden.‹ Das heißt nur, sich in Faulheit und Furchtsamkeit zu hüllen.« (Kaplan, Hicret Konuşması)

Hier werden drei Punkte angesprochen:

1. Der esoterischen Spiritualität wird die Spiritualität des Kampfes entgegengesetzt: Man wird nicht zum Glaubenskämpfer durch eine besondere Methode – sprich durch spezifische esoterische Exerzitien –, sondern indem man auf die Straße geht und den Kampf aufnimmt: Glaube, Liebe und Mut entwickeln sich im politischen Kampf und nicht in Vorbereitungskursen. Die Spiritualität, die sich so entfaltet, wird in dem Bild der Liebe eines jungen Mannes zu einer Frau gefaßt.

»Man muß an die Sache glauben, man muß bis zur Liebe zu ihr gehen. Ein junger Mann liebt ein Mädchen; er faßt eine tiefe Zuneigung zu ihr. Bei Tag und bei Nacht, im Wachen und im Traum ist alles mit dem Traumbild verbunden. Wer an die Bewegung glaubt und sich ihre Sachen zu eigen macht, der muß ein Gefühl gegenüber diesem Glauben haben, das dieser Liebe entspricht. Selbst wenn er ißt, selbst wenn er nachts schläft, selbst wenn er tagsüber arbeitet, muß er denken: ›Ach, was kann ich noch machen, wie kann ich mich noch verhalten, damit ich die Sache vorantreiben kann – und wenn es sich nur um eine Kleinigkeit handelt. Wie kann ich die Sache voranbringen.‹« (Ebd.)

Das Bild ist nicht zuletzt deshalb interessant, weil mit ihm eine klassische mystische Metapher innerweltlich gewendet wird.

2. Es geht nicht um Bildungsarbeit: Im Grunde – und dies ist ein wiederkehrendes Thema bei Kaplan – liege alles klar auf dem Tisch: Was jetzt ansteht, ist die offene Verkündigung und politische Aktion. Wer predigt, man solle erst erziehen und dann politisch aktiv werden, komme nie zum Ziel.

3. Ein dritter Gesichtspunkt ist in dieser Passage eher versteckt – er klingt an in der doppelten Verwendung des Worts »besonders«. Es gehe nicht darum, heute mit »besonderen Methoden« einen »besonderen Kader« aufzubauen. Hier wird eher indirekt das partikularistische Moment der Bruderschaftsreligiosität angesprochen: Sie definiert jeweils besondere Wege zum Heil und ist deshalb nicht zur Massenmobilisierung imstande. Expliziter als bei Kaplan wurde dieser Punkt in dem Gespräch mit dem bereits zitierten führenden Gemeindemitglied formuliert:

»Wir können alle Muslime, alle Gläubigen auf den Koran verpflichten. Das ist leicht. Aber es ist nicht möglich, alle Gläubigen auf die Risale i Nur von Said Nursi zu verpflichten... Er war ein alim, aber er war kein Prophet.«

»Deshalb können wir weder mit den Nurcu noch mit den Süleymancı eine Massenarbeit [leisten]. Bei den Süleymancı gibt es die Sache mit der Bruderschaft. Wer nicht in die Bruderschaft eintritt, wird nicht akzeptiert. Wir können nicht alle Muslime an die Bruderschaft binden.«

Das Verhältnis von Gemeinde zur Gesellschaft

Wenden wir uns nach der Frage, wie man sich organisieren solle, der Frage zu, wie man mit dieser Organisation politisch auf die Gesellschaft einwirken solle. Hier läßt sich, Max Weber folgend, der grundsätzliche Gegensatz zwischen einer gesinnungsethischen und einer verantwortungsethischen Grundhaltung festhalten. In dem Artikel »Der Beruf zur Politik« argumentiert Max Weber (1973 c), daß jede politische Handlung sich mit dem schwierigen (und sehr oft in sich widersprüchlichen) Verhältnis von Mittel und Zweck auseinandersetzen müsse.[12] Dies gilt nun insbesondere für eine Politik, die religiös motiviert ist und die deshalb mit besonderem Nachdruck mit dem Problem konfrontiert wird, edle Ziele in einer schlechten Welt verfolgen zu müssen. Nach Weber gibt es nun zwei Antworten auf dieses Dilemma: Der Gesinnungsethiker leugnet diese Spannung, er ordnet die Mittel dem Ziel unter: »Der Christ (in diesem Fall: der Muslim) tut recht, und stellt den Erfolg Gott anheim.« (Weber 1919/1973 c: 175) Der Gesinnungsethiker tendiert somit zu einer methodischen Grundhaltung und kennt keine Kompromisse mit dieser Welt: »Wenn die Folgen einer aus reiner Gesinnung fließenden Handlung üble sind, so gilt ihm nicht der Handelnde, sondern die Welt dafür verantwortlich.« Der Verantwortungsethiker betrachtet im Gegensatz dazu die gesinnungsethische Position als eine Illusion; er hält daran fest, daß es einfach nicht stimme, daß wohlgemeinte Handlungen auch notwendigerweise Erfolg versprechen: Ethisch zweifelhafte Handlungen seien oft sehr effektiv, während ethisch richtiges Handeln zu einem Desaster führen kann. Der Verantwortungsethiker nimmt die Welt, wie sie ist, und rechnet eben mit den durchschnittlichen Defekten der Menschen. Er tendiert damit zu einer strategischen Grundhaltung. Von einem Gesinnungsethiker wird ihm daher leicht vorgeworfen, er sei prinzipienlos. Umgekehrt wirft der Verantwortungsethiker dem Gesinnungsethiker schnell vor, er sei ein Traumtänzer.[13]

Die Unterscheidung zwischen gesinnungsethischer und verantwortungsethischer Grundposition steht quer zu der von rationalistischer Gemeindereligiosität und mystischer Bruderschaftsreligiosität. Aus dem Zusammenspiel dieser beiden Dimensionen ergeben sich vier politische Positionen, die ich nun der Reihe nach betrachten möchte.

1. Die Süleymancı sind Verantwortungsethiker: Sie versuchen mit ihrer Politik die Grundlage für ein islamisches Bildungswerk (d. h. im wesentlichen von Korankursen) zu schaffen, indem sie strategisch vorgehen, d. h. sich mit den jeweils amtierenden Mächten arrangieren.

Mystikern, die innerweltliche Ziele mit einem Gespür für

Realpolitik verfolgen, scheint eine Organisierung als Kaderpartei nahezuliegen. Eine straff und hierarchisch um einen şeyh zentrierte Binnengruppe wird klar von einer relativ großen Außengruppe von Sympathisanten geschieden. Die Kritik anderer Gruppen bezieht sich auf die Struktur und Politik eines elitären Kaders.

Eine erste Kritik bezieht sich auf die politische Arroganz dieser Gruppe. Aktionen wie der bereits erwähnte Coup, mit dem sie die Augsburger Moschee übernommen hatten, haben den Süleymancı den Ruf eingetragen, listig zu sein »wie die Füchse«, so ein Mitglied der Verkündigungsgemeinde.

Ein zweiter Kritikpunkt bezieht sich auf die absolute Loyalität der Süleymancı gegenüber Kemal Kaçar, dem gegenwärtigen Haupt der Bewegung. Sie würden alle politischen Wendungen mitmachen. Insbesondere werden wechselnde Allianzen kritisiert. Tatsächlich scheint die hierarchische Struktur der Süleymancı Kurswendungen zu erlauben, die im egalitäreren Lager der gesetzes- bzw. schriftorientierten Gruppen zu Zerreißproben führen würden.

Eine dritte Kritik bezieht sich auf die Trennung von Binnengruppe und Sympathisanten. Die Exklusivität der Binnengruppe wird mißtrauisch betrachtet. Nicht selten wird unterstellt, daß die Süleymancı in ihren heimlichen Zirkeln Pornofilme betrachten. Dies scheint mir extrem unwahrscheinlich; es reflektiert jedoch die Abneigung der Rationalisten gegenüber allen Spielarten von Exklusivität.

Diese Trennung von Innen und Außen, von Virtuosen und normalen Gläubigen ermöglicht ebenfalls eine auffallende Nachgiebigkeit, was die Forderungen an die Sympathisanten betrifft. Die Mitglieder der anderen Gruppen kritisieren häufig, daß die Süleymancı es ihren Sympathisanten »einfach machten« – und daß sie nicht zuletzt deshalb so erfolgreich seien. Die Kritik bezieht sich dabei auf fetvas, theologische Erlasse, die es für die Zeit des Aufenthalts in Europa[14] den Gläubigen gestatten, Geld zinsbringend anzulegen und auch ihre Frauen außerhalb des Hauses arbeiten zu lassen. Beide Punkte beziehen sich auf zentrale Anliegen von Arbeitsmigranten – die Position der Süleymancı wurde von meinen Gesprächspartnern mit einer Mischung von Neid und Ablehnung betrachtet.

2. Die Nurcu vertreten die gesinnungsethische Variante bei den

Bruderschaften. Sie vertreten ein intellektuelles Bildungswerk. Dabei setzen sie anders als die Süleymancı weniger auf Missionierung breiter Gruppen als auf die Sammlung von Gläubigen mit intellektuellen und spirituellen Neigungen. In ihrem Bildungswerk müssen sie deshalb keine Kompromisse machen – und ich kenne einige Migranten mit bäuerlichem Hintergrund, die sich dadurch abgestoßen fühlten.

»Sie lesen den Koran[15] nur auf arabisch, und es gibt niemanden, der ihn erklärt. Das ist gut für Leute, die studiert haben und viel wissen. Sie haben dort keinen hoca, der den Sinn auf Türkisch wiedergibt.« (Schiffauer 1991: 211)

Für Mystiker, die innerweltliche Ziele auf gesinnungsethische Weise verfolgen, liegt die Organisation als Geheimbund nahe. Das Wirken im Untergrund erlaubt Konsequenz – sie macht Kompromisse mit der schlechten Welt nicht nötig; die starken bilateralen Bindungen zwischen mürid und mürit, Schüler und Lehrer, ermöglichen die Errichtung klandestiner sozialer Netze. Das Ziel ist es, die Schaltstellen der Macht zu unterwandern, indem man Logen mit hohen Staatsbeamten oder Offizieren gründet.

Das Problem mit Geheimbünden im allgemeinen und für die Nurcu im besonderen ist, daß ihre politische Effizienz kaum einzuschätzen ist. Während die Sympathisanten die Wirksamkeit sehr hoch veranschlagen (und von zwei, drei Jahren sprechen, innerhalb derer das Werk der Unterwanderung vollzogen sein werde), halten die Kritiker sie praktisch für nicht-existent. Eine allgemeine Kritik im fundamentalistischen Lager lautet, daß die Nurcu nur noch Lippenbekenntnisse zur Islamischen Revolution ablegten. Sie verrieten damit das große Beispiel Said Nursis.

Tatsächlich habe ich den Eindruck – vor allem bei der Augsburger Loge –, daß die politische Tätigkeit völlig zweitrangig geworden ist. Die jungen Männer, die sich zu den Nurcu hingezogen fühlten, zeigten sehr existentielle Interessen – immer wieder tauchten die Fragen nach dem Tod, dem Sinn des Lebens usw. auf – und schwelgten nicht selten in beschaulichen Betrachtungen über die Schönheit der Schöpfung, das Rätsel der Zeit und ähnliches. Sie wirkten eher quietistisch als revolutionär.

3. Die Nationale Sicht vertritt den verantwortungsethischen Flügel der Rationalisten. Sie sind mit der Wohlfahrtspartei verbunden, deren Ziel es ist, durch parlamentarische Arbeit eine möglichst breite Basis für den Islam zu schaffen. Die Anhänger der

anderen Gruppen sehen an dieser Position im wesentlichen vier Probleme:

Auf das erste Problem kamen wir bereits bei der Diskussion der Spaltung der Nationalen Sicht in den achtziger Jahren zu sprechen. Politische Rationalität zwingt eine Partei dazu, ihr Erscheinungsbild, ihr Image in der Öffentlichkeit zu kontrollieren. Um des Interesses der Gesamtpartei willen muß eine gewisse Kontrolle über die Mitglieder ausgeübt werden. Diese politische Rationalität kann nun sehr leicht als Verrat an islamischen Prinzipien gesehen werden:

»Wir sagten, wir wollen die Partei für den Islam benutzen und nicht den Islam für die Partei ... Sie sagten: ›Wenn das so und so ist, können wir nicht arbeiten, dann wird die Partei verboten‹ ... Aber warum sollten wir den Islam reduzieren? Wir wollen frei bleiben.«

Ein zweites Problem hängt eng damit zusammen. Um im parlamentarischen System mitzuwirken, muß eine Partei den verfassungsmäßigen Rahmen akzeptieren. Dies erscheint den Gesinnungsethikern als Kompromiß mit einer durch den Islam nicht legitimierten Ordnung – als Kompromiß, der deshalb gefährlich ist, weil er das System eher stärkt als untergräbt.

Das dritte Problem ist, daß die politische Rationalität einer etablierten Partei wenig Spielraum für Spiritualität einräumt. Dies scheint jedenfalls der Punkt Kaplans zu sein, wenn er (freilich ohne Namen zu nennen) seine Verkündigungsgemeinde mit der Nationalen Sicht vergleicht.

»Wir sind eine Gemeinde der Liebe, wir sind keine Gemeinde des Verstandes. Wer Liebe besitzt, opfert sich selbst für die Sache oder für den Glauben. Wer (nur) Verstand besitzt, gibt sich dagegen zufrieden mit Maßnahmen, die er ergreift.«

Die interessanteste Kritik lautet jedoch, daß eine Organisation als politische Partei aus strukturellen Gründen mit islamischen Prinzipien unvereinbar sei. Eine politische Partei betone den Dissens und breche aus strategischen Gründen Konflikte vom Zaun. Dies aber sei unvereinbar mit dem Geist der Einheit, der für den Islam bestimmend sei. Eines der Mitglieder der Verkündigungspartei formulierte diesen Punkt folgendermaßen:

»Keine der Parteien in der Türkei hat irgend etwas mit dem Islam zu tun. Das ist alles Politik, nichts als Spiele, Fallen, Betrug. Der Islam aber ist sauber. Im Islam gibt es keinen Betrug, keine

Lüge ... Die Aufgabe der Parteien ist es zu lügen, ist die böse Nachrede. Um die eigene Partei stärker zu machen, bringen sie gegen den politischen Gegner falsche Vorwürfe vor.«

In diesem Zitat wird die Struktur der parlamentarischen Arbeit (der institutionalisierte Dissens) dem islamischen Ideal der Meinungsbildung entgegengesetzt, d. h. dem Ideal eines Diskurses von Schriftgelehrten und Spezialisten, in dem Lösungen auf offene Fragen in einem rationalen und herrschaftsfreien Diskurs gefunden werden. Dies wird als etwas grundsätzlich anderes verstanden als die Entscheidungsfindung durch zufällige Mehrheiten, wie sie in der parlamentarischen Demokratie praktiziert werde.

4. Die gesinnungsethische rationalistische Position wird schließlich in der Verkündigungsgemeinde vertreten. Die Grundüberzeugung ist, daß eine islamische Revolution, die diesen Namen verdient, nur durch eine Massenbewegung herbeigeführt werden kann. Die Forderung des Tages sei die offene Verkündigung des Islam mit dem Ziel der Massenmobilisierung. Damit versuchen die Anhänger der Verkündigungsgemeinde den Zwängen der Institutionalisierung zu entgehen, vor allem der ständigen Notwendigkeit, institutionelle Rücksichten und politische Ziele miteinander in Einklang zu bringen, sei es durch Kompromisse (wie Süleymancı oder Nationale Sicht) oder durch Zuflucht zur Heimlichkeit (wie die Nurcu).[16] Indem sie sich als Bewegung organisieren, versuchen die Anhänger Kaplans methodisch-konsequent und sichtbar zu sein bzw., wie es ein Mitglied der Augsburger Gemeinde formulierte: »Die Parteien gehen immer nur so weit, wie es ihnen gestattet ist. Dann sagen sie: ›Halt!‹ Also mit den Parteien kannst du nicht machen, was im Islam geboten ist.«

Kaplan formulierte diese Position in seiner programmatischen Ansprache »Predigt in der Hedschra« (Hicret Konuşması). Dort insistiert er zunächst auf der Tatsache, daß zwar prinzipiell der Islam als Ganzes verkündet werden, der besondere Schwerpunkt dabei allerdings auf der politischen Arbeit liegen müsse:

»Hier möchte ich etwas klar machen. Das Land, in dem wir als Türken den Islam verkündigen müssen, ist die Türkei – und da die Türkei kein islamischer Staat ist, müssen wir mit dieser Frage beginnen ... Ich möchte eure Aufmerksamkeit auf folgenden Punkt lenken: Die Gebote des Gottesdienstes, also des namaz (des rituellen Gebetes), des oruç (des Fastens), des zekat (Almosen) und der Pilgerfahrt sind keine Themen heute. Warum nicht? Weil man sich in jedem Korankurs damit intensiv auseinandersetzt... Aber es gibt ein Thema, das weder in den Korankursen noch auf den Kanzeln angesprochen wird, weder in Schulen noch in Büchern – und das ist das Thema der islamischen Politik und des islamischen Staates. Es handelt sich um folgendes: Der Islam ist nicht möglich ohne (islamischen) Staat, und der Staat ist nicht möglich ohne Islam.«

Die Aufgabe der Verkündigung verlange – so Kaplan – drei Dinge: 1. Wissen, 2. eine methodische Lebensführung und 3. ein gemeinsames Verantwortungsgefühl für diese Sache bei allen Mitgliedern.

An welche Art Wissen Kaplan in dieser Passage denkt, kann man einer Serie von ihm verfaßter Artikel entnehmen, die unter dem Titel »Islamiyet nedir, ne değildir« (Was der Islam ist und was nicht) in der Zeitschrift »Tebliğ« erschienen. Die besondere Bedeutung dieser Artikel besteht darin, daß sie (als einzige) nicht nur auf Türkisch, sondern auch auf Englisch, Französisch und Deutsch gedruckt wurden – mit der Aufforderung an den Gläubigen, sie auszuschneiden und an Nachbarn zu verteilen. – In dieser Serie unternimmt Kaplan eine explizit politische Interpretation der fundamentalen islamischen Prinzipien und Rituale. So zeigt er etwa, wie die Vorschriften bezüglich des namaz-Gebetes ihren Sinn aus einer Vision der politischen Ordnung des islamischen Gemeinwesens erhalten (Kaplan 1988). Ohne ein solches Wissen, bemerkt er in der oben zitierten Predigt, erziele man trotz bester Absichten oft nur das Gegenteil.

Man mag anmerken, daß die Vermittlung solcher Kenntnisse den Gläubigen oft Aha-Erlebnisse bescherte. Wie ein Mitglied der Augsburger Gemeinde bemerkte: »In der Türkei haben wir nur gelernt, daß wir das namaz-Gebet praktizieren sollen – aber niemand hat uns gesagt warum.«

Außer Wissen verlangt die Arbeit der Verkündigung eine methodische Lebensführung: »Man muß zunächst selbst das machen, zu dem man einlädt: man muß es persönlich leben; erst dann kann man anderen davon erzählen. Sonst wird es nicht akzeptiert.« Dies verlangt zum einen eine überzeugende Lebensführung – und es verlangt, diese Lebensführung nach außen zu vertreten. Das öffentlich vollzogene Gebet wie auch die politische Demonstration sind Wege, mit denen die Verkündigungsgemeinde zu missionieren versucht.

Drittens schließlich steht jeder einzelne in der Verantwortung für das gemeinsame Werk. Elitarismus und Partikularismus sind damit unvereinbar – ebenso wie die Delegation von Verantwortlichkeiten:

»Jede Bekanntmachung erfordert, daß man sich selbst vorstellt... Man darf nun nicht sagen: ›Ich stamme von dem oder jenem ab, ich bin der Sohn von dem und jenem, ich bin von dieser oder jener Schule abgegangen, ich bin der Schüler von diesem oder jenem Lehrer; ich gehöre zu dieser oder jener Nation und zu dieser oder jener Partei.‹ Statt dessen muß man sagen: ›Ich bin Muslim und einer von den Muslimen.‹«

Gerade dieser Punkt läßt die Anhänger der Verkündigungsgemeinde wie Antipoden zu den Süleymancı erscheinen. Während sie zu allen anderen Gruppen Kontakt pflegen (einschließlich den Diyanetçi – denjenigen, die sich mit der Linie des Amtes für Glaubensangelegenheiten identifizieren), gibt es eine völlige Meidung der Süleymancı.

Die anderen Gruppen kritisieren zunächst an Kaplans Position, daß sein Rigorismus sich insgesamt schädlich auf die islamische Sache auswirke. Am explizitesten wurde diese Kritik, wenig überraschend, von einem hoca der Süleymancı formuliert:

»Man kann nicht immer auftreten und wiederholen: Ich habe recht. Auch wenn man recht hat, gibt es bestimmte Zeiten und Umstände, zu denen man zurückhaltend sein sollte. Was erreicht Kaplan? Er erreicht nur, daß man überall, wo man hingeht, mit ihm konfrontiert wird. Unter dem Schutz der Glaubensfreiheit hier haben wir Korankurse eingerichtet. Dies wird durch jemand wie Kaplan gefährdet.«

Hier wird der gesinnungsethische Radikalismus von einem Verantwortungsethiker kritisiert.

Ein anderes Problem ist Kaplans betonter Internationalismus (der sich von seiner methodischen Ausrichtung ableitet). So wird erzählt, daß Kaplan verlangt habe, im Falle eines Krieges zwischen der Türkei und dem Iran sich auf die Seite der islamischen Republik zu schlagen (Mumcu 1987 a). Diese Forderung mag konsequent sein – sie ist jedoch besonders schwer für türkische Muslime zu schlucken, die nach wie vor Türke-Sein und Muslim-Sein miteinander identifizieren.

Ein drittes Problem (das allerdings nicht von anderen Gemeinden thematisiert wird) könnte sich auf lange Sicht als das gewichtigste herausstellen. Dies ist nämlich die Schwierigkeit einer

Bewegung, das Problem der Veralltäglichung zu bewältigen. Sie läuft Gefahr, entweder ihren Charakter zu verlieren (und sich in eine Partei oder in quietistische Zirkel zu transformieren) oder zu verschwinden.

Die Absicht dieses Aufsatzes war es, ausgehend von einer ethnologischen Einzelfallstudie die Sozio-Logik zu rekonstruieren, die die Geschichte der fundamentalistischen Moschee-Gemeinden in Deutschland bestimmt. Dabei war es nicht das Ziel zu erklären, wie die unterschiedlichen theologischen Positionen entstanden sind – dies ist die Aufgabe der Religionswissenschaft –, sondern warum historisch entstandene und theologisch begründete Differenzen zu Konflikten führen, warum gegenseitige Respektierung offenbar schwierig ist – und zwar gegen den expliziten Wunsch der Gläubigen, die dies an der Einheitsvision des Islam messen.

Eine Frage, die sich unmittelbar an diese Erörterungen anschließt, soll nur angedeutet werden und bleibt einem künftigen Aufsatz vorbehalten: Es ist dies die Frage nach den Erfahrungen, die die Gläubigen dazu bewegen, die Position der einen oder anderen Gruppe plausibel zu finden.

Anmerkungen

1 Der Gedanke, daß Religion ein dynamisches Phänomen ist, ist zentral für die Religionssoziologie von Ernst Troeltsch und Max Weber. Religion ist für sie weniger ein statisches und kohärentes System von Symbolen, sondern wird eher als Prozeß der Konstruktion eines Weltbildes verstanden. Der religiöse Mensch ist für sie dementsprechend eher ein Suchender als jemand, der bereits eine Antwort gefunden hat. Die Fragen, die die religiöse Suche leiten, ergeben sich aus den Versuchen, die Vision einer idealen Beziehung von Individuum, Gesellschaft und dem Transzendenten (einer Vision, wie sie in den Mythen und Ritualen formuliert wird) auf die Erfahrung des Anderen und des Selbst in der säkularen Gesellschaft zu beziehen. Dies ist etwa das Problem, das der Theodizee-Problematik unterliegt (siehe Ernst Troeltsch 1922/1977; Max Weber 1920. Besonders prägnant finden sich Webers Überlegungen in der »Einleitung in die Wirtschaftsethik der Weltreligionen« sowie in der »Zwischenbetrachtung« (Weber 1973a, 1973b).

2 Dies lag nicht zuletzt an der Lebensphase. In der ländlichen Türkei ist die religiöse Praxis eng mit der Lebensphase verknüpft (vgl. Schiffauer 1987: 265 ff. und 1991: 120-161).

3 Ich habe den Eindruck, daß die Notwendigkeit, sich als Rechtsperso-
nen zu organisieren, eine große Bedeutung für die Entwicklung des
Islam in Deutschland hat. Es bedeutet zum einen, daß die Grenzen
zwischen den Gruppen viel schärfer (und eindeutiger) gezogen werden, als dies in der Türkei der Fall ist (und auch selbst dann sein
könnte, wenn sie nicht politisch verfolgt würden). In der Türkei wäre
eher ein lockeres und überlappendes Netzwerk zu erwarten. Dies bedeutet auch, daß der Prozeß der Fission, den wir hier diskutieren, viel
deutlicher in Deutschland stattfindet als zu Hause. Ein Artikel des
türkischen Journalisten Uğur Mumcu registriert erstaunt die in der
Türkei nicht übliche Situation: »Die Moscheen und Gebetsstätten im
Ausland sind unter den Sympathisanten der Süleymancı, der Nationalen Sicht, des Amtes für Glaubensangelegenheiten, der Nationa-
listen und von Hoca Kaplan aufgespalten. Getrennte Assoziationen,
getrennte Moscheen, getrennte Gemeinden« (CUMHURIYET 10. 3.
1987, S. 6). Der Artikel ist Teil einer siebenteiligen Artikelserie: Uğur
Mumcu, »Avrupa'daki Islamcı Örgütler« (»Die islamischen Vereini-
gungen in Europa«), in: CUMHURIYET 22.-28. 2. 1987. Die Artikelserie ist auch enthalten in Mumcu 1987.
4 Die algerischen Fundamentalisten prägten dafür die Formel: »Ne moderniser pas l'Islam, islamiser la modernité!«
5 Der Gegensatz dieser Geschichtsentwürfe deckt sich mit der von Riesebrodt getroffenen Unterscheidung von utopischem und mythischem
Regreß (Riesebrodt, 1990: 21).
6 Siehe hierzu insbesondere Gellner 1968 und 1981/1985.
7 Die medreseler wurden 1924 geschlossen. Die religiöse Ausbildung
wurde von staatlichen Imam-Hatip-Schulen und von einer Theologischen Fakultät übernommen. Die Imam-Hatip-Schulen wurden 1930,
die Fakultät 1933 erneut geschlossen.
8 Zur Geschichte der Nurcu-Bewegung siehe: Spuler 1973, 1977, 1981.
Dieser Geist prägt nach wie vor die Nurcu-Bewegung. Die Nachfolger
von Said Nursi versuchen durch ein relativ aufwendiges Bildungswerk
Islam und Naturwissenschaften miteinander zu versöhnen.
9 Eine sachliche Auseinandersetzung über diese Fragen ist wegen des
politischen Gewichtes dieser Frage schwierig. Da die Bruderschaften
(tarikat) in der Türkei verboten sind, tendieren die Sympathisanten der
Nurcu zu einem Herunterspielen der Parallelen, während die Gegner
umgekehrt die Gemeinsamkeiten übertreiben. Die beste Charakteri-
sierung findet sich immer noch bei Spuler 1981.
10 Es ist in diesem Zusammenhang sekundär, ob dies die offizielle Erklärung ist oder nicht: Die Ähnlichkeiten sind so groß, daß sie diese
Erklärung erlauben.
11 Zu diesem Erbe siehe Helmut Ritter 1955: 601. In dieser Hinsicht gibt
es allerdings eine bemerkenswerte Transformation bei den Nurcu: Die

klassischen Mystiker hatten kein Interesse an naturwissenschaftlichen Erklärungen: Sie sahen Gottes Werk in der Natur reflektiert und verwarfen Kausalerklärungen als şırk, als polytheistische Tendenzen. Die Nurcu sehen dagegen gerade in den von den Naturwissenschaften beschriebenen Kausalketten die Schönheit und Weisheit der Schöpfung gespiegelt.

12 Max Weber, Der Beruf zur Politik, in: ders., Soziologie – Universalgeschichtliche Analysen – Politik. Hg. von Johannes Winckelmann, Stuttgart 1973, 311-339.

13 Der Gegensatz von Gesinnungsethik und Verantwortungsethik steht in engem Zusammenhang zu anderen Schlüsselbegriffen von Webers Religionssoziologie: In dem erwähnten Artikel zeigt er, wie aus diesem Dilemma die Theodizee-Problematik erwächst, die er als grundlegend für die religiöse Suche insgesamt ansieht (sie würde sich, wenigstens zum größten Teil, auflösen, wenn das richtige Handeln regelmäßig von Erfolg gekrönt wäre). Er steht ebenfalls in engem Bezug zu der Veralltäglichungsproblematik: Die Veralltäglichung läßt sich als fast notwendige Verschiebung von Gesinnungsethik zu Verantwortungsethik im religiösen Prozeß lesen.

14 Die fetvas beziehen sich auf die klassische Unterscheidung zwischen dar ul harb – Gebiet des Krieges, und dar ul Islam, Gebiet des Islam. Zur Terminologie siehe Lewis 1988/1991: 126 ff.

15 Dies bezieht sich wahrscheinlich nicht auf den Koran, sondern auf die Lesung der Schriften von Said Nursi, dem zentralen Ritual der Zusammenkünfte. Diese sind in osmanischem Türkisch verfaßt, das heute für den wenig gebildeten Gläubigen kaum verständlich ist.

16 Eine glänzende Analyse dieser strukturellen Zwänge findet sich bei Gilsenan 1973.

Literatur

Abu-Lughod, Lila. 1991. Writing against Culture. In *Recapturing Anthropology*, hrsg. von R. G. Fox. Santa Fe, New Mexico.

Abu-Lughod, Lila/Lutz, Catharina, A. Hrsg. 1990. *Language and the politics of emotion*. Cambridge, New York, Paris.

Aktepe, Münir. 1958. *Patrona Isyanı (1730), İstanbul Üniversitesi Edebiyat Fakültesi Yayınları No. 808*. Istanbul.

Al-Azmeh, Aziz. 1993. *Islams and Modernities*. London.

Barth, Fredrik. 1981. *Process and Form in Social Life*. Vol. 1, *International Library of Anthropology*. London.

Baumann, Gerd. 1993. Syncretism, Delineation and Convergence. Religious and Civic Dynamics in a Suburb of London. Vortrag auf der Tagung: The Anthropology of Ethnicity, Amsterdam.

Baumann, Gerd. 1996. *Constituting Culture: Discourses of Community and Identity in Multi-Ethnic London*. Cambridge.

Beckford, James A. 1975. *The Trumpet of Prophecy. A sociological study of Jehova's witnesses*. New York.

Behrend, Heike/Meillassoux, Claude. 1994. Krieg in Ruanda – Der Diskurs über Ethnizität und die Explosion des Hasses. *Lettre international* (26): 12-16.

Benedict, Peter. 1974. *Ula. An Anatolian Town*. Leiden.

Blaschke, Jochen. 1985. Islam und Politik unter türkischen Arbeitsmigranten. In *Islam und Politik in der Türkei*, hrsg. von J. Blaschke und M. van Bruinessen. Berlin.

BNP, British National Party. o. J. *Vote for Britain – Manifesto of the British National Party*. Welling.

BNP, British National Party. o. J. *A New Way Forward – The Political Objectives of the British National Party*. Welling.

BNP, British National Party. o. J. *Where we stand*. Flugblatt. Welling.

Boddy, Janice. 1994. Possession Cults – or Culture. *Times Literary Supplement*, 1. 7. 1994: 8.

Bohrer, Karl-Heinz. 1993. Über die Rettung der Ironie. *taz*, 20. 3. 1993: 16/17.

Bothe, Friedrich. 1920. *Frankfurts Wirtschaftlich-Soziale Entwicklung vor dem Dreißigjährigen Kriege und der Fettmilchaufstand (1612-1616)*. Hrsg. von der Historischen Kommission der Stadt Frankfurt am Main. Bd. 2 (Bd. 1 ist nie erschienen) Statistische Bearbeitungen und Urkundliche Belege, *Veröffentlichungen der Historischen Kommission der Stadt Frankfurt a. M.* Frankfurt (Main).

Bourdieu, Pierre. 1970. *Zur Soziologie der symbolischen Formen*. Frankfurt (Main).

Bourdieu, Pierre. 1982. *Die feinen Unterschiede. Kritik der gesellschaftlichen Urteilskraft*. Frankfurt (Main).

Briggs, John/David F. Peat. 1993. *Die Entdeckung des Chaos. Eine Reise durch die Chaos-Theorie*. München.

Brown, Kenneth. 1976. *People of Salé. Tradition and Change in a Moroccan City 1830-1930*. Manchester.

Brown, Radcliffe. 1973. Brief an Lévi-Strauss. In *Anthropologists and Anthropology – The British School 1922-1972*, hrsg. von A. Kuper. Harmondsworth.

Bund, Konrad. 1994. Frankfurt am Main im Spätmittelalter. In *Frankfurt am Main – Die Geschichte der Stadt in neun Beiträgen*, hrsg. von der Frankfurter Historischen Kommission. Sigmaringen.

Callon, Michel. 1986. Some elements of a sociology of translation; domestication of the scallops and the fishermen of St. Brieuc Bay. In *Power, Action and Belief*, hrsg. von J. Law. London.

Callon, Michel, und Bruno Latour. 1981. Unscrewing the big Leviathan: how actors macrostructure reality and how sociologists help them to do so. In *Advances in social theory and methodology. Toward an integration of micro- and macrosociologies*, hrsg. von K. Knorr-Cetina und A. V. Cicourel. London.

Cohen, Philip. 1990. Gefährliche Erbschaften: Studien zur Entstehung einer multirassistischen Kultur in Großbritannien. In *Die Schwierigkeit, nicht rassistisch zu sein*, hrsg. von A. Kalpaka und N. Räthzel. Leer.

Cohn-Bendit, Daniel, und Thomas Schmid. 1992. *Heimat Babylon. Das Wagnis der multikulturellen Demokratie*. Hamburg.

Costa-Lascoux, Jacqueline. 1991. Gesetze gegen Rassismus. In *Das Eigene und das Fremde. Neuer Rassismus in der Alten Welt?*, hrsg. von U. Bielefeld. Hamburg.

Czarniawska, Barbara, und Bernward Joerges. 1995. *Travels of Ideas. Organizational change as Translation*. Hrsg. vom Wissenschaftszentrum Berlin. Berlin.

Didion, Joan. 1991. *Überfall im Central Park. Eine Reportage*. München-Wien.

Die Republikaner. 1992. *Hessenprogramm '92*.

Dijk, Henk von. 1988. Bürger und Stadt. Bemerkungen zum langfristigen Wandel an westeuropäischen und deutschen Beispielen. In *Bürgertum im 19. Jahrhundert*, hrsg. von J. Kocka. München.

Dinçer, Nihat. 1983. Wer ist Süleyman Efendi (K. S.)? Was ist »Süleymancılık«? (Süleymanismus).

DITIB (Diyanet İşleri Türk-Islam Birliği). 1987. Bericht über ein Curriculum ›Religiöse Unterweisung für Schüler islamischen Glaubens‹ bestehend aus 24 Einheiten und erstellt vom Landesinstitut für Schule und Weiterbildung des Landes Nordrhein-Westfalen.

Douglas, Mary. 1974. *Ritual, Tabu und Körpersymbolik. Sozialanthropologische Studien in Industriegesellschaft und Stammeskultur*. Frankfurt (Main).

Douglas, Mary. 1978. *Cultural Bias*. London.

Dundes, Alan, Jerry W. Leach, und Bora Özkök. 1970. The Strategy of Turkish Boys Verbal Duelling Rhymes. *Journal of American Folklore* 83: 325-349.

Dundes, Alan. 1987. *Sie mich auch! Das Hinter-Gründige in der deutschen Psyche*. München.

Eco, Umberto. 1995. Urfaschismus. *DIE ZEIT* (Nr. 28 vom 7. 7. 1995): 47.

Eldem, Sedad H. o. J. *Sa'dabad, Kültür Bakanlığı Türk San'at Eserleri*. Ankara.

Elias, Norbert. 1936/1969. *Über den Prozeß der Zivilisation. Soziogenetische und psychogenetische Untersuchungen*. 2 Bde. Bern-München.

Elias, Norbert. 1984. *Über die Zeit*. Frankfurt (Main).

Engelmann, Bernt, und Günter Wallraff. 1973. *Ihr da oben – wir da unten*. Köln.

Ennen, Edith. 1979. *Die europäische Stadt des Mittelalters*. 3. überarb. und erw. Ausgabe. Göttingen.

Fanon, Frantz. 1961/1966. *Die Verdammten dieser Erde*. Reinbek bei Hamburg.

Finkielkraut, Alain. 1987/1989. *Die Niederlage des Denkens*. Reinbek bei Hamburg.

Fischer, Michael M. J./Abedi, Mehdi. 1990. *Debating Muslims – Cultural Dialogues in Postmodernity and Tradition*. Madison, Wisconsin.

Fortes, Meyer. 1969. *Kinship and the Social Order*. London.

Foucault, Michel. 1977 a. *Der Wille zum Wissen – Sexualität und Wahrheit I*. Frankfurt (Main).

Foucault, Michel. 1975/1976. *Überwachen und Strafen*. Frankfurt (Main).

Gadamer, Hans Georg. 1968/1986. Klassische und Philosophische Hermeneutik. In *Wahrheit und Methode*. Tübingen.

Gadamer, Hans-Georg. 1976/1986. »Rhetorik und Hermeneutik«. In *Wahrheit und Methode*, edited by Gadamer, Hans-Georg. Tübingen

Gebauer, Klaus. 1987. Islamischer Religionsunterricht an deutschen Schulen – Diskussionsrahmen und Diskussionsebenen. In *Rahmenbedingungen und Materialien zur religiösen Unterweisung für Schüler islamischen Glaubens*, hrsg. vom Landesinstitut für Schule und Weiterbildung. Berlin.

Gebauer, Klaus. 1989. Islamische Unterweisung in deutschen Klassenzimmern. *Zeitschrift für Schule, Berufsbildung und Jugenderziehung* 37 (3): 263-276.

Geertz, Clifford. 1983. *Dichte Beschreibung. Beiträge zum Verstehen kultureller Systeme*. Frankfurt (Main).

Gellner, Ernest. 1968. A Pendulum Swing Theory of Islam. In *Sociology of Religion*, hrsg. von R. Robertson. Harmondsworth.

Gellner, Ernest. 1981/1985. *Leben im Islam. Religion als Gesellschaftsordnung.* Stuttgart.

Gellner, Ernest. 1983/1991. *Nationalismus und Moderne.* Berlin.

Gilsenan, Michael. 1973. *Saint and Sufi in Modern Egypt.* Oxford.

Gluckman, Max. 1963. *Order and Rebellion in Tribal Africa.* London.

Goldberg, H. E. 1990. *Jewish Life in Libya – Rivals and Relatives.* Chicago.

Greverus, Ina-Maria. 1990. *Neues Zeitalter oder Verkehrte Welt. Anthropologie als Kritik.* Darmstadt.

Grillo, R. D. 1985. *Ideologies and institutions in urban France. The representation of immigrants.* Cambridge.

Grunebaum, Gustave Edmund v. 1955. Die islamische Stadt. *Saeculum* 6: 138-145.

Hannerz, Ulf. 1971. *Soulside.* New York.

Hannerz, Ulf. 1980. *Exploring the City. Inquiries Toward an Urban Anthropology.* New York.

Hartung, Klaus. 1993. Laudatio auf eine Hülle. *ZEIT-Magazin* (Nr. 46): 48-56.

Hobbes, Thomas. 1651/1980. *Leviathan.* Stuttgart.

Hocaoğlu, Cemaleddin (Kaplan). 1988. Islam'da Futbol Oynamanın Hükmü (Der Befehl des Islam in Bezug auf den Fußball). *Tebliğ* (Verkündigung) (52): 10.

Hottinger, Arnold. 1993. *Islamischer Fundamentalismus.* München.

Hughes, Everett C. 1961. *Students' Culture and Perspectives.* Lawrence.

Joerges, Bernward. 1993. Überlegungen zu einer WZB-Forschungsgruppe ›Metropolen‹ und Entwurf eines Programmvorschlags. Arbeitspapier. Wissenschaftszentrum Berlin.

Kantorowicz, Ernst H. 1975/1990. *Die zwei Körper des Königs. Eine Studie zur Politischen Theologie des Mittelalters.* München.

Kaplan, Cemalettin. 1988. Islam nedir, ne değildir. *Tebliğ,* 15.-29. 2. 1988: 12.

Kaplan, Cemalettin. o. J. Hicret Konuşması (Predigt in der Hedschra).

Karasek, Horst. 1979. Der Fettmilch-Aufstand. Wie die Frankfurter 1612/1614 ihrem Rat einheizten. Berlin.

Kepel, Gilles. 1984/1995. *Der Prophet und der Pharao. Das Beispiel Ägypten: Die Entwicklung des muslimischen Extremismus.*

Kepel, Gilles. 1987. *Les Banlieues de l'Islam.* Paris.

Kepel, Gilles. 1991. *Die Rache Gottes. Radikale Moslems, Christen und Juden auf dem Vormarsch.* München-Zürich.

Knefelkamp, Ulrich. 1984. Die Städte Würzburg, Bamberg und Nürnberg. Vergleichende Studien zum Aufbau und Verlust zentraler Funktionen in Mittelalter und Neuzeit. *Jahrbuch des Historischen Vereins Bamberg* 120: 205-224.

Kocka, Jürgen, Hrsg. 1988. *Bürgertum im 19. Jahrhundert. Deutschland im europäischen Vergleich.* 3 Bände. München.

Kramer, Fritz. 1987. *Der Rote Fes. Über Besessenheit und Kunst in Afrika.* Frankfurt (Main).

Kreiser, Klaus. 1974. Zur Inneren Gliederung der Osmanischen Stadt. In *XVIII. Deutscher Orientalistentag – Vorträge*, hrsg. von W. Voigt. Wiesbaden.

Krieger, David J. 1991. Fundamentalismus – Prämodern oder Postmodern? Fundamentale Überlegungen zur religiösen Erneuerung. In *Fundamentalismus. Ein Phänomen der Gegenwart*, hrsg. Jäggi, Christian J./Krieger, David, J. Zürich/Wiesbaden.

Kuper, Adam. 1973. *Anthropologists and Anthropology – The British School 1922-72.* Harmondsworth.

Landesinstitut für Curriculumentwicklung, Lehrerfortbildung und Weiterbildung. 1983. Stellungnahmen von Vertretern islamischer Organisationen und Institutionen zu zwölf Unterrichtseinheiten zur Unterweisung von Schülern islamischen Glaubens in Nordrhein-Westfalen, abgegeben am 18. 1. 1983 in Schloß Mickeln.

Landesinstitut für Schule und Weiterbildung, 1986. *Religiöse Unterweisung für Schüler islamischen Glaubens – 24 Unterrichtseinheiten für die Grundschule (Entwurf).* Soest.

Latour, Bruno. 1986. The powers of association. In *Power, Action and Belief*, hrsg. von J. Law. London.

Le Pen, Jean-Marie. 1985. *Pour la France. Programme du Front National.* Paris.

Lévi-Strauss, Claude. 1949/1981. *Die elementaren Strukturen der Verwandtschaft.* Frankfurt (Main).

Lewis, Bernard. 1988/1991. *Die politische Sprache des Islam.* Berlin.

Lindner, Rolf. 1993 a. Das Ethos der Region. *Zeitschrift für Volkskunde* (89): 169-190.

Lindner, Rolf. 1993 b. Berlin – Zone in Transition. *Anthropological Journal of European Cultures* 2 (2): 99-112.

Magnarella, Paul J. 1974. *Tradition and Change in a Turkish Town.* New York-London.

Mardin, Şerif. 1969. Power, Civil Society and Culture in the Ottoman Empire. *Comparative Studies in Society and History* 11 (3): 258-281.

Mardin, Şerif. 1974. Super Westernization in Urban Life in the Ottoman Empire in the last Quarter of the nineteenth Century. In *Turkey – Geographic and Social Perspectives*, hrsg. von P. Benedict Erol/Mansur, Fatma. Leiden.

Margolina, Sonja. 1992. *Das Ende der Lügen. Rußland und die Juden im 20. Jahrhundert.* Berlin.

Matthesius, Beate. 1992. *Anti-Sozial-Front. Vom Fußballfan zum Hooligan.* Opladen.

Mead, George H. 1934/1973. *Geist, Identität und Gesellschaft.* Frankfurt (Main).

Meinert, Hermann. 1952/1984. *Frankfurts Geschichte.* Frankfurt (Main).

Mernissi, Fatma. 1975. *Beyond the veil. Male-Female Dynamics in a Modern Muslim Society.* Cambridge, Mass.

Mernissi, Fatma. 1992. *Die Angst vor der Moderne. Frauen und Männer zwischen Islam und Demokratie.* Hamburg.

Meyn, Matthias. 1980. *Die Reichsstadt Frankfurt vor dem Bürgeraufstand von 1612 bis 1614 – Struktur und Krise.* Frankfurt (Main).

Milli Görüş. 1983. Stellungnahme des Islamischen Zentrums Köln e. V. zum Religionsunterricht für Schüler islamischen Glaubens in NRW.

Mıhçıyazgan, Ursula. 1990. *Moscheen türkischer Muslime in Hamburg. Dokumentation zur Herausbildung religiöser Institutionen türkischer Migranten.* Hamburg: Behörde für Arbeit, Gesundheit und Soziales.

Molund, Stefan. 1988. *First We Are People. The Koris of Kanpur between Caste and Class, Stockholm Studies in Social Anthropology, 20.* Department of Social Anthropology, University of Stockholm. Stockholm.

Mumcu, Uğur. 1987 a. Avrupadaki Islamci Örgütler 2. *CUMHURIYET* 10. 3. 1987: 6.

Mumcu, Uğur. 1987 b. *Rabıta.* Istanbul.

Mumcu, Uğur. 1987 a. Interview mit Ali Yüksel. *CUMHURIYET*, 1. 3. 1987, 13.

Musil, Robert. 1930/1981. *Der Mann ohne Eigenschaften.* 2 Bde. Reinbek bei Hamburg.

Neveu, Catherine. 1993. National Identity and Minority Formation: France and Britain. Vortrag auf der Tagung: Ethnicity, Nationalism and Culture in Western Europe, Amsterdam.

Niedermüller, Peter. 1988. Stadtkultur und Nationalkultur. Kulturkontakt und Kulturkonflikt in den ungarischen Städten. In *Kulturkontakt – Kulturkonflikt. Zur Erfahrung des Fremden,* hrsg. von Ina Maria Greverus u. a. Frankfurt (Main).

Nielsen, Jörgen S. 1992. Islam, Muslims and British Local and Central Government: Structural Fluidity. Vortrag auf der Tagung: Islam in Europe. Turin.

Nippa, Annegret. 1982. *Soziale Beziehungen und ihr wirtschaftlicher Ausdruck. Untersuchungen zur städtischen Gesellschaft des Nahen Ostens am Beispiel Dair az-Zor (Ostsyrien): Islamkundliche Untersuchungen Bd. 69.* Berlin.

Olsen, Donald J. 1988. *Die Stadt als Kunstwerk.* Frankfurt (Main).

Olson, Robert W. 1974. The Esnaf and the Patrona Halil Rebellion of 1730: A Realignment in Ottoman Politics? *Journal of the Economic and Social History of the Orient* XVII (3): 329-344.

Olson, Robert W. 1977. Jews, Janissaries, Esnaf and the Revolt of 1740 in Istanbul – Social Upheaval and Political Realignment in the Ottoman Empire. *Journal of the Economic and Social History of the Orient* XX (II): 185-207.

Orth, Elsbeth. 1994. Frankfurt am Main im Früh- und Hochmittelalter. In *Frankfurt am Main – Die Geschichte der Stadt in neun Beiträgen*, hrsg. von der Frankfurter Historischen Kommission. Sigmaringen.

Özakin, Aysel. 1989. *Die Preisvergabe*. Frankfurt (Main).

Parmaksizoğlu, Ismet. 1977. Patrona Isyanı/İhtilali. In *Türk Ansiklopedisi (Türkische Enzyklopädie)*. Bd. XXVI. Istanbul/Ankara 1968-84.

Petersen, Thomas. 1990. *Volonté générale und volonté particulière. Konsens, Konflikt und Kompromiß in der Demokratie, Diskussionsschriften Nr. 156*. Wirtschaftswissenschaftliche Fakultät (Universität Heidelberg). Heidelberg.

Pohrt, Wolfgang. 1992. »Multirassismus«. *konkret* (11/1992): 10-16.

Reissner, Johannes. 1980. *Ideologie und Politik der Muslimbrüder Syriens, Islamkundliche Untersuchungen Band 55*. Freiburg (Br.).

Reissner, Johannes. 1993. Islamischer Fundamentalismus: Zur Tauglichkeit eines Begriffs bei der Erklärung der heutigen islamischen Welt. In *Der politische Islam. Intentionen und Wirkungen*, hrsg. von J. Schwarz. Paderborn.

Riesebrodt, Martin. 1990. *Fundamentalismus als patriarchalische Protestbewegung. Amerikanische Protestanten (1910-28) und iranische Schiiten (1961-79) im Vergleich*. Tübingen.

Ritter, Hellmut. 1955. *Das Meer der Seele – Gott, Mensch und Welt in den Geschichten des Fariduddin Attar*. Leiden.

Rothschild, Joseph. 1981. *Ethnopolitics. A Conceptual Framework*. New York.

Rottenburg, Richard. 1995. OPP. Geschichten zwischen Europa und Afrika. *Kursbuch* 120: 90-106.

Rottenburg, Richard. 1996. When organization travels: On intercultural translation. In *Translating organizational change*, hrsg. Czarniawska, Barbara/Sevón, Guje. Berlin, New York.

Sahlins, Marshall, D. 1965. On the Sociology of Primitive Exchange. In *The Relevance of Models for Social Anthropology*, hrsg. Banton, Michael. London.

Sakaoğlu, Necdet. 1994. Patrona Halil Ayaklanması. In *Islam Ansiklopedisi*. Istanbul.

Schiffauer, Werner. 1983. *Die Gewalt der Ehre. Erklärungen zu einem türkisch-deutschen Sexualkonflikt*. Frankfurt (Main).

Schiffauer, Werner. 1985. Gespräche mit türkischen Jugendlichen. *Jahrbuch der Kindheit* 2: 159-180.

Schiffauer, Werner. 1987. *Die Bauern von Subay. Das Leben in einem türkischen Dorf*. Stuttgart.

Schiffauer, Werner. 1991. *Die Migranten aus Subay. Türken in Deutschland: Eine Ethnographie.* Stuttgart.

Schilling, Heinz. 1993. Urbanism without Urbanity. *Anthropological Journal on European Cultures* 2 (2): 113-138.

Schindling, Anton. 1994. »Wachstum und Wandel vom Konfessionellen Zeitalter bis zum Zeitalter Ludwigs XIV. Frankfurt am Main 1555-1685. In *Frankfurt am Main. Die Geschichte der Stadt in neun Beiträgen*, hrsg. von der Frankfurter Historischen Kommission. Sigmaringen.

Schmidt-Hornstein, Caroline. 1995. *Das Dilemma der Einbürgerung. Porträts türkischer Akademiker.* Opladen.

Schwarz, Jürgen. ed. 1993. *Der politische Islam. Intentionen und Wirkungen.* Paderborn.

Segalen, Martine. 1993. Memory, Kinship and Citizenship in an Urban Context: The Case of Nanterre (France). *Anthropological Journal on European Cultures* 2 (2): 55-65.

Seni, Nora. 1984. Ville Ottomane et Répresentation du Corps Feminin. *Les Temps Modernes* 41 (456/457): 66-95.

Sennett, Richard. 1977/1983. *Verfall und Ende des öffentlichen Lebens. Die Tyrannei der Intimität.* Frankfurt (Main).

Sennett, Richard. 1991. *Civitas. Die Großstadt und die Kultur des Unterschieds.* Frankfurt (Main).

Shay, Mary L. 1944. *The Ottoman Empire from 1720 to 1734. As revealed in dispatches of the Venetian Baili.* Westport Conn.

Sivan, Emmanuel. 1985. *Radical Islam. Medieval Theology and Modern Politics.* New Haven-London.

Sollors, Werner. 1986. *Beyond Ethnicity – Consent and Descent in American Culture.* New York.

Spuler, Ursula. 1973. Nurculuk – Die Bewegung des »Bediüzzaman« Said Nursi in der Modernen Türkei. In *Studien zum Minderheitenproblem im Islam Bd. 1*, hrsg. von O. Spies. Bonn.

Spuler, Ursula. 1977. Nurculuk – Eine moderne islamische Bewegung. Vortrag auf der Tagung: XIX. Deutscher Orientalistentag, Freiburg (Br.).

Spuler, Ursula. 1981. Zur Organisation der Nurculuk-Bewegung. In *Studien zur Geschichte und Kultur des Vorderen Orients. Festschrift für Bertold Spuler zum siebzigsten Geburtstag*, hrsg. von H. R. Roemer und A. Noth. Leiden.

Sumi, Irena. 1993. Slovene Speakers in Kanalska Dolina/Val Canale in Italy. An Anthropological Evaluation. Vortrag auf der Tagung: The Anthropology of Ethnicity, Amsterdam.

Suttles, Gerald D. 1972. *The Social Construction of Community.* Chicago.

Taguieff, Pierre-André. 1991. Die Metamorphosen des Rassismus und die

Krise des Antirassismus. In *Das Eigene und das Fremde. Neuer Rassismus in der Alten Welt?*, hrsg. Bielefeld, Uli. Hamburg.

Tapper, Richard, hrsg. 1991. *Islam in Modern Turkey. Religion, Politics and Literature in a Secular State*. London.

Taylor, Charles. 1992/1993. *Multikulturalismus und die Politik der Anerkennung*. Frankfurt (Main).

Theunissen, Hans, Annelies Abelmann, und Wim Meulenkamp. ed. 1989. *Topkapı & Turkomanie. Turks-Nederlandse ontmoetingen sinds 1600*. Amsterdam.

Tibi, Bassam. 1992. *Islamischer Fundamentalismus, moderne Wissenschaft und Technologie*. Frankfurt (Main).

Troeltsch, Ernst. 1925. *Deutscher Geist und Westeuropa – Gesammelte kulturpolitische Aufsätze und Reden*. Tübingen.

Troeltsch, Ernst. 1922/1977. *Die Soziallehren der christlichen Kirchen und Gruppen. E. Troeltsch. Gesammelte Schriften Bd. 1*. Aalen.

Tyndall, John. 1992. Outlook Favourable. *Spearhead 284*, Oktober 1992.

Uçar, Timurtas. o. J. Itaat Üzerine (Über den Gehorsam).

Uygur, Nermi. 1982. Transkulturelle Betrachtungen über die menschlich-gesellschaftlichen Eigenschaften der türkischen Sprache. In *Aufwachsen im fremden Land. Probleme und Perspektiven der »Ausländerpädagogik«*, hrsg. von J. Ruhloff. Frankfurt (Main)-Bern.

Verband der Islamischen Kulturzentren 1988. Stellungnahme zum Curriculumentwurf ›Religiöse Unterweisung für Schüler islamischen Glaubens‹ aus der Sicht praktizierender Muslime.

Weber, Max. 1920. *Gesammelte Aufsätze zur Religionssoziologie*. 3 Bde. Tübingen.

Weber, Max. 1921/1972. Die nichtlegitime Herrschaft (Typologie der Städte). In Max Weber: *Wirtschaft und Gesellschaft. Grundriß der Verstehenden Soziologie*. Tübingen.

Weber, Max. 1916/1973 a. Richtungen und Stufen religiöser Weltablehnung (Zwischenbetrachtung. Stufen und Richtungen der religiösen Weltablehnung). In Max Weber: *Soziologie, Universalgeschichtliche Analysen, Politik*, hrsg. von Johannes Winckelmann. Stuttgart.

Weber, Max. 1916/1973 b. Einleitung in die Wirtschaftsethik der Weltreligionen. In Max Weber: *Soziologie, Universalgeschichtliche Analysen, Politik*, hrsg. von Johannes Winckelmann. Stuttgart.

Weber, Max. 1919/1973 c. Der Beruf zur Politik. In Max Weber: *Soziologie, Universalgeschichtliche Analysen, Politik*, hrsg. von Johannes Winckelmann. Stuttgart.

Welz, Gisela. 1991. *StreetLife. Alltag in einem New Yorker Slum*. Frankfurt (Main).

Winnat, Anne. 1993. Selbstorganisation von ImmigrantInnen. Magisterarbeit, Johann-Wolfgang-Goethe Universität Frankfurt (Main).

Wirth, E. 1996. Die soziale Stellung und Gliederung der Stadt im Osmanischen Reich des 19. Jahrhunderts. In *Untersuchungen zur gesellschaftlichen Struktur der mittelalterlichen Städte in Europa*, hrsg. von T. Mayer. Konstanz.

Wirth, Louis. 1928/1982. *The Ghetto*. Chicago.